美的判断力考

持田季未子

未知谷

1　カナレット「ヴェネチアの大運河の入り口」（本文 10 頁）

2　パウル・クレー「マルクの庭の南風」1915
（本文 21 頁）

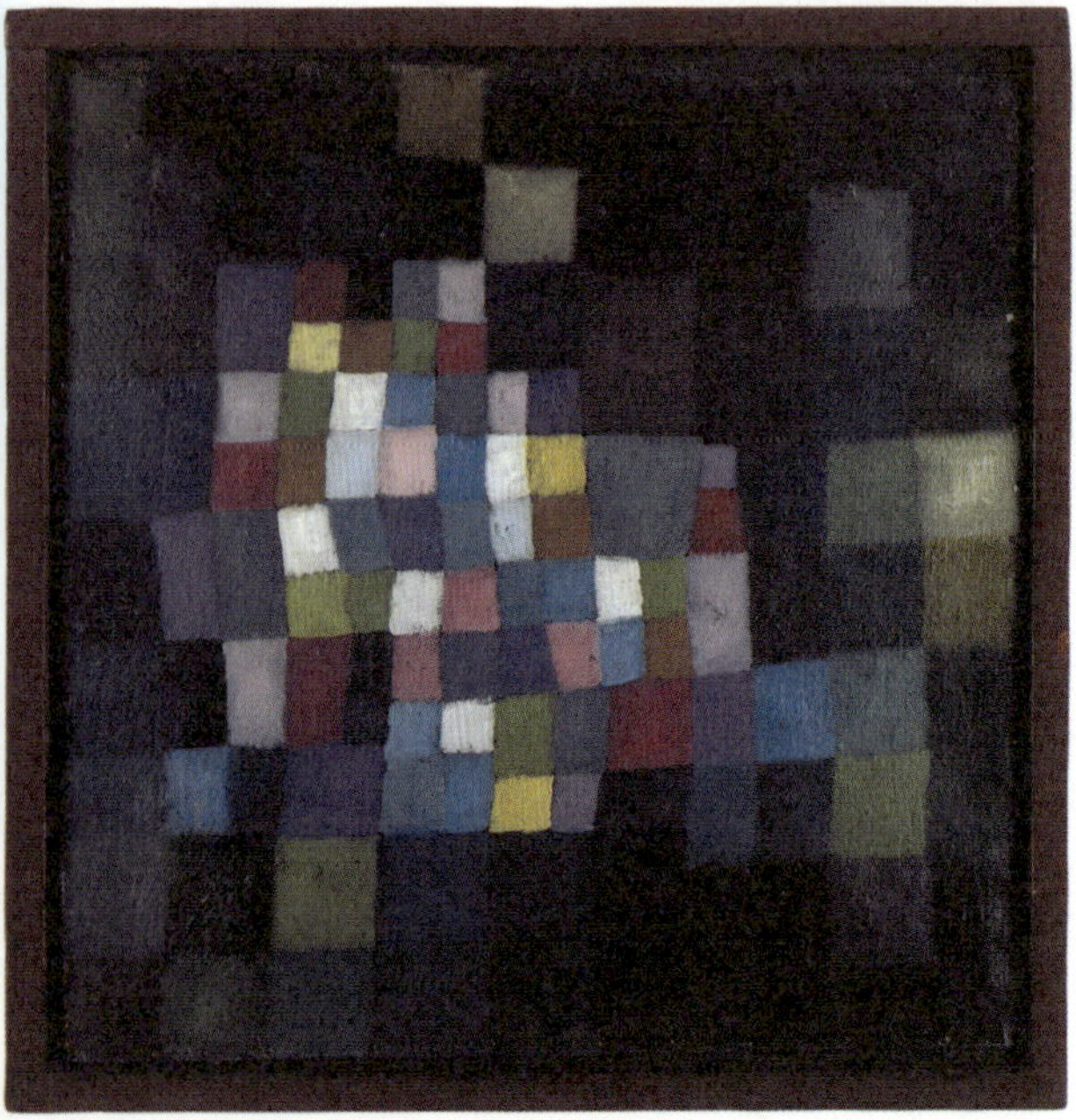

3　パウル・クレー
「花ひらいた木に関する抽象」1925
（本文 21 頁）

4　パウル・クレー「パルナッソスへ」1932（本文 21 頁）

5 パウル・クレー「居住者のいる部屋の透視図」1921（本文24頁）

6　パウル・クレー「玄関先の階段に立つ少年」1923（本文 26 頁）

7　サンスーン・ミリンダスート「中世の龍」1991（本文 37 頁）

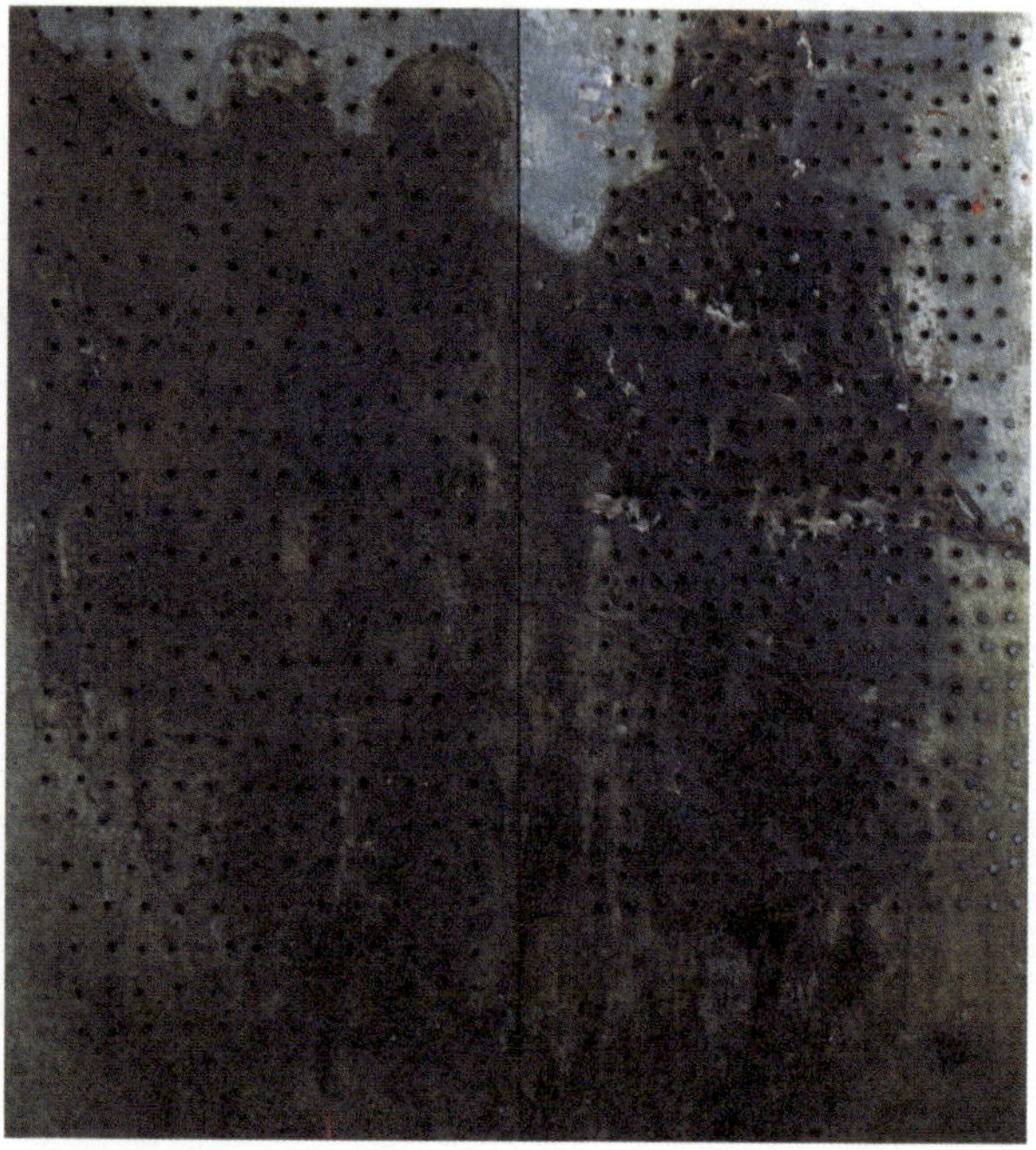

8　スパチャイ・サートサーラ「大きな危険 No.1」1991（本文 38 頁）

9　サーンレダム「ユトレヒトの聖ピーテル教会の身廊と聖歌隊席」1654（本文 71 頁）

10　サーンレダム「東方向に見たユトレヒトの聖ピーテル教会の身廊と聖歌隊席」1636（本文 71 頁）

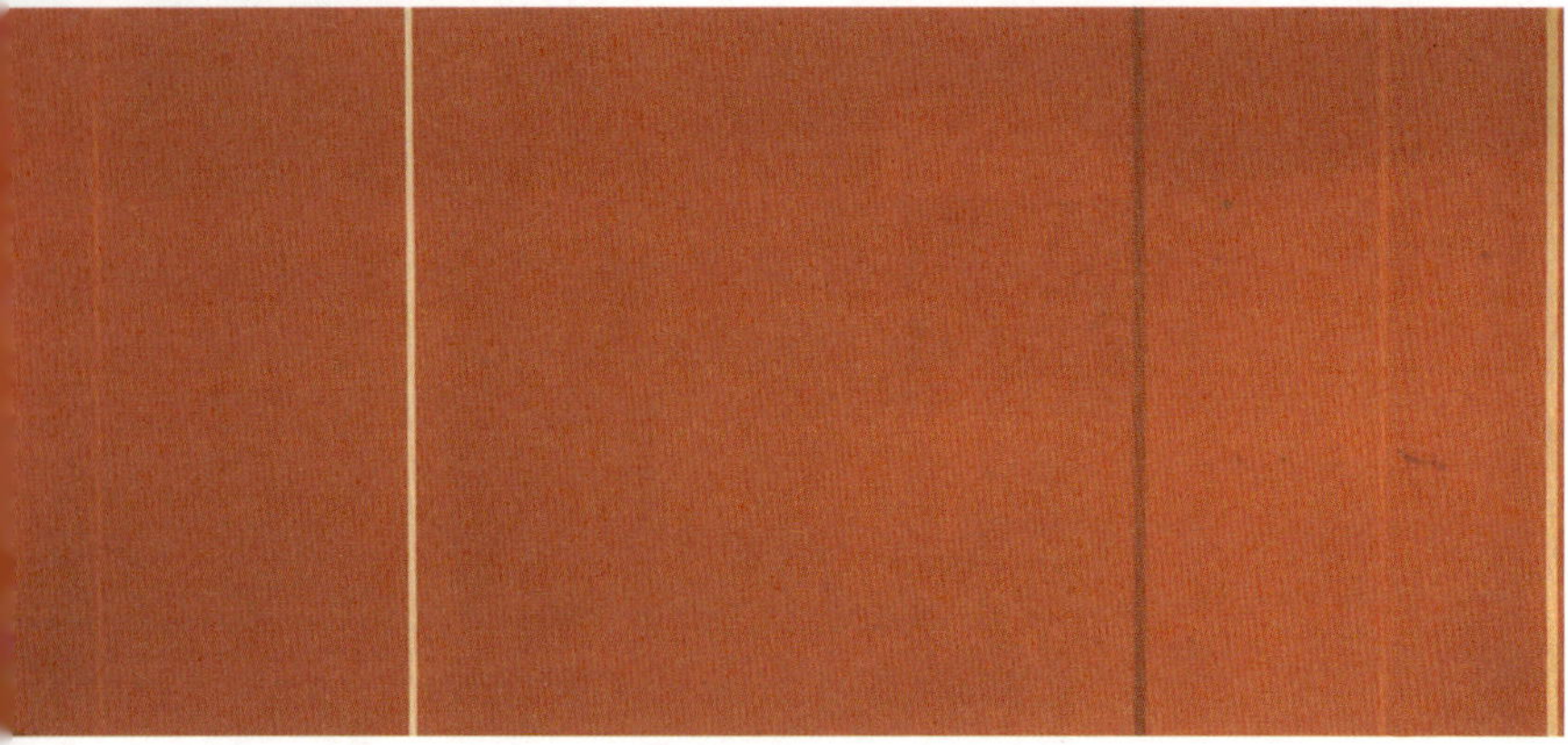

11　バーネット・ニューマン「ヴィル・エロイクス・サブリミス」（英雄的、崇高なる人間）1950-51（本文 198 頁）

12　ジャクソン・ポーロック「秋のリズム」1950（本文 203 頁）

美的判断力考

目次

美的判断力考

第一章

絵画の世界

1　船の夢 十選

1　バイユー壁掛（部分）

船は人類最古の交通機関であるだけに、絵に描かれた船を探すと興味深いものが多く見つかり、その時代その土地の人々の生活や想像力や願望が見えてくる。

＊

「船という夢」をめぐる旅を、ヨーロッパで最も有名なタピスリーのひとつ「バイユー壁掛」から始めよう。長さ七十メートルもの細長い布に、緑、茶色、青などのウール糸で美しく刺繡がほどこされているのである。左端から見ていくと、アングロサクソン対ノルマンの王権にかかわる物語が展開する。巻き物的表現は日本美術に固有ということではないようだ。

王宮、軍馬や犬、晩餐会の様子など中世の風物がつぎつぎに登場するが、図は、話がほぼ三分の二にさしかかったあたり、ノルマンディー公ウィリアムの艦隊が英仏海峡を渡るところである。彼は英国上陸後ヘースティングスの戦勝を経てウィリアム征服王となりイングランドを継ぐ。帆走する立派な木造の艦隊は、人や馬や武器のほかにフランスのぶどう酒を積んでいたという。（十一世紀末、亜麻布と羊毛、全図は五〇センチ×七〇メートル、バイユー、マティルド公妃美術館蔵）

2　**カナレット「ヴェネチアの大運河の入り口」**（口絵1）

ヴェネチアと言えばゴンドラが思い出される。

ヴェネチアはアドリア海に連なる潟湖（ラグーン）上に作られた人工の島々であり、十三世紀以来商業の中心として地中海からビザンチン方面にいたる地域に君臨した。

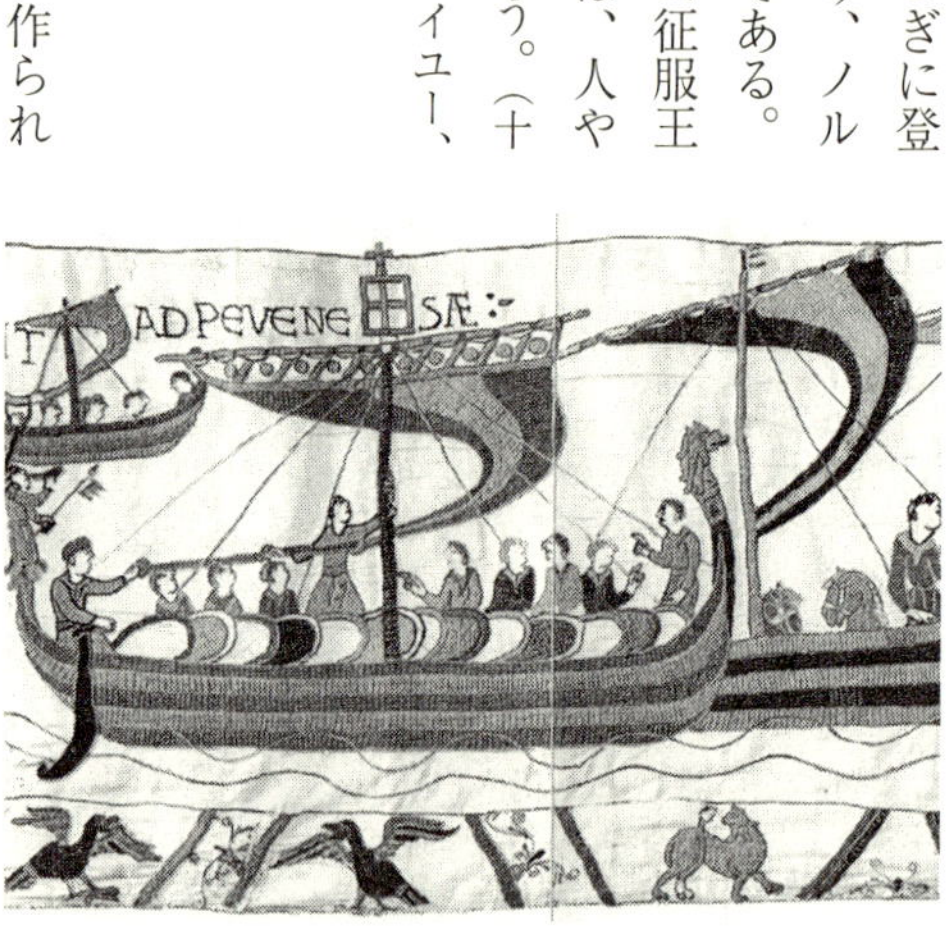

サン・マルコ港に大きな商船がさかんに出入りする一方で、都市内部に網の目のように発達した運河の交通のために、このきわめてシンプルかつ優雅な形をした小舟が生まれた。人間専用の乗り物だから馬車のように幌があり、黒い色と舳先の装飾が特徴的である。

カナレットはヴェネチア派と呼ばれる一群の十八世紀の画家たちの一人で、風景画の名人だった。

明るく晴れた北イタリアの空、陽光、おだやかに波だつ海水、揺れる各種の船、運河ぞいの建築。豊かな水の都に営まれる貴族や僧侶や庶民たちの平凡な日常の暮らしをひたすら描く。ゴンドラ・レースの情景を写した作品もある。

　理屈ぬきに生活の喜びというものを感じさせる画家だ。（一七三〇年、油彩、カンバス、四九・六×七三・六センチ、ヒューストン美術館蔵）

3　エジプトの「太陽の船」

　パピルスを編んで作った小さな手漕ぎのボートがナイル河やエジプト沿海水域で漁業、狩猟、通商、旅行などの目的に使われ始めたのは、はるか昔である。

　古人たちが神々、とくに太陽神を船に乗った姿で心に描き、祭祠の対象としたのは自然なことだった。神話学によると太陽神は船を二艘もっていた。朝の船と夜の船で、これに乗って天空を航行するのである。

　王族の墓所を飾る石掘り彫刻や壁画で、死んだ王が船に乗った姿で表現されていることが多いのは、死者が空を越える旅のあと、太陽に合体することを念願したからであった。白い鷺の頭上と船尾に描かれた円盤が日輪だが、鷺じたいも太陽の霊魂と信じられ、後世には鷺は架空の鳥フェニックスと変じて直接太陽の象徴と考えられるようになる。

　象徴的意味にみちた、ふしぎなエジプトの象形文字（ヒエログリフ）を自分で解読できるようになれたらどんなに面白いだろう。（前一一〇〇年ごろ、エジプト、テーベ、イリネフェルの墓）

4　ピーター・ブリューゲル
「大砲で武装した背後から見た軍艦」

造船技術は十四～十五世紀に急速に発展した。こうしていよいよ世界史は大航海時代を迎える。コロンブスがアメリカ大陸に到着したように、大型化した帆船により、大西洋や太平洋を長期間かけて航海することが可能になったのである。
「他者」発見の冒険時代は、しかし、ヨーロッパの国々のあいだでは海戦の時代であった。ネーデルランドも大砲まで装備した巨大な戦艦を持っており、それはオランダ独立戦争で活躍することとなる。
　奇怪な農民生活の情景などで知られるブリューゲルに、軍艦をテーマにした版画のシリーズがある。この作品は高い船尾を見せて遠ざかる船を後方から描いているが、前や横からのもの、複数のものなど、たくさんある。

いっぱいに帆を張り、さかまく波を切って突き進む堂々たる軍艦。だが空には嵐の予感がし、波間からは今にもブリューゲル好みのグロテスクな魚の怪物が踊り出て来そうである。(一五六四年、銅版画、ブリュッセル、ベルギー王立図書館蔵)

5 「南蛮屏風」(部分)

大航海時代の波は当然日本にも押しよせてきた。十六世紀以降ポルトガル、スペイン、後にはオランダ、イギリス人らを乗せた船が次々来航した。それら三本マストの高性能の大型外洋船は「黒船」と呼ばれた。江戸末期に浦賀に来航したペリー提督ひきいるアメリカの艦隊だけが黒船なのではない。

対比的に中国の船は白船、日本の船は赤船とみなす色彩シンボリズムがあったと主張する学説がある。

南蛮屏風は黒船屏風ともいう。近世初頭に大量につくられ現在残っているだけで約六十点あるが、類型的で、ほとんどが作者不明である。六曲一雙の左端に、長崎港への着船、荷揚げ、上陸する華美な服装の南蛮人たちの様子が正確に観察されている。

日本の銀の積み出しが目的で来航したポルトガルの商船は、総トン数にして八百トン以上もあり、おそらく当時世界で最大の規模だったという。渡来した未知の世界への驚嘆や危機感をあらわすものとしての「黒船」のイメージは、長く日本人のなかに潜み続け、今日なお生きているかもしれない。（十六世紀末、紙本金地着色、全図は一五六×三三〇センチ、奈良、唐招提寺蔵）

6　ルーベンス

「マリー・ド・メディチのマルセイユ上陸」

パリのルーヴル美術館を訪れると、フランスの王太后マリー・ド・メディチの生涯を連作で描いた油彩画の特別室がある。これはその一点で、イタリアのお姫様だったマリーがアンリ四世との結婚式が行われるリヨンにおもむくためにマルセイユに上陸し、出迎えのフランス側から表敬を受けている場面である。

白黒の小さな図版では彼女の背後の彫刻されたものが船であることすら分かりにくいが、上方にマストが見える。十七世紀の王族の乗る船は贅を凝らしたものであり、ほとんど宮殿の建築か家具の豪勢さと洗練に達していた。

下方には海神ネプチューンとニンフたちが水しぶきをあげて海面から躍り上がっている。地中海の船旅に付き添い、力を貸して来たのである。王族の結婚はこうして神話的イメージによってたたえられている。画家は、その存在そのものがバロック的と言えそうなフランドル生まれのルーベンス。

（一六二五年、油彩、カンバス、三九四×二九五センチ、パリ、ルーヴル美術館蔵）

7　スーラ「マリア号、オンフルール」

印象派の画家たちは水辺を好む。たまゆらの自然を写すことより画面構成の論理を見つけることに関心があったスーラも、その点では変わらない。忘れがたいのは一連の英仏海峡を望む海景である。青い平面のように凪いだ海の沖合にヨットの白い帆が点在したり、帆を降ろしたヨットを繋留する長い桟橋が海の水平線を反復したりと、詩情を感じさせる端正な作品が多い。

その間にまざって、この時代ならではの風物が登場する。蒸気船である。船体の形も昔とは変わってきた。

だがこの絵の眼目は新奇な風物への興味より、太さや長さや傾斜に微妙なヴァリエーションをもつ直線の関係にあるだろう。オンフルール港に停泊中の蒸気船の煙突は、マスト、手すり、波止場のレンガの煙突、旗竿、建物の壁面など、林立する他の垂直的要素にまぎれこむ。そこに岸壁の斜めの直線が交叉する。

スーラ芸術は、その背後にどれほど繊細な幾何学が潜んでいるか、ぜひ解明してみたいという欲望を誘う蠱惑にみちて

いる。（一八八六年、油彩、カンバス、五四・五×六四・五センチ、プラハ、ナロードニ・ギャラリー蔵）

8　スティーグリッツ「三等船客」

大西洋航路の大型蒸気船に乗って二十世紀初めに旧大陸から新大陸に渡った移民はおびただしい。ヨーロッパ各国のとくに下層民の貧困や政治的圧迫と、一方でアメリカの資本主義の発展における労働力の不足が原因であった。今世紀初めの二十年間で、その数は一千四百五十万人にものぼったという。

ニューヨークで一八六〇年代に生まれてベルリンで教育を受け、再びアメリカに帰って写真家となったアルフレッド・スティーグリッツも、もとはドイツ人の移民の子である。摩天楼のビルがつぎつぎ建設される時代のニューヨークを撮影して、新たな写真芸術の領域を切り開いた。

「三等船客」は、初期の名作「ターミナル」などとならんで、かれの最も有名な写真である。長い旅を終えていよいよ新天地への上陸を目前にした移民たちの様子がとらえられている。自分自身が主宰する雑誌『カメラワーク』に発表した。（一九〇七年、白黒）

9　ノーマン・ベル・ゲデス「外洋客船」

アメリカで工業デザインということが盛んに言われるようになったのは、大恐慌以後の三〇年代である。ノーマン・ベル・ゲデスこそ、その中心人物だった。自動車、蒸気機関車、飛行機、空港、劇場、工場、住宅、家具、なんでも手掛けた。現在のジャンボ機より巨大な旅客用飛行機や、一九三九年の万国博覧会場のデザインでも知られる。

世はスピード時代。かれのデザインの特徴は、ストリーム・ライン（流線形）に尽きる。かつてのように機械をむき出しにせず、滑らかな形にくるむのである。この作品は長期航海のための高速船の模型である。

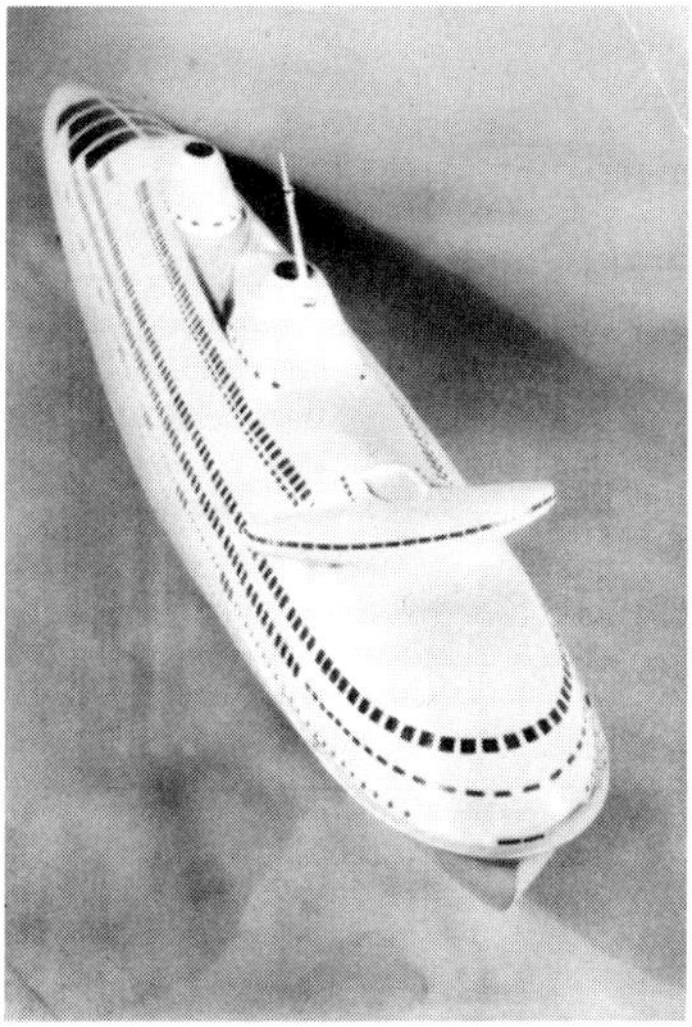

だが計算によれば大西洋航路を渡る日程はこれによってせいぜい一日くらいしか短縮できない。船はもともと遅い乗り物なのだ。建築のように、流線形を採用することにまったく意味がない対象の場合にも、そうした。

すなわち、流線形は実用性と必ずしも一致しない消費社会の記号だったのであり、その消息をかれは鋭敏にも察知していたということだろう。（一九三二年）

10　カッサンドル「アトランティック号」

一九三〇年前後は、豪華船の黄金時代である。英クイーン・メリー号、仏ノルマンディー号などの八万トン級の汽船をはじめ、巨大な客船が競うように建造された。

フランスのアール・デコ・スタイルの売れっ子グラフィック・デザイナー、カッサンドルのこのポスターは、南米航路の豪華船（四万トン）をリトグラフに描いて印刷したものである。船体を紙型と相似の縦長の長方形にぴたりと収めた。大胆な幾何学こそアール・デコの美意識だった。

芸術と産業の提携をめざし、いささか軽薄な気分とともに文化のあらゆる局面へ浸透したこのスタイルが、機械による大量生産を手段とするポスター、しかも汽船や鉄道特急などという先端をゆく機械の広告のそれに傑作を生み出したのは、必然だった。

第二次大戦後、旅客輸送の主役の座を完全に飛行機に奪われ、今日船は石油タンカーなどと化して堅実に働いている。一方現代芸術の世界で、船にかぎらず対象の再現ということが求められなくなって久しい。では船はどこへゆくのか。人類と共に古いこの乗り物は、郷愁のなかに生き続けているようである。（一九三一年、一〇一×六三・五センチ）

2　闇の地形図　胸苦しきクレー

息苦しい

開催中の「パウル・クレーの芸術」展は、初期から晩年にいたる作品約二七〇点をそろえ、これまで日本で開かれたうちで最大の規模をもつクレー回顧展である。早々と愛知県美術館にでかけた私にとっては、末期作品群の不気味さ、奇怪さ、暗黒に衝撃をうけるとともに、さかのぼって初期作品以来のクレーの仕事全般をその視野からまったく新たに見直すことを強いられる機会となった。

死の直前に集中的に制作された「疑いをもつ天使」（図1）「未熟な天使」「希望に満ちた天使」ら線描の天使たちもかなり恐ろしいが、ギリシア神話や悲劇に材料をとる「ガイアの胸像」「スフィンクスの悲劇的な終末」などは、正真正銘、苦痛に耐える化け物の肖像である。さらには「雑種」と題する得体の知れない架空の動物や、気味悪い消しゴムの塊のような「波打つ形」の生命体。「寄り集まって」のばらばらになった手足。強烈な赤い地色の上に別の濃い赤の線がばらまかれた「破壊された迷宮」など、無惨なものを感じさせてどこか正視に耐えない。

こんな歴然たる事実に、どうして今まで気がつかなかったのだろう。クレーは線の詩人、不思議な物語の語り手、諧謔とファンタスムの画家、せいぜい線の運動を原理として絵画の世界の生成を根本から考えた思索者、「造形思考」の人、といった受け止めかたしかしていなかった。

もちろん、クレー晩年の悲劇的な、不吉な、切迫した雰囲気についてはすでに諸家が言及している。その時期に焦点をしぼる特別展「亡命のクレー・一九三三～四〇年」が日本で開かれたこともあった（一九八五年）。画家の実生活を襲う災厄すなわちナチによる圧迫、頽廃芸術展、難民同然のドイツ国外退去、スイス再入国の難航、重い病気といった外的要因としばしば結びつけられながら。

しかし以前の仕事と断絶した画風に突如変わったわけではない。晩年ほどあからさまに表に出ないまでも、息苦しい気分は以前の作品にも見出される。最初の銅版画の時代から生涯にわたって、変身、雑種、怪物、仮面、運動する機械、爬虫類、マリオネット人形、迷路、植物の成長といった、西洋のグロテスク装飾の伝統につながるイメージ群が登場していることがすぐに眼につく。そういう直接テーマに関わる点ばかりではない。外的要因を参照するより、この「息苦しい気分」こそむしろクレー

図 1「疑いをもつ天使」1940

芸術をつらぬく本質的な問題だったと考えてみるべきではないだろうか。

分断された世界

特定の図像に視点を限定するのではなく、もっと端的に線、面、色彩など、絵画を構成する要素のありようを読んでいくことにしよう。

「赤と黄色のチュニスの家々」「マルクの庭の南風」(口絵2)「オスタームンディゲンの石切場」は、線描家だった若いクレーが、チュニジア旅行を経て初めて色彩への目覚めを経験したとされる頃の風景画作品である。赤や水色などの美しい色を使い、不気味どころか光に満ちた明るい雰囲気をかもしているが、さまざまな色の正方形や長方形や菱形で平面全体をモザイク的に分割するという構造が注目される。この構造は執念深くクレーにつきまとっていて、後に「赤・黄・青の建物」や「花ひらいた木に関する抽象」(口絵3)ではついに純粋な抽象に達し、前者では茶、後者では紫を中心とする小さな区画が市松模様をなすのみとなる。

本展覧会の看板の役を果している晴れやかな大作「パルナッソスへ」(口絵4)では、びっしり打たれた斑点の表層の下に、格子模様の背景が透けて見える。格子の単位が細かくなれば「喪に服して」の方眼紙状、さらには点描となろう。チェス盤状に縦横に交差する以外に、「バラの園」では多様な不定形の小平面がぎっしり並んで、赤いウロコに覆われた動物の表皮を思わせる。「赤・紫・黄緑の階層」(図2)も区画が複雑に入り組んだ構造をなし、地殻の内部を切断して見せるようだ。

網目が曲線的なものもあれば、水平線だけで区切られる場合もある。「夕景の分析」は、帯状の区画が茶色から青へと変化しつつ水平に積み重なる。こうした各種ヴァリエーションを入れれば、その数は夥しい。抽象・具象を問わず、彩色された数多くの小平面で画面を分節することが、この画家の顕著な特徴であることが知られる。

バウハウスにおける色彩理論の講義手稿や「日記」をひもとくと、それに関して「平面に運動をつくる」「ポリフォニックな絵画」「色彩のグラデーションによる平面の構築」といった言葉に遭遇する。だが作家の意図と生じた結果は一応別であり、必ずしも自作解説として文字通り受け取る必要はあるまい。純粋に作品を見る立場に立つとき、作家の意図とはおそらく裏腹に、「桝目の細かい仕切りが妨げとなって絵の中に入りにくい」という印象がないだろうか。距離を置いて絵全体を眺めているうちはよいが、いざ絵の中に入り個別の線を辿ろうとすると、たちまち区画の線に阻まれ、先に進めなくなる。視線の運動が分断されてしまう。これは私だけの感じ方であろうか。きれいな色が使われていても、明るく晴れた風景画が描かれていようとも、平面が不連続なために視線の運動がたえず遮られ、挫かれ、曲げられ、出直しを強いられるところに、クレー芸術の閉塞感なり息苦しさの一因が突き止められるように思う。

図2「赤・紫・黄緑の階層」1922

たとえば「夕景の分析」では、見る者の視線は矢印に誘われて水平線の層を直角に横切るように進むが、そのとき複数の線から受ける抵抗は、ちょうど反対方向の矢印ほど強力である。伸びようとする線の運動と、それに敵対する力の抗争。「高められた地平線」（図3）では、縞を突きぬけて上昇してきた線が、最後に抵抗に遭って跳ね返される。大地の奥底に住む者が地層を越えて外へ脱出をもくろんで果たせない物語のように。

自画像にむかって

茶系統の横長の形が層をなして堆積する「肥沃な国の境界に立つ記念碑」も、太古の昔から断層をくりかえしてきた地殻の断面図を思想させる。

クレーは「線描芸術について…創造的信条告白」と題する有名な論文（河出書房新社刊『ドイツ表現主義』第四巻に邦訳がある。一九二〇年）で、線の旅について語った。線の最初の活発さと、その後の障害物について。そして旅する線が作成する地形図について。

図3「高められた地平線」1932

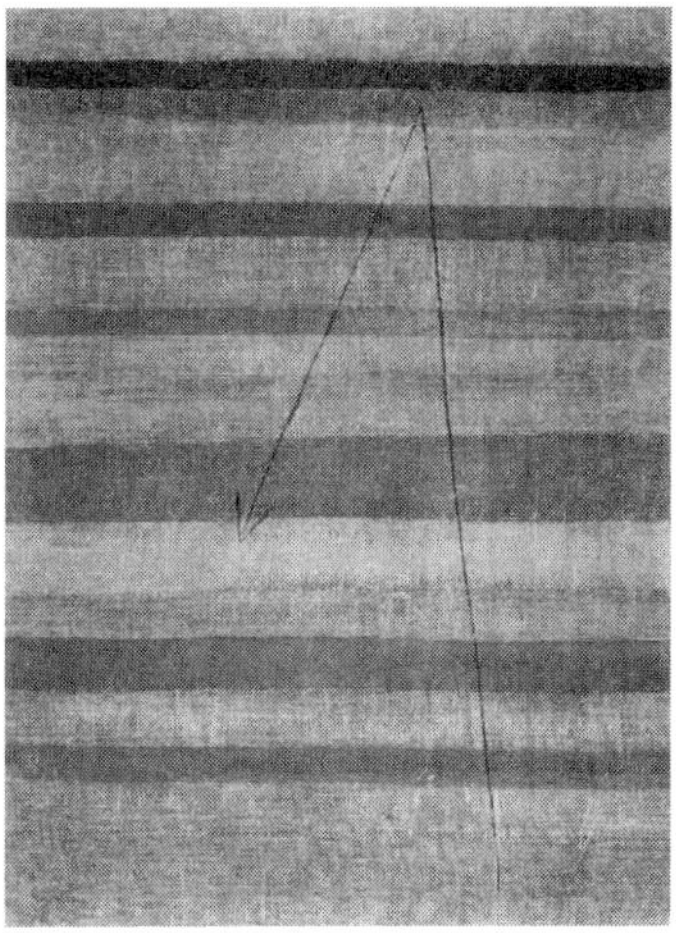

市松模様や縞につきまとわれるクレーの絵はたしかに地形図だ。ただしそれは地の底の地形図、手探りで進むほかない暗闇の地形図である。彼の線は不透明な、見通しのない地の底の闇の中を抵抗に遭いながら進む、曲がる。それは嘆きながら伸びていく苦しみの意識である。だから彼の絵はすべからく迷宮の地形図である。晩年の作品「分岐と渦巻」（図4）や「作物が芽生え始める」は、

タイトルに照らせば線の根源的発生と運動を描いた作品なのであろうが、同時にまさに迷路に見えてしまう。

迷宮とは長い牢屋にほかならない。クレーの住む場所は、いわば「居住者のいる部屋の透視図」（口絵5）で茶色の地に細い線で描かれた、窓のない部屋である。遠近法が効いたその室内をよく見ると、壁に沿って立つ人物像や、机、棚、額などの家具の位置関係が矛盾している。見れば見るほど空間の上下左右が決定できない。ひとつの面が床かと思うと、壁になったり、天井を仰ぐようでもある。見る者の視線は、謎の解決を求めてこの地下牢のような奇怪な部屋の壁や天井の上を、際限なくさまよわなければならないのだ。ちょうど自室の壁や天井をすごいスピードでぐるぐると走り回った、あのカフカの毒虫のように。

図4「分岐と渦巻」1937

クレーもまた、もはや人間ならざる者、いまだ人間ならざる者、つまり動物の、いや暗闇に住む虫の視点から世界を感受したのではないか。迷宮とは要するに根源的な苦悩、幼年時代の苦悩である。「無題（静物）」（図5）は、画家の死後アトリエの画架に残されてあったため最後の作品と一般に信じられるが、絵の上端に吊り下がった気味の悪い虫のような形が人を困惑させてきたという。本展のカタログに寄せた論文でシュマーレンバッハはこの点に触れ、ユーゲント・シュティールの息の長い影響という角度から説明を加えている。だが私は、そうした影響関係の問題以前に、この幼虫のような形こそ、死を目前にした画家が、つい絵のなかに描き込んでしまった画家の自意識、つまり自画像だったのではないかと考える。

不連続な面と折れ曲がる線にみちみちたクレー芸術は、幼虫の牢獄から解放されようとしてあがいている者の物語、閉塞状況に置かれつつ解放を願う者たちの見るさまざまな夢である。それが多くの人の心を打つのは、すべての人の心の奥底に、そのような不安や恐怖の記憶が潜んでいるからだろう。クレーは、画面が比較的小さめなことも原因して、しばしば童話めいた幻想画家のように思われがちだが、むしろ彼の画家としての非凡さは、空想の境に遊ぶかわりに、人間の悩ましき心理的現実を直視し、ほとんど暴力的なまでに人間をとり巻いて来る世界に果敢に直面し、その恐るべき相貌を卓越した技量をもって写しつづけた誠実さにこそある。

＊掲載図版は「パウル・クレーの芸術」展（愛知県美術館＝四月二日〜五月二十三日）から取材しました。

図５「無題（静物）」1940

3　光の言葉

パウル・クレーに、夜、玄関口の階段の外に立つ一人の子供を描いた小品がある（口絵6）。幼い丸顔、踊るような足つき、正面を向いて大きく見開いた目。その姿は母親にひどく叱られた後のようにも見える。周囲はもう真っ暗で、家々の窓から黄色く明かりが漏れている時刻だというのに。

孤独とは何であろうか。孤独とは、まさしく子供のものである。子供は話すことができない。いや、言葉を流通させることができない。子供の言葉はまだ他者たちに、世間に、解読されるコードを持っていないからだ。人はやがて約束を学び、他者たちと互換され得る言語を学び、共通の世界に参入する術を知り、おとなになる。

しかし、人が何か決定的なものと出会うことができるのは、このような深い暗闇のなかだけである。言葉に亀裂を入れ、偽りの因果関係を断ち切り、それとはまったく別な新しい「言葉」を生み出すことが可能なのは、ただ、踊るような足つきであちらこちらと跳び歩く以外なすすべもないような、言葉を失った領域に再び身を晒すことによってなのだ。

晩年のクレーは天使の絵をおびただしく描いた。怖い顔、ユーモラスな顔、戸惑っている顔、油断している顔、眠そうな顔。線描による天使たちの表情はさまざまだが、どれも童顔である。また、死の直前まで制作中であった最後の油彩画『静物』には、陶器の壺や花瓶などに混じって幼虫を思わせる不気味な形態がこっそりと描き込まれていた。それは自画像であろうか。死を前にした画家の心に、ふたたび、暗闇を見ていたあの日が戻ってきていたのであろうか。

私は昔ほどクレーに惹かれなくなった。だが芸術的記号というものが、ふつうの互換的な言語の世界の背後でどれだけ見えにくくても、必ず発見可能であり、それを成立させることがぜひ必要でもあるという確信は、深まるばかりである。

記号を破壊し、自分自身を発見し、自分自身を産出するような「言葉」を！

4　美とつりあうだけの暴力　マーク・ロスコ

マーク・ロスコの絵はただ色彩それ自体で絵画であるような絵画だ。生気に溢れ、繊細で、そしてどこまでも深みを増していくあざやかな赤、黄、オレンジ、白、緑、黒、ブルー、茶などの色は、そのままよろこびも悲しみも慟哭も安堵も表現している。それは言葉でいいあらわせぬ人間の感情をつたえる言葉なのである。だが注意深く見る者は、静かに漂う霧のようなロスコの色彩の、このただならぬ美しさのかげに、静寂とつりあうだけの音響が鳴っているのを見逃さないだろう。

沈殿する重い気体のように色の面が層をなすスタイルに最終的に到達するまだ前、画家は、いわゆる抽象表現主義を担った同世代の友人たちとともに「われわれにとって芸術は見知らぬ世界への冒険である。その世界は喜んで危険を冒さんとするものによってのみ、探検されうるのである。この想像力の世界は自由奔放であり、暴力的に世界に対立する。観客に彼のやり方ではなく、われわれのやり方で世界を見させることとは、芸術家としてのわれわれの機能である」という断固とした言葉を声明の形で発表していた。一九四三年、第二次世界大戦下のことである。

見知らぬ世界の探検へと乗り出すこと。感覚をとぎすまし、見出された世界に最も適切な形式を与え、まったく新しい世界の見方を人々にさしだすこと。アメリカ抽象表現主義の画家たちが選んだ表現スタイルは各人各様だったが、独立独歩の勇敢さ、自由さ、なにより芸術のもつ力に対する確信が共通している。ここまでクリアーに社会における芸術の任務と機能を自覚している芸術家は希だ。そしてロスコは独自の形式を発明し豊かに展開することに成功した。だがかれらの切り開くべき「想像力の世界」つまり芸術の世界は、なぜ「暴力的に」現実世界と対立しなければならなかったのか。

注目されるのはこの声明が発表された時期である。未曾有の大量の死者を出した戦争のさなか堂々と語られた言葉なのだ。未知の世界を探求すべく現実世界から身をもぎ離そうとするかれらの身振りの中に、遠方で現実に起きつつある悲劇への直感、あるいはまもなく現実となる悲劇への予感を読み取らないわけにはいかない。眼の至福を与える色彩の芸術は、危機の上にぴんと張り渡されていたのだ。そこにはつねに、美とつりあうだけの沈黙、さらにいえば美と等量の死と恐怖と暴力が潜んでいる。かれらはけっして単純に色のコンダクターではない。

今わたしが抽象表現主義の画家の作品から学ぶのは、そうした社会性というものである。アトリエの密室でひたすら内面に沈潜しつつ制作された仕事であるにもかかわらず、ロスコの大きな画面に感知されるのは、時代が移っても永遠に変わらぬ人間の姿であると同時に、紛れもない二〇世紀なのだ。絵の具がささくれたりムラになったり複数の色が微妙に重なったりする細部から、癒されぬ二〇世紀の膨大な死者たちへの終わることのない祈りの声が立ちのぼるのが聞こえる。

この春ロンドンのテート画廊で画家晩年の作品を見ることができた。秋口にさらに、信州の山麓の静かな村で、巨匠の最も充実した時期の作品二点に対することができるとは、ほんとうに喜ばしい。

5　第二回吉田秀和賞受賞者あいさつ

　このような大きな賞をいただくのは初めてですので決まってから二週間程ずっと感動しています。自分としては精一杯できるだけのことをしたつもりの仕事でしたので、その結果がこのように評価していただけて、心から嬉しく思っております。そして今日は皆様にお祝いにいらしていただけたことを身に余る光栄だと思っております。

　この本は村上華岳の章を書き始めた時から数えると、四年程かかっております。でも華岳はその前から好きな画家でしたし、もっと前の二〇代の初めにパリのマルモッタン美術館というところにあるモネの太鼓橋の絵を見た時にびっくりした時から考えると、もうすごく長い間の私の芸術に関する経験と思索がようやく形になったというものなのです。作品に即して厳密にということを心がけましたので非常に苦労しましたけれども、今となって考えるといろいろ書きましたけれども、結局それぞれの芸術家に取り憑いている情熱というか、作家たちの中にあるつかみ難い得体の知れないような力というのを何とかして捕まえて、そのまま表現したいという、そういう気持ちが強かったんだなという気がしています。村上華岳が「画論」というエッセイの中で「私は天意の思うつぼにはまって死にたい」というそういう言葉を書きつけていますが、それぞれの芸術家にとっての「天意の思うつぼ」というのは一体どこにあるのかというのを、それぞれの画家について探り当てたいという気持ちだったと思います。それがモンドリアンだったら光の中でこうきらきらきらと浮かんだり消えたり、消えたり浮かんだりしている直線というものがはっきり見えていたんだと思うんです。今回は何人かの人達を取り上げましたけれども、それに限ってというのではなくて、それを媒介にして芸術一般ということ、絵画とは何かということを自分なりに考えたかったと思います。

今日は幸いロスコが観られるというふうに伺って楽しみに思っております。ロスコを以前にアメリカに一人で観に参りました時には、日程がなかったので、ニューヨーク、ワシントンを忙しく歩いて、それからテキサスのヒューストンというところにロスコ・チャペルというのがありますけれども、それもどうしても観たかったので、一日しか日がなくてそれで日帰りで飛行機ですっとんでいったことなど思い出しますと、今日の水戸芸術館のおかげで日本で観られるということを非常に嬉しく思っています。ロスコももっと日本で紹介され、論じられていいなと思っています。

それからこれからのことですが、私は割合と引きこもりがちな方で、東京に住んでいるんですけれども、東京でいま何が行われているかということをあまり知らないようなことなんです。けれども、それはもうあまり自慢にもなりませんので、これからはいろいろなものを見たり聞いたりということをもっと活動的にしていきたいと思っております。それに必ずしも自分を閉じ込めるということではなくて、芸術を中心にしますけれども、もっと政治的なこととか、歴史の問題とか、女性をめぐる問題などにも関心を広げて、現代の現実の問題ということをシリアスに考えていく人になりたいと思っております。頂戴した多額の賞金はそういう活動のための資金として使わせていただきたいと思っております。吉田賞にふさわしい良い仕事をこれからもしていきたいと思っています。今日はどうもありがとうございました。

6 「美術前線北上中」展

強烈な動機をもつこと

「美術前線北上中　東南アジアのニュー・アート」展は、東南アジア諸国連合（ASEAN、一九六七年にフィリピン等五カ国によって結成された経済協力機構で、後にブルネイも参加）設立二五周年を記念して昨年九月から開かれた「東南アジア祭92」の一環である。国際交流基金アセアン文化センターの主催で、東京を皮切りに福岡、広島、大阪の各地を巡回したが、力作ぞろいで、期待を裏切らぬ充実した企画展であった。

作家や作品の選択を従来のアジア美術展のように相手国の公的機関にゆだねず日本側スタッフら自身が一カ月半ほどかけて現地調査に歩き、ときには直接アトリエを訪れて、できるだけ最新かつ良質なコンテンポラリー・アートの動向を遺漏なく伝えるべく努めたという。六カ国から選ばれた作家は一七人。そのうち七名が二〇代、五名が三〇代という若さである。各人の探求の方法は多様ながら、感情の切実さ、主張の明確さ、熱っぽさが伝わってきて、広島会場で初めてこの未知の世界に触れた私もたいへん好感を持った。

八〇年代後半以降急激に工業化が進み、いまや韓国などに続いてアジアの経済成長の新たな主役となった観のあるアセアン地域だが、危機をはらむ現代的巨大都市の感情を、ひしめき爆発する眩しいばかりの色彩の群によってとらえるリム・ポーテック（シンガポール）の「スリリング・シティ」（図1）を見れば、もはや世界のあらゆる場所が同時代的になったことが実感される。アートもまた急速に、あらゆる場所でグローバルな共通性のなかで動かざるを得なくなっているのだ。一般に東南アジアの美術というといまだに仏教美術やバリ島のフォークロアなどの伝統的文物を想起してしまうが、この地域もとうに西欧モダニズムの洗礼を浴びて来たどころか、それをわがものにしながら自発的な表現を生産する段階にいたっているようである。

エドソン・アルメンタ（フィリピン）（図2）は木や竹などの土着の素材と民芸的技法を用いて竹細工に似た作品を作るが民族主義者ではなく、「西洋的なものを否定することは不可能だ。外部からの影響は何ら

図1 リム・ポーテック「スリリング・シティ No.5」1991
図2 エドソン・アルメンタ「殺戮の爪 No.2」1992

図3 ヘリ・ドノ「影絵物語」1988
図4 ダダン・クリスタント「ゴルフ・ボール」1991
図5 同「官僚主義」1991-92

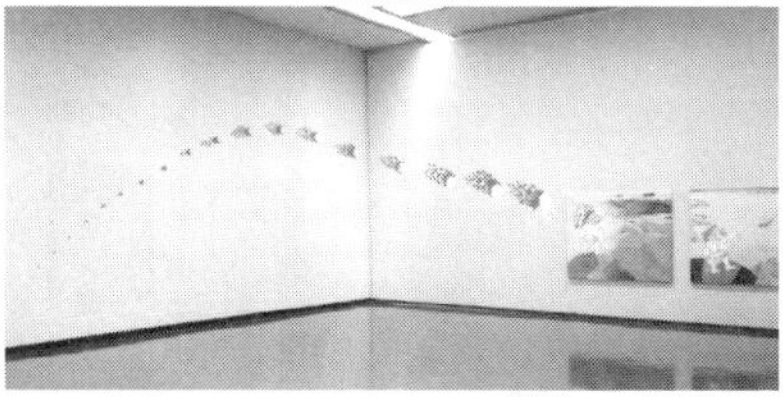

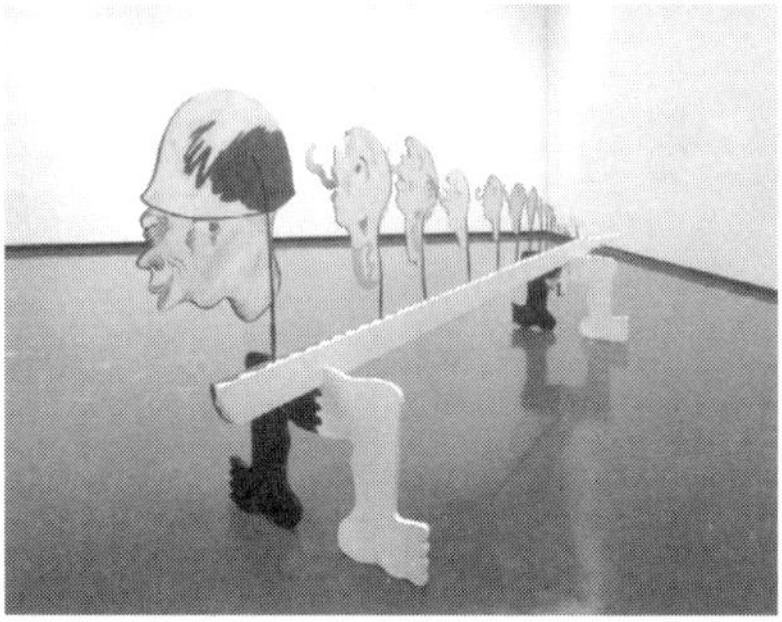

かのかたちで染みとおっている。あるものを消化し、作り込んでいくべきだ」と文化の混血性を肯定する。素材の柔らかい温かい感触とうらはらに、内部空間をも外部の空間をも執拗に侵していく拷問器械めいたその構造体は、およそ人間の苦痛や暴力性というものを一身に体現しているようだ。古くからある民衆的影絵芝居（ワヤン）を直接引用するヘリ・ドノ（図3）やダダン・クリスタント（インドネシア）（図4、図5）のやり方も、土着に思い入れるというよりむしろポップで、陽気である。

ウォン・ホイチョン（マレーシア）の「粛清」（図6）はかつての日本軍によるマレーシア占領時、軍政下に苦しむ人々の姿を牢獄を中央に物語的に描く。ピカソの「ゲルニカ」のモチーフが部分的に目につくが、全体としてはディエゴ・リベラの絵画にいっそう似ている。パリでキュービズムを学んで帰国、スペインの植民地支配を経たメキシコの歴史や現実を、浅い絵画空間、傾いた面、狭い区画に群像をぎっしり詰める手法などを用いて描いたリベラは、複数の民族や立場が混在し沸騰する土地にあって、自己認識の原点をすすんでメスティーソ（混血）という性格に求めたモダニストだった。現在のアジアも非近代の水源に後戻りはできない。

欧米滞在の長い作家が多いが、なかでもドイツ帰りのサンスーン・ミリンダスート（タイ）のレリーフ状の作品（口絵7、図7、図8）は可能性を感じさせた。石片、開いた本、縁を折り曲げて盆状にした紙など、比較的小さい素材の上に臘を引き、その表面に不定形な模様を、押さえた色の絵具で描く。細い糸を張りこむこともある。絵具は下の素材に直接、また臘の層の途中にも置かれるから、臘という固体でも液体でもない半透明な流動的な物質の中に奥行きができ、不思議と素材の奥へ気持が引き込まれてしまう。それぞれの物質の美や特性が再発見されるのである。アンセルム・キーファーの影響は歴然としているが、彼の激しい空洞の感覚のか

図6 ウォン・ホイチョン「粛清」1989
図7 サンスーン・ミリンダスート「死の扉は金でできている」1991（右）
図8 同「あらゆる人のあらゆる嘆きのなかに」1991（左）

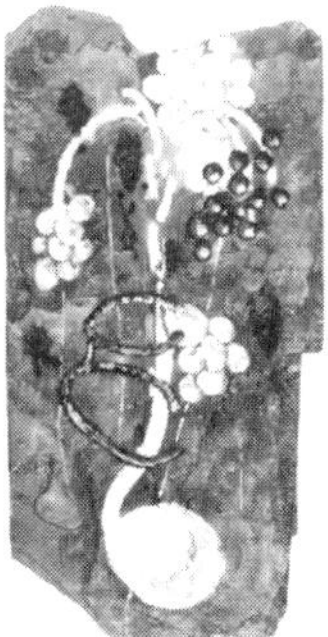

わりに、生命の確かさのようなものが静謐のうちにひそみ、感動的であった。

ねばり強い思索という点ではズルキフリー・ユソフ（マレーシア）のインスタレーション「権力1」（図9）があげられる。椅子、剣、鉾など支配権力を表す象徴の導入はわかりやすいが、最も目立つのは傷痍軍人のように白い布でグルグル巻きにされた鉄パイプの構造だ。それは一本また一本と自力でとめどなく増殖するようにすら見える。壁と床にひろげられた白い布にも黒い線で入り組んだ模様が描かれており、縁をこえて水平垂直方向に錯綜した構造が無限に反復されていくことが暗示される。権力の奇怪さと空虚が見事に洞察されているというべきだろう。

スパチャイ・サートサーラ（タイ）（口絵8）の「大きな危険」は軍の権力をよりストレートなかたちで表現している一つである。ミニマリズム風な腐食させた金属板の全面に、こちら側にむけて銃で撃ち抜いたササくれた穴が並ぶなか、銃を構えた人影がみえる。アセアン諸国の近年の軍事力の増強はいちじるしい。軍隊の支配下で生活することを余儀なくされるのがかれらの現実なのだ。工業製品の廃物を材料に選ぶこの二十四歳の作家は、「私の作品の主なテーマは、私の住んでいる社会のなかの人間の生き方についてです」と芸術家の社会的責任を語るが、戦争、官僚支配、過度の工業化、環境破壊、差別、貧困などの人間がつくりだした社会的悪に対して

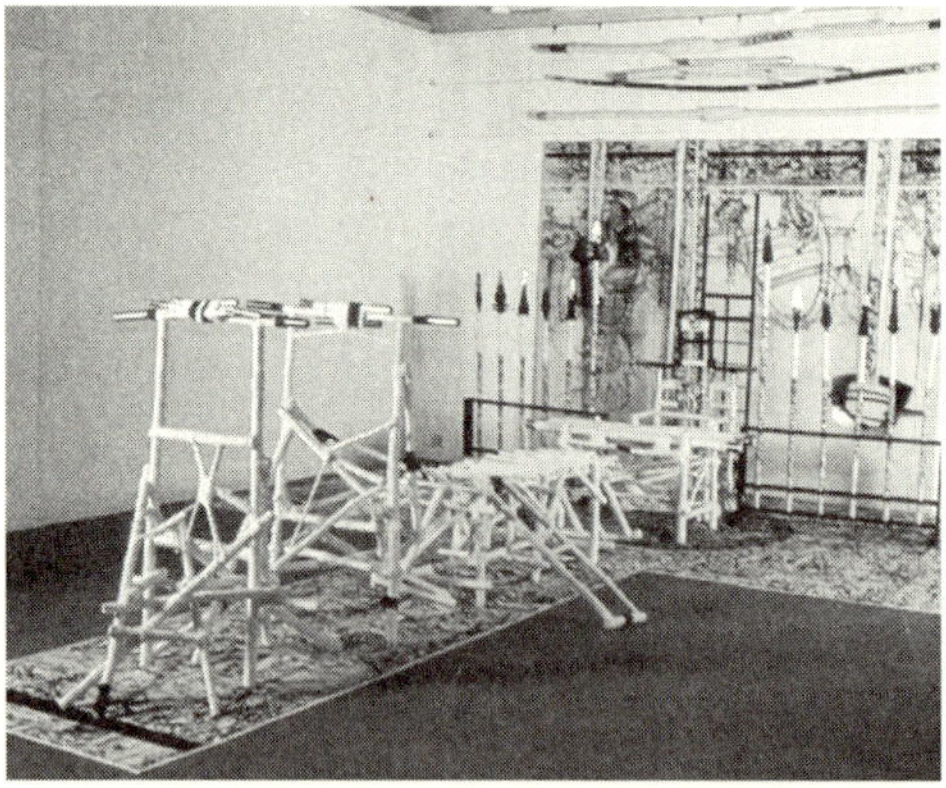

図9 ズルキフリー・ユソフ「権力1」1991

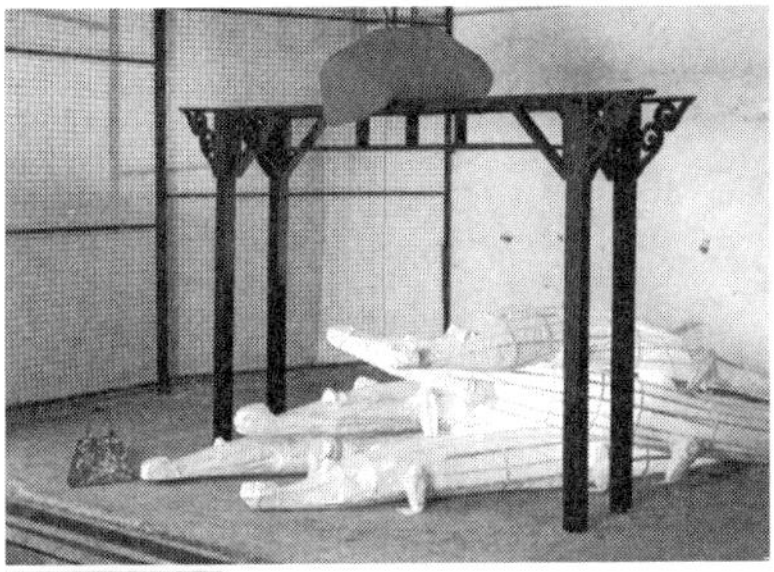

図10 タン・ダウ「アンダー・ザ・テーブル、みんな同じ方へ行く」1992

図11 ファウジン・ムスタファ「失われた地平線Ⅰ」1991

きわめて敏感なのが今回の展覧会の実のところ最大の特徴だったのである。

場合によっては、ワニの乱獲を告発するタン・ダウ（シンガポール）のインスタレーション（図10）や、煙草の巻紙、トイレットペーパー、バティック染めの布切れなど身近な貧しい材料を用いて逆に華麗な結果を生み出すファウジン・ムスタファ（マレーシア）のレリーフ状絵画（図11）のように、環境保護へのメッセージがわかりやすすぎて戸惑うことも起る。だが日本のアートがそうした段階をすでに通過したなどという話は疑わしい。

自由を侵害するもの一切に対する鋭敏さこそ芸術家の本能ではなかったか。表現方法はどうあれ、また取り組む問題が何であれ、自分にとって強烈な動機をもつことがアートの生命であろう。自律的なアートと政治的アートのジャンルの区別がつけられるわけではない。そのような根本的なことを考えさせる作家たちだった。日本もアジアの海に浮かぶ群島だが、内部にいるととりとめなくなってしまう日本の現実は、アジアの側から照射するときよく見えてくる。

探求の真剣さや現実認識のきびしさにもかかわらず、南国的性格というものがあるのかどうか、全般におだやかな温和な人柄がどことなく感じられたのは、予想外の嬉しい発見であった。

7 「ジェンダー　記憶の淵から」展

東京都写真美術館で開催中の「ジェンダー　記憶の淵から」は、期待を裏切らぬ刺激的な展覧会である。現代の日本でこのような企画が実現したことは画期的で、その意欲に対してまずは拍手を送りたい。

国籍も来歴も多様な十一人の現代の作家が集められているが、全体として、写真展というより写真を用いた美術作品展の印象である。多くの作家は言語テクスト、絵画、インスタレーションを写真と組み合わせたり、複数の写真をシリーズ構成にしたり、フォト・モンタージュなどの操作を用いて、メッセージを伝えようとしている。

度はずれて肥満した女性ばかりを肖像や群像で撮り続けたローリー・トビー・エディソン（米国在住）や、今回出品した唯一の男性作家で、老いて毛むくじゃらな自分の裸体を撮って滑稽な味を出すジョン・コプランズ（同）のように、純粋に写真の力だけで見せる作品もないことはないが、ほとんどは、構成要素として写真を使っているのである。

＊

男性女性という性的存在は生物学的に決まったものではなく社会的文化的に形成されたもの（ジェンダー）にすぎない、という本展のテーマが本質的に政治的であるためか、あるいは写真という表現媒体が他の芸術とちがってつねに外部の現実に指示対象をもつためか、本展では、プロパガンダに近いものから独自なポエジーを生み出すのに成功している作品まで、混在していることがまず目についた。

イランの現代政治史に対する怒りをモンタージュ手法を用いて表現するミトラ・タブリジアン（イラン生まれでロンドン在住）や、アメリカの日系人強制収容所跡をたずね歩いてホックニー風にフォト・コラージュするマスミ・ハヤシのカラー作品が、直接的に政治的メッセージを伝えるタイプだとすれば、マリ・マール（チリ生まれのハンガリー人でロンドン在住）の郷愁を誘うような繊細な映像はその対極に位置するだろう。

エディソンの太った女性像はユーモアにあふれ、男によってつ

ローリー・トビー・エディソン
「トレイシー・ブラックストーンとデビー・ノトキン」1994

くられた女性美からの解放といった説明抜きで、見ているだけで楽しくなる。人種差別を主題化したアフリカ系アメリカ人キャリー・メイ・ウィームスの、赤い色が美しいコンセプチュアル・アート的作品も、印象に残る。

＊

だがやはり最も衝撃的なのは、国防婦人会とからませて日本軍従軍慰安婦をあつかった嶋田美子（ベルリン在住）のシリーズである。画家出身らしく銅版エッチングの技術を写真に生かしているが、日本の近代化の根幹にかかわり、現在まで隠ぺいされ続け、今なお日本人が解決しないままでいるアクチュアルな問題だけに、指示対象そのものの力が見る者を圧倒するのである。

たとえ作品の一部にでも写真をふくむ表現は、いかに美術としてアレンジされていようと、結局はそれが指示する歴史的現実に直接かかわってしまう。そのことが他の表現手段とは異なる写真の宿命であり、魅力でもあることに、あらためて気づかされる。

本展に見られる一種の不整合さは、率直に言って作家の力量のばらつきも一因であろう。だがむしろ、日常を貫いているジェンダーの政治のとらえがたさと、写真という媒体のもつ不安定さ自体が重なるところから生じた結果として、積極的に評価できるのではないだろうか。流動する現代世界の状況をそのまま露出して見せるスリリングな展覧会である。

8　シンディ・シャーマン展

毎年どこかの国で回顧展が開かれているほど、いまやアメリカを代表するアーティストの一人になった感さえあるシンディ・シャーマン（一九五四〜）。だが、東京都現代美術館で開催中の彼女の代表作約九〇点をそろえた写真展で、出発から最新作「マスク」（九六年）にいたる二〇年間の活動を通して見たとき、いちばん印象が鮮鋭だったのはやはり二十三歳の出世作「無題のフィルム・スティル」（七七年）だと言ったら、いまの彼女には少しかわいそうだろうか。

シンディはそこで、みずからB級ハリウッド映画の類型的ないろいろな女性に扮し、白黒写真数十点を自作自演で撮った。変装というパフォーマンス自体のおもしろさや、演ずる役柄の陳腐さとお澄まし美人ぶりの組み合わせがかもし出すなんとも言えない滑稽味もさることながら、すべてが架空の映画のスティル写真、つまり偽物でしかないという新機軸の発明により、写真を撮る行為そのものを問いに付したことがめざましかった。

先に何か現実が実在し、写真とはそれを後から再現するものだ、という常識を逆転させ、そういう安定した基盤などは現代世界ではもはや成り立たなくなっていることを示した。批評精神があざやかである。

その後、彼女はカラーに転じ、メディアを流れる大衆の性的期待に沿う女性像をわざと演じたり、グロテスクな怪物に変装したり、泰西名画の肖像画になったり、人体模型を使ってよりストレートに現代にひそむおぞましさに迫ったりした。だがこれらのシリーズは、過激さが話題を巻き起こしてきた割には、変装趣味が自明となったこともあり、事後の記録という伝統的な写真観にむしろ後退しているように感じる。だから、いかに不気味なものが写っていてもあまり怖くない。

ポップなのに何かしら不穏な雰囲気がただようのは、「写真をまねた写真」である出世作のほうだ。

＊東京都現代美術館／写真は「Untitled #7」（アンタイトルド＃7）、一九七八年。© Cindy Sherman, 1996

ニューヨーク・スクール展

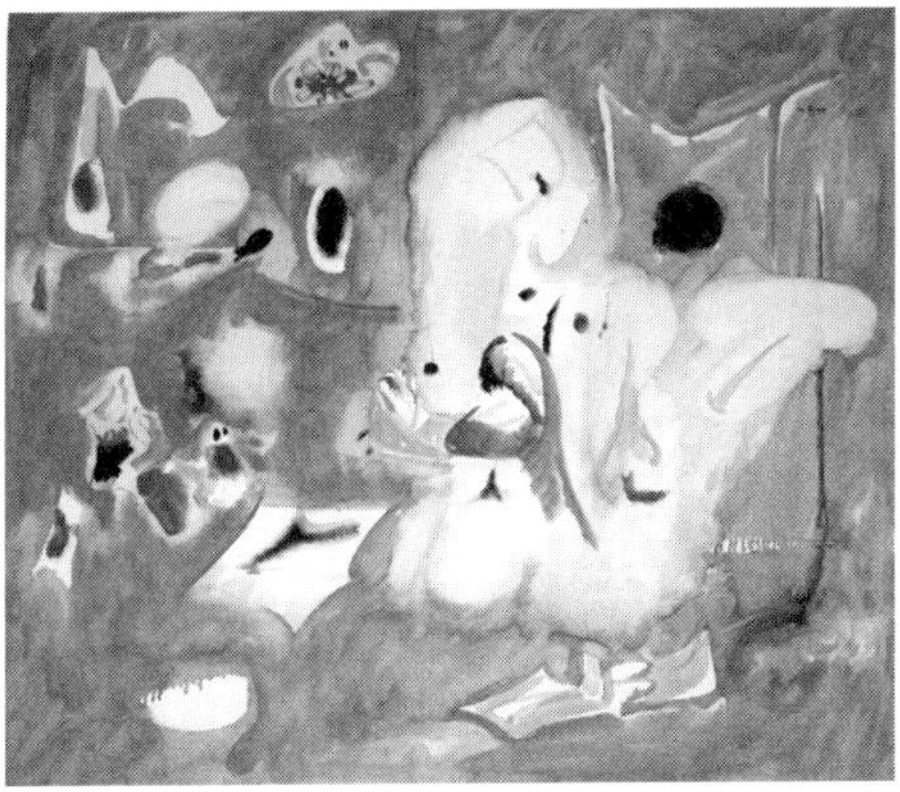

パリからニューヨークへ現代美術の中心が決定的に移ったのは、戦後アメリカに登場した、抽象表現主義ともニューヨーク・スクールとも呼ばれる一群の画家たちの仕事によってである。それからすでに半世紀が経つ。流派の形成とその後の展開を歴史的にふりかえる試みがなされるのは不思議ではない。

アメリカの美術史家をゲスト・キュレーターに迎えての今回の当展の特徴は、スクールの創始者、後継者という二部構成をとっていることである。真っ白な巨大な画面が印象的なニューマンの「名前II」、スティルの力強い「無題」、ポロックの「ナンバー7」はじめ、ゴーキー、ロスコ、マザウェル、デ・クーニングら代表的な抽象表現主義作家の作品が約六〇点。付して、現在活動中の人をふくめて後続の作家のものが約二五点集められている。

ラウシェンバーグ、ジャドらのポップアートやミニマルアートは後継者から除外されている。かれらの出発も、前の世代からの圧倒的影響なしにはありえなかったはずなのだが。反発や否定もまた影響のひとつの形ではないのか。当展で後継者とみなされる条件は、どうやら壁画のように巨大なキャンバス、抽象、ペインティング（絵の具で塗る）という形式の共通性のようだ。

だが、かならずしも各作家のもっとも良質な作品が選ばれているとは言いかねるものの、創始者の部がそれでも充実度と集中力を感じさせるのに対し、様式を忠実に受けついだ後の人たちの作品は保守的にしか見えない。流派の衰微とはこのことか。

画家はいくらでも変身してよい、作風など好きな時に変えてかまわない、というのがポロックたちの基本的態度であった。芸術におけるつねに変わることの必要性が痛感されたのは皮肉である。

＊東京都現代美術館／写真はアーシル・ゴーキー「夏の雪」（一九四七年、協力ロバート・ミラー画廊、個人蔵、Arshile GORKY, Summer Snow, 1947, Courtesy Robert Miller Gallery, New York, Private Collection)

椎原治展・「モダニズムの光跡」展

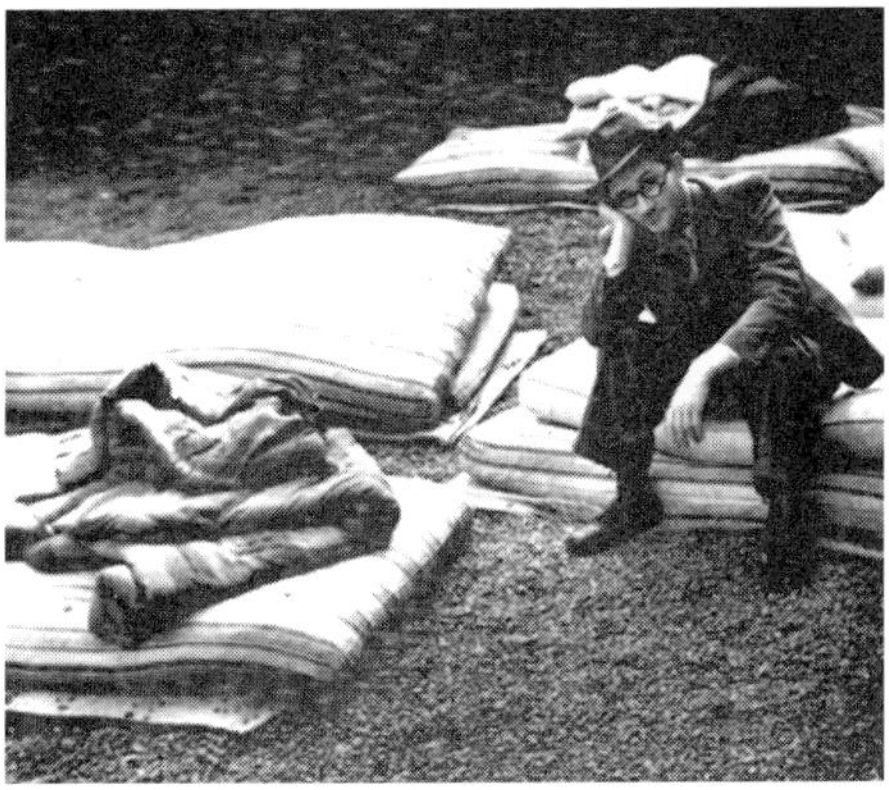

一九三〇年代から戦争前夜にかけての短い期間に、「新興写真」「前衛写真」などと呼ばれて花開いた日本のモダニズム写真。その一端をうかがわせる展覧会が、東京と神戸で同時に開催中である。

マン・レイ流のフォトグラム（カメラを使わず、印画紙上に直接ものを置いて露光させる）による抽象、カメラの眼を生かした即物的な都市風景、シュールレアリスムの絵画風の写真など、多彩に実験的で、とくに瑛九《えいきゅう》の作品に鋭さが感じられる。

印象深いのは、兵庫県立近代美術館で一五点展示されている椎原治の「流氓《りゅうぼう》ユダヤ」連作だ（東京でも四点展示）。被写体となったのは、バルト三国からシベリア鉄道経由で敦賀に上陸した東欧出身の亡命ユダヤ人。アメリカや南米諸国への入国ビザの発給を待って港町神戸に滞在するかれらの数は、数千人にのぼったという。

関西の前衛写真の拠点だった丹平《たんぺい》写真倶楽部につどう椎原、安井仲治ら六人が、四一年のある日、神戸市内のユダヤ人協会周辺に出向き、共同で撮影会を催した成果である。

到着する荷物を待ち受ける人。疲れてベンチで仮眠をとる人。読書する人。僧侶。少女。「丹平の黒焼」と言われた黒と白の対比が、さいはてに旅する人々の重い心持ちを伝えてあざやかである。

会場には説明資料の提供がないが、推測すれば、多くはあの「日本のシンドラー」杉原リトアニア領事から通過ビザの発給を受けて、からくも脱出した人たちではないか。かれらはその後どうなったのか。

さすらいの異国人に注ぐ椎原らの眼は優しい。戦慄すべき背後の事情はおそらく知らないまま、一被写体としてストレートに撮影したままでであろう。その結果が、暗澹たる時代の現実をかすめ取っていることに、感慨を誘われる。

＊椎原治展／兵庫県立近代美術館／写真は「ベッド（流氓ユダヤ）」（一九四一年、独立行政法人国立美術館所蔵）

＊モダニズムの光跡――恩地孝四郎・椎原治・瑛九／東京国立近代美術館フィルムセンター展示室

ジェイムズ・ギルレイ展

政治マンガといえば新聞や週刊誌につきものだが、イギリス初の専門の風刺画家とされるジェイムズ・ギルレイ（一七五六～一八一五）の銅版画二五〇点をそろえた展覧会が開催されている。

描かれているのは十八世紀後半から十九世紀初めの社会。時代風俗を皮肉った作品もあるが、中心は政治的カリカチュアで、時のジョージ三世の王室、トーリー党とホイッグ党のあいだの政争、流動する政局、対岸のフランス革命、暴力化する革命政治、英仏関係、ナポレオンの侵攻など時事的できごとが次々と槍玉にあげられる。

英国史に明るくないわれわれには、個々の事件に照らしての面白みがもうひとつ伝わらないうらみがあるが、権力者の強欲ぶりを食欲、金銭欲の方向に誇張する風刺法が目立つ。英首相のピットとナポレオンが地球の形をした巨大なプディングを食卓で切り分けている図が好例だ。

彼の作品の大半はロンドンのある版画出版社で制作、印刷、販売された。「とてもすべりやすいお天気」と題する作品に描かれているように、店先のガラス窓には最近の作品群がびっしりと張り出され、外を通りがかる人がいつも群がりにぎわっていたという。

版画自体がメディアだったのだ。まるで今日の週刊誌である。時局をバッサリと単純化するというよりは、綿密な説明的な画風で、しばしば文字による説明も書き込んで情報量を増やしている。時事ニュースを刻々と伝えるギルレイ版画は、風刺法の多彩さやユーモアという点では、半世紀先輩の画家ホガースなどに見劣りするかもしれない。芸術作品として鑑賞するより、新聞や雑誌の歴史とからめてメディア論の対象として見る視点がむしろ必要のように思われる。

＊埼玉県立近代美術館／写真は「プラム・プディング、危うし、または、夜食をとる国家的グルメ」（一八〇五年）

9　ロザリンド・クラウス『オリジナリティと反復』について

ロザリンド・クラウス（一九四〇年生まれ）は、日本ではまだ実力にふさわしく十分な紹介がされているとはいえないが、現代アメリカの代表的な美術批評家の一人であり、コロンビア大学の美術史教授でもある。一九六〇年代末に『アートフォーラム』誌を中心に批評活動を開始して以来、ここ三〇年というもの、つねにアメリカの美術批評シーンの最前線を歩いてきた。彼女の三〇年は、ひとことでまとめれば、抽象表現主義の強力な支援者でありフォーマリズム批評の主導者であったグリーンバーグの強い影響下に最初自己形成しながら、その呪縛を脱するべく悪戦苦闘したみちのりということになろう。

グリーンバーグ批判の武器としてクラウスが依拠したのは、ソシュール、ヤコブソンらの構造主義言語学であり、それを継承し展開したラカン、フーコー、バルト、リオタール、デリダ、クリステヴァらフランスのポスト構造主義の思想家たちであった。これらの思想家の言説が近現代芸術を論ずる現場に何を新たにもたらすか、それはどこまで有効かを見届けることこそ、まさしくクラウスを読む眼目である。彼女を悩ますあらゆる問題は、芸術論にかかわる同時代人すべてにとって問題であるといえよう。

本書は、クラウスの第一論文集で、彼女自身が創刊し共同編集者として長くかかわってきた批評理論誌『オクトーバー』掲載の評論をまとめたものである。原題『アヴァンギャルドのオリジナリティとその他のモダニズムの神話』（一九八五）を見ても、従来の美術批評が自明視していた「芸術家のオリジナリティ」とか「固有名で名指される作家個人から発する全作品」「絵画、彫刻など各ジャンルの本質」「普遍的で超歴史的な形式」といった諸概念をすべからく「モダニズム＝フォーマリズムの神話」と見て脱構築しようという彼女の趣旨はよくうかがわれる。序文でも明瞭に、「ニューヨークを中心とする美術界が『芸術と文化』の衝撃に見舞われていたときに、アメリカにおける他の文化的知的分野は、国外からやって来たある言説の影響をこうむっており、やがて美術界にも根本的な転倒をもたらすことになる。その言説とは言うまでもなく、構造主義とそれを後に修正するポスト構造主義で、前者は歴史主義的モデルを美術における意味の形成を理解する手段とすることを拒み、後者は、グリーンバーグが述べるような芸術の形式そのものを、逆に歴史的分析と布置へと開いたのである」と明言している。

ピカソ、モンドリアンあたりから始めて、ロダン、ジャコメッティ、シュールレアリスム、デュシャン、ポロック、リチャード・セラ、ソル・ルウィット、ロバート・モリスらの仕事を縦横に論じてスリリングだが、本書の内容をここで尽くすことはとうていできない。いま引用した一節の末尾にある「美術における意味の形成」と「歴史的分析への布置」という、一見相反するモチーフを頭において読んでいけば、モダンアート以降の芸術が何を問題としていたのかが、当該の作品や作家についてあまり知識のない読者にも明快になるし、実際の彫刻、写真、絵画等の作品という場にそくして構造主義等の思想を各自なりに再考する契機となり得る好著だと書いておきたい。

ヤコブソンの転換子《シフター》という用語（あれ、これ、あなた、私、そちらなどのように、発話の都度指示対象があてがわれて始めて意味が充填される、それ自体としては空虚な言語記号）を援用することで、作品構造内に自閉した芸術という観念をこわし、外部の世界との関係を考えようとしたデュシャン論、「インデックス論パートⅠ」。あるいはフーコーのアルケオロジー（歴史の考古学）やアルシーフ（収蔵体）を援用して「写真の収蔵体」という考え方を導入することにより、オサリヴァンの風景写真やアジェのパリ都市景観の写真を美学的、美術史的解釈からはずれた位置から考察しようとした写真論、「写真のディスクール空間」。これらが、とくに出色の論文であると思う。

なおクラウスは女性だが、いわゆるフェミニズム美術史には冷淡である。リンダ・ノックリンの『なぜ女性の大芸術家は現れなかったのか？』（一九七一）を嚆矢とする美術史研究の流れは、欧米で八〇年代にかなり展開をとげ、日本にもよく紹介されて日本女性自身による業績もすでにある程度蓄積があるが、クラウスは、本書のピカソ論中でノックリンを名指しで批判しているし、一貫してフェミニズム美術史に対しては関心が薄いようだ。だからといって彼女は非歴史的な美の位相にたてこもったり、芸術と環境や社会的諸関係とのかかわりを捨象するわけではもちろんない。それどころか、テクストとテクスト外部の関係には人一倍敏感であり、デリダやフーコーらへの依拠も、要するに「外部の思想」を築く手がかりを求めてだった。冷淡な理由は、思うに、フェミニズム美術史が自明のことのように前提している「シニフィエを指示対象と同一視する態度」の素朴さにある。ジェンダーなどの権力関係と芸術の関連に重点を置いて批判的に表象の文化史を記述する研究は、時代の要請ではあるが、「芸術において意味の形成はいかになされるか」という肝心の点について、そのような意味論的な素朴さを脱しないかぎり、方法的には結局、図像学や図像解釈学と同じ古い段階の芸術研究にとどまることになるだろうと私も考える。

意味論的な反省を怠らず、尖鋭な方法意識をもって試行錯誤をつづけてやまないロザリンド・クラウスは、他人の思想に対する過剰ともいえる依拠が疑問視される面がなくはないものの、参照に値する存在である。

（小西信之訳、リブロポート、一九九四年）

10　絵画と哲学　スピノザを生んだ国

西暦二〇〇〇年は、オランダの商船デ・リーフデ号が大分県に漂着してから四百年にあたるということで、日蘭修好にかかわる展覧会がいくつか開かれた。なかでも注目されたのが『フェルメールとその時代』展（大阪市立美術館）で、他府県へは巡回しないというので私も大阪まで出向き、一時間あまり並んでやっと入場したが、十分にその甲斐あるものであった。

フェルメールと聞けばたちまち人の心にうかぶのは、半開きの窓から外光が入る薄暗い室内で静かに家事などに専心する女性像、そして明度の高い黄色と天上界を思わせる青との目も覚めるような対置である。『天秤を持つ女』『リュートを調弦する女』など五点の作品により、それを堪能することができた。しかしこの展観の特色は、とかく礼讃のまととなりがちなフェルメールを特別扱いするかわりに、フローム、アールスト、ヤン・ステーンらデルフト派画家たちの間に置くことにより、同時代の環境でとらえ直そうという意図である。十七世紀はオランダの歴史上もっとも激動と波乱にみちた時期であり、民衆の反乱、戦争、宗教上の争い、政変の連続であったが、東方貿易などで富を蓄積した都市中堅富裕層の成立を背景に、都市図、花や食材などの静物画、私的な市民生活を描く風俗画などがいっせいに開花したのだった。

じっさい、家庭内のこまごまとした日常を描くメツ、ホーホ、マースらの風俗画とフェルメールのそれは、建物や家具などの道具立ての点で区別がつかないし、手紙を読む女や台所女中が同じように登場する。しかしモチーフが共通していればこそ、かえって違いがひきたつということもある。写実的でありながら道徳的寓意があらわな他の画家たちとくらべると、フェルメールでは、人数や動作のきりつめのせいであろう、教訓性や物語性がうしろに退いている。壁面や床、的確に配置された机、クラヴサン、壁に張られた地図などは、正方形と長方形から成る多様な幾何学的構成を実現するためのたんなる口実に見えてくる。日常の一瞬が永遠に凍結されている、という感銘がそこから生じる。他の画家とは似て非なる、かれ独特のこの魅力を解明することはできないものだろうか。

美術史の研究書を多少あさってみた。もともと寡作なフェルメールは世に知られるのが遅れ、名声を博したのは十九世紀に入ってからであり、文学者たちの讃仰こそ集めても、学問的対象となったのはまだ日が浅いようだ。育った環境、修業の方法、社会史的な事実、さらに没後の受容史、真贋の確定をふくむ研究史などについて、私は美術史学から多くを教えられ、有益な知識を増やすことができた。だが肝心の点について納得のいく説明は得られなかった。人文科学としての美術史学の、客観性を優先する態度がなさせる必然なのかもしれないが。

ヨハネス・フェルメール「デルフトの小路」1658-60 頃

そこへいくと興味深いのは、『オランダ絵画序説』でのクローデルの意見である。かれはレンブラントやヤン・ステーンらを論じ来たった後フェルメールに触れ、「この世にあるもっとも明晰で透明な、そして明証性の観照家」「われわれの眼前で、ひとつの秤が動いており、そこでは色調が小数点の正確さで、原子の正確さにおいて測られ、すべての線と面とが幾何学の楽奏へと招かれている」「われわれの目の前で、証明の明白さを以て画布に展開されていく」と書く。これらの言葉から示唆されるのは、あの破門の哲学者、スピノザである。事実スピノザの名前は少し前に出ている。クローデルは「思考は、広がって瞑想となる。スピノザがその幾何学的詩篇を案出したのがこの国においてであったことは如何にも当然のことに思える。私達の内部に、なにか船乗りの心にも似たものができあがるのだ」と、この海運大国の、国土の大半が海の水位より低くすみずみまで海水に浸透された精神風土を指摘するのである。

　最盛期オランダの哲人と画家の対比は心をそそるテーマだ。二人はまったくの同世代、すなわち共に一六三二年の生まれなのである。スピノザと言えばレンズ磨きが有名だが、顕微鏡や望遠鏡が発明されたのは十七世紀のオランダにおいてであり、光が物理学的に考えられるようになったのはまさしくその時代だった。デカルトは晩年当地に移住して光学論をあらわし、スピノザも最晩年、虹のスペクトルについて論文を書いている。スピノザのレンズ製品は品質がよいので買い求める人が多かった。光学者のホイヘンスはしばしば、ライデン郊外に潜み住む哲人の許をたずねて教えを乞うたという。左方のガラス窓から射し込むフェルメールの外光は、薄暗い室内にひたひたと満ち、真珠や金鎖や布を張った木製の椅子の留め金を点々と光らせる。白色光が衣服や板などの事物に当たって分光し、白と黒、青と澄み切った黄色という反対色を両極としてあらゆる微妙な色彩スペクトルを発生させる。クローデルの「小数点の正確さで測られた」色彩とは、自然光を科学的に観察する態度から生じたと言えるだろう。また壁に張られた地図の微妙な皺や汚れすら見逃さない、事物のディテールに対する細密画的なまでのこだわりは、神は超越的な存在ではなく此岸世界に内在するという、『エティカ』において幾何学的証明の形式に沿って展開される汎神論の思想につながるのではないだろうか。

　気にかけていたら、このテーマで最近二冊本が出ていることがわかった。一方はフランス語だがすでに絶版で入手不可、他方はドイツの書店から一九九八年に出版されたもの[2]で、さっそく取り寄せた。頼りないドイツ語力で読み始めたばかりなので、まだ何とも言えないが、光学論、宗教思想、図像学など複数の角度から両者の類似を検討しており、意欲的に見える。

　哲学と芸術の関係をあつかった古典的名著として、ゴシック建築の工法とスコラ哲学の論旨の進め方のあいだに類比を指摘したパノフスキーの論文がある。フェルメールとスピノザについては、どこまで迫ることができるだろうか。一般に哲学と芸術は表現方法がまったく違うのだから、両者の関係の追究が説得力をもつためには、短絡的な議論ではなく何かしらくふうが必要であるし、歴史方面の地道な資料調査と相まって初めて確実なものになりうるとも思うが、成功すれば、一つの時代の諸芸術や思想の背後にあってすべてを下支えする時代精神といったものを深くとらえることができるだろう。

私が東大比較文学比較文化コースの修士課程に入った頃(一九七〇年)は、比較文化と言えば文学以外の分野、とくに思想や哲学専攻をさすというイメージが強かった。絵画や音楽や宗教なども比較文化のほうの専攻とされた。創立期前後の事情ゆえであろうか。授業は同じ建物で行われていたが、何かにつけ別々であった。裏を返せば比較文学をやる人の側には哲学が欠けていた。

後には美文学以外の、政治家、歴史家、軍人などの筆になる書き物の研究をふくめて比較文学と呼ぶようになり、近年では比較文学比較文化と総称して地域、言語圏、ジャンルの仕切りを越えた文化史、文化交流史研究をさすことへと広がった。また当研究室には美術愛好家が多く、文学と絵画音楽などの関係の研究は推奨され、本誌各号を見るとむしろ主流の一つにさえなっている観がある。だが哲学の欠落はずっと続いているように思う。文学や芸術作品のテクストを尊重することのかげで、作品についての美学的、哲学的思索は無視されるか、むしろ排除すべきものとさえ見られてきたと言っても過言でないのではないか。比較文学の泰斗の一人ポール・アザールが思想史を鳥瞰する広い視野をもつ学者だったことを思うと、これはじつに不思議な事態ではある。

哲学や思想をなにか外部から借りてきた既成の枠組か、融通のきかない硬い体系のようなものとみなし、生きたテクストの尊重と背馳すると考える向きがあったのかもしれないが、それはまったくの誤解である。哲学はもともと、既成の枠をはずして大胆かつ率直に物事を考えることそのものであるだろう。作品自体に向き合うことと背馳するどころか、作品をしっかりとつかまえ、歴史の中で深くとらえるために必要ないとなみである。研究者自身が生きる時代に対して批評精神を研ぎすますためにも、これからの若い方々には、ぜひ思想や哲学方面にもっと関心をもつよう望みたいと思う。

1 Paul Claudel, "Introduction à la peinture hollandaise", *Œuvres en prose*, Bibliothèque de la Pléiade, Paris: Gallimard, 1965.

2 Hubertus Schlenke, *Vermeer, mit Spinoza gesehen*, Berlin: Gebr. Mann Verlag, 1998.

11　一七世紀の画家サーンレダム研究序説

1　建築の肖像画家

ピーテル・ヤンスゾーン・サーンレダム（一五九七～一六六五）は、教会聖堂の内部を正確な透視図法によって描写する一七世紀オランダの画家である。

初期には花や果実の絵を描いていたサーンレダムがこのジャンルに転じた一六二八年頃、建築画はオランダですでに一つの絵画分野として確立されていた。先駆的な存在フレデマン・ド・フリース、その後継者、ディリク・ファン・デーレンらが担い手である。かれらはしばしば建築家を兼ねていて、透視図法には通暁していた。とはいえ、デーレンらが描くのはおおむね想像上の建築であった。サーンレダムは、アムステルダム、ユトレヒト、ハールレムなどの諸都市に実在する建築物を描いた最初の人なのである。だから彼は「建築の肖像画家」と呼ばれることがある。主として教会の内部を比較的小さい画面に描くが、広場ごしに見た教会外観、市庁舎などの世俗建築、市街地風景もある。現場でドローイング・スケッチや正確な測量をしたのちアトリエに持ち帰り、測量図を参照し、遠近法を正確に適用して、長い時間をかけて油彩画まで完成させたようである。

　実在する教会内部の絵はサーンレダムに続いて一六五〇年頃にはデルフトなど各地で非常に盛んとなり、ヘラルド・ハウクヘースト、ファン・フリート、エマニュエル・デ・ウィッテ、ファン・デル・ハイデンらが輩出した。総計するとオランダ共和国の時代に何百点もの教会内部図が描かれるのである。サーンレダムは絵画史上、その一環をなす画家として位置づけられる。しかしそれだけにはおさまらない非常に独特なものを私はかれの作品に感じる。事実、今日でこそサーンレダムは一七世紀オランダ建築画を代表する人物のように扱われているが、同時代から必ずしもそうではなく、一九〇〇年頃まではむしろデ・ウィッテが第一人者とされていたという。[1] サーンレダムの評価はどうやら時代が下るとともに高まったようだ。理解できる話である。かれの作品には、不思議に時代的条件を超えたものが漂っている。

　一七世紀教会画は互いによく似ているのはたしかだ。描く対象はいずれも、後期ロマネスク様式かゴシック様式で中世に建てられ、増改築、破壊、修復を経てオランダの諸都市で日常的に使用されている教会堂である。ななめ方向から見たように描く構図も共通している。ななめ方向とは、たとえば本堂（身廊）の中心軸上からではなく少し横にずれた位置から聖歌隊席方向を見たり、側廊の壁ぎわに立って柱列ごしに反対側の側廊をはすかいに仰ぎ見たりすることである。実際に教会の中に歩み入って周囲を見まわしたときの自然な見え方に近いが、その感覚は遠近法の用い方から生ずる。具体的には、前出フレデマン・ド・フリースの版画集「遠近法」[2]（一六〇四／〇五）が普及させた、消失点を二点設定する透視図法に拠っていることの結果である。

遠近法にかんする書物は、一五世紀、一六世紀を通してヨーロッパ全土でおびただしく出版されていた。フリースの広めた透視画法は、イタリア起源のそれを基にしながら、時代を経て違って来ている。すなわち一五世紀イタリアでアルベルティやブルネレスキにより発明されダ・ヴィンチらによって完成された透視図法では、消失点が絵画の中心にひとつだけあり、画家と建築は真正面から対峙するので、建築景観は画面上でシンメトリーになる。ピエロ・デラ・フランチェスカ派の『理想都市』がその典型的な例である。これに対しサーンレダムを含めてオランダ建築画においては、水平線を共有する消失点が画面の左右に設定され、二つの視線で風景が構成される。二点透視図法とも曲線遠近法とも呼ばれる。

この差異は、たんに作図法のちがいというにとどまらない意味を持って来る。イタリア式一点遠近法では画家の視点は消失点と向かい合わせに絵の手前に絵から離れてあるので、画家はいわば特権的な座に位置する。絵を見る人のほうも、象徴的に、世界の全体像を包括的に一望のもとに把握することができる。一方、左右の光景を異なる視線で切り取るようにななめの角度から描くオランダ式では、見る人は、聖堂内にたたずんでいろいろな仕草をしている男や女に混じって自分もぶらぶら歩き回っているような気持ちになる。その結果、全体を一望のもとに把握するというより、各部分がにわかに具体性をおびて現前してくるのを目の当たりにすることになる。

オランダ建築画一般が持つこのような特徴に注目して、ピーター・ガラシは写真的知覚の早い芽生えを指摘した。一九世紀にフランスとイギリスで写真の化学的な感光技術が発明され、それと前後してドガら印象派の画家が写真と似た断片的な画面の切り取りや瞬間的光景の定着によって特徴づけられる絵画を制作するが、それより二〇〇年も前に、すでに写真的知覚は美術史のなかに萌していたとガラシは言うのである。[3] サーンレダムの作品に不思議な新しさを感じてしまう者にとって、ガラシの指摘は興味をそそる。新鮮である。だが二点透視画法を使用したのはサーンレダムだけではないから、その個有性を説明する方法としては十分ではない。新しさの秘密はいったいどこに求められるのだろうか。

サーンレダム作品は、他の建築画家との遠近法などの共通性にもかかわらず、一瞥するだけでまぎれようのないものを持っている。第一ほとんど人影がない。小さな人物がぱらぱらと描き込まれているだけで、少ないときは二人くらいしか描かれていない。デ・ウィッテやファン・フリートの、牧師の説教に熱心に聞き入る人、談笑する男たち、地下に墓を掘るために床石をはずしシャベルを手に作業する男、立ち止まって墓碑を見る家族連れ、子どもを連れた盛装の女、献金する老人、徘徊する野良犬まで、教会の床面をぎっしり埋め尽くすほど描き込んだ教会画とは非常にちがう。まったく無人だったところへ後世に別の画家が人影を描き足した場合さえあったという。当時の日常的な市民生活をありありと伺わせるフリートらの作品には風俗画の趣がある。柱の彫刻、柱に掛けられた記念銘板、木製の祭式用装飾、床や壁面に刻まれた墓碑銘、床に置かれた椅子などの細部もこまかく描写されている。サーンレダムではたとえ人がいても衣装などはおおむね簡素な描法で、遠近法の水平線を示す目的で描き入れたにすぎないことがある。人の身ぶりにも、デ・ウィッテ作品にあるような人間的感情のやりとりやドラマ性は見られない。

オランダ一七世紀は風俗画の黄金時代であった。代表者はマース、デ・ホーホ、フェルメールらだが、家庭や街角や娼家を舞台に市民の日常風俗を描写する固有のそのジャンル以外でも、つまり風景画、海洋画、静物画においても、生活臭を漂わせる人間の姿が点景として描きこまれることが少なくなかった。ルイスダールの真冬の田園風景やカペレの船の絵には人間の影が色濃く差している。このようにあらゆる方面に人間の世俗的生活が浸透していたことを思うと、デ・ウィッテらの教会内部図が風俗画の趣を帯びていることは不思議ではない。すべての絵画ジャンルが風俗画と地続きだったのである。実際にプロテスタントの教会は当時礼拝だけに使われるのではなく、市民同士が交流し、飼い犬を連れて散歩し、子どもを遊ばせる場であり、地下には死者が埋葬され、家族で墓所にお参りをする場であった。

このような人間臭にみちた時代からひとり哲人のように抜け出ているという意味では、サーンレダムは一七世紀建築画の代表どころか、例外的存在と評しても過言ではない。時代に属しながら、時代を突き抜けているのだ。人影が少ないだけでなく各種の教会的装飾や家具類もほとんど取り払われ、残されたのは裸形の建築の構造体だけである。高い透明なガラス窓から堂内にふりそそぐ昼の光のもと、石灰の壁面だけが肌をさらしている。かれの絵を支配しているのは静謐さと明晰さである。表現は控えめでおよそ饒舌とは反対なのに、壁や柱の表面からは、不思議に官能的な魅惑さえ放射される。

独特な雰囲気を生み出すものはいったい何なのか。このような達成を前にして私たちは時代に先駆ける現代性を指摘すべきか、普遍性に飛翔した天才を祝福すべきなのか。サーンレダム建築画の魅力の秘密を探ってみたい。

2　ハールレムのハンチバック

サーンレダムは一五九七年に北国の町アッセンデルフトに生まれた。[4] 画家の家系の出であったが、父親を幼くして失う。『アッセンデルフトの聖オデュルフス教会内部』（図2）（一六四九、77頁）は、その町にあるゴシック式教会堂内部を描いたものだが、前景右寄りの灰色の敷石に組み入れられた墓石に、版画家だった父を称える「ヤン・サーンレダム、著名なる彫版師……」という碑銘が読み取れ、地下に家族代々の墓所があったことがわかる。

父の死の翌年、一六〇八年に母親と二人で北国の大都市ハールレムに移り住み、以後一六六五年に六十七歳で亡くなるまでハールレムが終生の居所となる。一六一二年から一六一四年の頃、フランツ・ピーテルゾーン・デ・グレベルという地元の歴史画家のもとでまず静物画から絵の修業を始めた。十代半ばの出発は通例のことである。そのアトリエで知り合った一歳年上の画家ヤコブ・ファン・カンペンとは、永く友人関係をむすぶことになる。カンペンは建築家でもあって、アムステルダム市庁舎（ダム広場にある現在の王宮）の設計で名を残しているが、サーンレダムが静物画から建築画に転ずるきっかけを与えたほか、友の印象的な肖像画（図1）を描き残していることでも重要な存在である。

図1 ヤコブ・ファン・カンペン「ピーテル・サーンレダムの肖像」1628

サーンレダムはやがて画家のギルド「聖ルカ協会」に加入（一六二三）して一本立ちする。静物、肖像、風景画を試みるが、建築画の仕事としてはサミュエル・アンツィン著『オランダの都市ハールレムの叙述と礼賛』（一六二八）の挿図の制作が最初だった。図版入りのこの本は補遺版、第三版まで出版され、カンペンら多くの画家や建築家の友人知人が協力していた。出版後まもなくサーンレダムは、挿図に使った『ハールレムの聖バヴォ教会の西から東方向に見た身廊』と『ハールレムの市庁舎』の二点のドローイングを独立した油彩画に仕上げる。さらに、アンツィンの本の補遺版に掲載された別のドローイングに基づいて『ハールレムの聖バヴォ教会の北から南方向に見た袖廊と内陣の一部』を仕上げた。聖バヴォ教会の挿図制作に際してサーンレダムがピーテル・ウィルスという専門の測量技師に測量を依頼していた事実は、かれにとって正確な観察と測量がいかに重要だったかをうかがわせる。ウィルスとの交友関係も生涯続いた。[5] 自身が住む町の建築物を描いたこれら一連の一六二八年の仕事によって、オランダ絵画史上初めての「実在する建築の肖像」は出現したのである。

こうして建築画を自分の専門と定めたサーンレダムは、ハールレムの聖バヴォ教会、新教会、グローテ教会など身近なところから精力的に仕事を始めた。仕事の手順は、現場に赴いてペンやチョークで全体的なドローイングをし、さらに内部をいろいろな視点から見て細部をスケッチする。その場所に数週間も通いつめ、平行して測量や平面図の作成を行い、すべてをアトリエに持ち帰って、透視図法に基づいて正確な素描を描き、それを完成画面と同じ大きさに拡大して下図を作り、転写して油彩画として完成させるのである。完成までにしばしば長い年月が費やされた。このスタイルは生涯一貫している。

気候のよい夏には市外に出かけることもあった。サーンレダムはすべてのデッサンに几帳面に日付を書き入れているので、移動の跡を追うことができる。最初の訪問地はセルトーヘンボッス（一六三二）で、町全体のパノラマ、市庁舎、聖ヨハネ教会などをスケッチした。生れ故郷アッセンデルフト（一六三三）への旅では聖オデュルフス教会、アムステルダム（一六四一）では市庁舎、レーネン（一六四四）では王宮やキューネラ教会、アルクマール（一六六一）ではラウレンス教会やカペル教会を描く。なかでも長期にわたった旅行は一六三六年初夏から晩秋にかけてユトレヒトに滞在したときで、マリア教会、聖ピーテル教会、ドーム教会などと取り組んだ五ヵ月間のユトレヒト滞在は、サーンレダムの生涯で最も生産的な時期のひとつであったようだ。そのときの収穫が最終的に油彩画となって完成をみるには年月がかかり、中には一八年余が費やされた作品もあるというから、根気と集中力に驚かされてしまう。

一六三八年に結婚し一女を儲ける。

サーンレダムは父親から東インド会社の株券をふくむ相当な遺産を相続し、ハールレム市の債券も所持していたので経済面では問題がなく、依頼によって仕事することがなくて済んだ。その点、救貧院で生涯を閉じたフランス・ハルスやルイスダール、つねに債権者に苦しめられたフェルメール、借財返済のために異常な制作ペースを強いられそれが逆に幸いして多産に結びついたレンブラント、生計の資を麻布商のなりわいに求めたファン・デ・フェルデら同時代の画家たちの一般的な貧乏ぶり[6]に比べると、恵まれていたといえよう。

建築画ひとすじの波乱のない人生を送り、弟子を取ることも流派を形成することもなく孤立していたため、サーンレダムの人生には不明な点が多い。とはいえ晩年までにはそれなりに声望もできたようで、晩年の作品『身廊交差部から西方向に見たハールレムの聖バヴォ教会』が、一六六〇年英国の王政復古に際してオランダ共和国連邦議会から英国のチャールス二世に餞別として送られたということが伝わっている。[7]

一六六五年に六十七歳で死去し、生涯に何度となく足を運んだハールレムの聖バヴォ教会の南側廊の地下に埋葬された。

サーンレダムの風貌はどうだったのか。幸いアンツィンの本の挿絵の仕事を一緒にしていた時期にカンペンが一枚の肖像画（図1）を描き残しており、風貌をうかがうことができる。サーンレダム三十歳か三十一歳の上半身像で、画家は椅子の背当てが身体の右になるよう横向きに腰掛けている。右腕を背当てのむこう側に奇妙に窮屈そうな感じに回し、左腕は自然に下げている。ぴったりした上衣を身に着け、襞を取った円形の襟がのどもとまで来ている。髪は長めに伸ばし、鋭い目でまっすぐこちらを見ている。

美術史家のウェルカーは、この肖像画に基づいて、サーンレダムはハンチバック（脊柱後湾）であったにちがいないという説を一九三七年に提示した。[8] たしかに大きな頭がせりあがった両肩の間にはさまれ、上半身は不釣り合いに短いように見える。医師でもあるウェルカーは、そのような身体的ハンディの割にはサーンレダムが長命だったことは驚異的だとも言っている。ウェルカー説を潤色して、サーンレダム研究家のスウィレンらは「卓越した技量をもち非常に鋭敏なこの人物は、身体的ハンディがあったゆえにすすんで世界に背を向けて孤独のなかに逃れ、教会建築の静寂のうちに喜びとなぐさめを見出したのだ」というロマンティックな考えを主張するに至った。スウィレンによれば、その事実こそサーンレダム芸術を特徴づける極度の正確さや、限界を知らない辛抱強い仕事ぶりを説明するのである。ハンチバックの人は一般に鋭い感受性と知性をもち、正確さへの強い傾向をみせ、そのこだわりは凝り性に近いとスウィレンらは言う。サーンレダムの仕事はさながら測量図か建築設計の図面のように冷静で緻密である。

美術史家のシュヴァルツとボックはしかし、このような「診断」に軽い疑義をはさんだ。たった一枚の絵を基にそう考えるのは行き過ぎだとかれらは考えた。サーンレダムが小柄で、いくらか背中が曲がっていたのは事実かもしれないが、椅子に腰掛けて高い背当てに片腕を掛ければ誰でも多少は不格好になり前かがみになる、とかれらは示唆する。上半身が奇妙に小さい印象は、当時流行中だったお洒落な小さめの上衣のせいにすぎない、と。

一枚の肖像画では真偽のほどは判断できない。今のところ骨格の科学的調査までは提案されていないようだ。また、たとえそれが事実だったとしても、作品を身体的条件と結びつけて説明することにどれだけ意味があるかは定かでない。カンペンや他の多くの同時代人画家が同時に建築も手がけていたのに、サーンレダムは生涯建築画をもっぱらにしながら建築家になることがなかった理由の一端を体力的問題に求めることぐらいは許されるかもしれないが、画風全体をそのことと関係させるのが適当かは、誰にも判断できない。

それにしても「ハールレムのハンチバック」とは、ユゴーの小説『ノートルダム・ド・パリ』のカシモドへの連想もはたらきロマン派的想像力を刺激する。ひたすら中世のゴシック式教会堂の周辺を歩き回って一生をすごしたこの不思議な画家をさす名前として、心惹かれるものがあることはたしかである。

3 『ユトレヒトの聖ピーテル教会』考

具体的に作品を見ていくことにしたい。この節では『ユトレヒトの聖ピーテル教会』（口絵9）をくわしく見ることにしよう。陰影の微妙な変化が美しい飾りけのない壁面にかこまれたひっそりと静かな空間の中に、不思議に甘美な熱気が充溢する、サーンレダムの魅力満開の佳品である。

実際の聖ピーテル教会は、大きさこそ東西の全長が約二八メートルとこじんまりしているが、歴史は古く、一一世紀に建設された。十字平面のロマネスク様式のバシリカ建築で、当初は天井はフラットだったが、一三、一四世紀に聖歌隊席（内陣）の天井に絵にあるように木造のヴォールトが張られ、ゴシック化された。アプス（後陣）にゴシック風窓もつき、窓越しに青い空が見える。画家は西正面の壁から数メートルのところに東向きに位置し、聖歌隊席方向を描いている。信者席に腰掛けて仕事したと推定される。

この油彩画の基礎となったドローイング（口絵10）は、先に述べた一六三六年のユトレヒト滞在中に描かれた。最終的な完成までに一八年三カ月もの長い年月が経過した作品とは、これのことである。比較すると同じ教会を描いたと思われないほど印象が違う。現場での観察と完成作品との相違をひとつひとつ確認することを通して、サーンレダムの創造の傾向を明らかにしてみたい。[9]

まずドローイングでは中央に仕切壁があっていきなり視野をさえぎっているが、完成作では取り払われ、後陣の奥まで見通すことができる。サーンレダムがユトレヒトを訪れたときこの教会は、駐留中のイングランドとスコットランドの軍隊や、英国からユトレヒトに移住し定住した民間人から成る会衆派プロテスタント（英国国教会から分離した一派）が使っていた。礼拝が行われていたのは身廊（本堂）と翼廊（トランセプト）が交差する部分であり、祭壇、説教壇、信徒席のベンチなどがあったはずだが、油彩では描かれていない。またドローイングでは上方にかかる大きなカラフルな壁画が目に止まるが、油彩画ではそれも消え、後陣の天井まで視線をさえぎるものはなくなった。さらに細部に注意すると、南（右側）側廊と南の翼廊を隔てている低い木造の仕切り、側廊の壁に掛けられた記念碑板、柱頭の人魚の装飾などもなくなっている。つまりおよそ可動性の事物が取り払われているのである。

実態はどうだったであろうか。中央の仕切壁にかんしていえば、中世にすでに身廊と交差部を隔てる板仕切りがあり、一六世紀の宗教改革後に石造りに変わり中央にドアがあったことが確認されている。だからドローイングは正確である。ドローイングをよく見ると石造りの仕切りのむこうに黒っぽい木材の上端がのぞいているが、後陣は当時宗教的でない用途に供されていたため、交差部と後陣の間も仕切りがあったというから、実態を忠実に写している。一七世紀前半、後陣は公開解剖室（一六二一〜二五）、穀類の倉庫（一六三〇〜三五）、軍隊の兵舎、家具展示即売会などとして使われていたという。[10] オランダ人の日常生活において教会が占める役割が宗教的に限られなかったことはデ・ウィッテやフリートの教会図に集う人々の様子からもうかがうことができるが、これほど遠慮なく世俗的目的に供するとは、カトリック圏では考えにくいことだろう。ともあれサーンレダムの油彩完成作では全部の仕切壁が取り去られ、使用の実態が見えなくなっている。

上方の壁画は聖ピーテル教会の創建者ビショップ・ベルナルドを記念したもので、一四九〇年に完成した。ベルナルドは四つの教会の創建者で、二つは両手に持ち二つは背景に描かれており、左右に控えるのは使徒ペテロと使徒アンドレイである。改革派カルヴィニストによる一五六六年の偶像破壊はユトレヒトにもおよび、聖ピーテル教会内の聖者や創建者の彫刻が叩きこわされたが壁画は無傷で残り、一六〇三年に補修されている。現在は失われたが、別の画家の作品の制作年によって、少なくとも一六七四年までは存在したことがわかっている。つまり油彩の時点でまだ実在していたのである。ドローイングでの壁画の描写は精密で、そこだけ鮮やかなカラー絵具を差していることと合わせると、建築とともに画家の強い関心の対象であったと考えられる。しかし完成作では取り払われてしまった。

ロラン・バルトは、一七世紀オランダ絵画全般をあつかった初期のエッセイの冒頭でサーンレダムに触れ、「木材と石灰の壁面しか見えないこれらの教会は、どうしようもないほど人影がなく、この否定はどんな偶像破壊よりも徹底している。これほどまで虚無がたしかなものだったことはない[11]」と、うまい言い方をしている。サーンレダムの教会にあるのは、建築の内部を飾る事物いっさいに対するカルヴィニストをしのぐ徹底した否定である。

油彩画とドローイングは、遠近法の点では変化がない。両者の二つの消失点はまったく同じところにあって、絵の左半分（北の側廊方面）のそれは内陣の中心よりやや左に、右半分（南の側廊方面）のそれはドローイングの南の側廊と南の翼堂をへだてる板仕切りの右端にある。完成作では板仕切りがもとあったところに二人の男を描き入れて消失点の位置を明示している。フリースの版画集が普及させた二点遠近法に照らしても異例なのは、水平線が等しくなく、右の水平線の方がわずかに高いことだ。画家の目の高さが左は床から四フィート半（一・二五メートル）、右は五フィート半で、少し異なるのである。椅子の置かれた場所も左右で異なり、右側を見る位置の方が少し西に後退している。その結果、左側景観は下から見上げる感じ、右側は遠くから展望する感じとなりスケールもやや小さい。列柱の高さが左右ではっきり違う。

左右の展望の食い違いはドローイングで顕著で、壁画の下に渡された梁の本来半円形であるべきアーチのゆがみとなって現れている。ドローイングは、二枚の絵を一枚の紙に描いたようなものなのだ。遠近法の骨組は同一なのに、油彩では左右の展望のずれがあまり目立たない。ずれはどこで解消されたのだろうか。画布の上ですこしずつ辻褄合わせがなされたと思うしかないが、巧く統一感がつくりだされている。二人の男の働きにも注目すべきである。二人の男は右側の遠近法の消失点を示すと同時に、絵を見る人の関心をすみやかに左に差しむけ、あたかも内陣奥に消失点をもつ遠近法だけで建築全体が描かれたかのような一貫性を作る役割を持っていることに気づく。

その他の大きな変化は、完成作で天井が高くなりゴシック的垂直性が強められていることである。天井が高いぶんヴォールトの横幅が狭く見えゴシックらしさに一役買っている。

以上で明らかなように、サーンレダムの油彩画は実際にはそこにあったはずの事物を排除しただけでなく、プロポーションの点でも必ずしも忠実な写実ではない。現場のドローイング・スケッチに基づきながら自由な空想をまじえて描いていたのである。教会内の日常風景をこまかく写実的に「描写」するデ・ウィッテらの建築画とは違った世界を開拓していたことがわかる。架空のイタリア風宮殿建築を想像力によって描くデーレンの『建築的ファンタジー』（一六三五）などとは違うが、これもまたファンタジーの建築だったのだ。[12]
サーンレダム描くユトレヒトの聖ピーテル教会に足を踏み入れた人は、最初人影も事物もない空虚な広がりに戸惑ったのち、小さな男の指さす仕草に促されて透明ガラスごしに白い明るい光が差し込む後陣の奥へ誘い込まれる。それから、リブ（アーチ状の梁）が交叉するヴォールトや、チョコレート色の陰のある円柱や、窓から入る光の量に応じて明るさが変化するノワゼット（はしばみの実）のアイスクリームのように滑らかな壁の質感を楽しみながら、手前の暗がりまで戻ってくるのである。そのファンタジーに過剰なところはいっさいないが、サーンレダムの教会建築は、他のどんな画家にもないリリシズムを放っている。

4　宗教と絵画

サーンレダムは各教会のキリスト教上の宗派を意識していたのだろうか。

かれ自身はカルヴィニストだったと推定されるが、詳しい宗派はわからない。いずれにせよ描く対象の選択は宗派とは無関係になされたようだ。たとえば一六三六年のユトレヒト滞在中一番多く描かれているのはマリア教会、次いでブール教会と聖ヤコブ教会だが、それらはどれもコレギアル派（参事会管理教会）のプロテスタント教会であった。その選択は宗教的動機からではなく、当時ユトレヒトでペストが大流行中で、死者の埋葬が他の教区教会では地下室や周囲でひきも切らず行われ、毎週一五〇件にものぼっていたのに、コレギアル派教会では葬儀の件数が少なく、感染のおそれが小さかったからだという。[13]とりあえず旅人のサーンレダムにとっては、危険なくじっくり仕事のできる場所を選ぶことだけが重要だったのだろう。

墓といえば、他の画家の作品には、立派な墓碑のある著名人の堂内の墓所が前景に大きく描かれ、その前に人が立ち止まって見入っている場面がたびたびある。フリートの『オラニエ公ウィレムの墓碑のあるデルフト新教会内部』（一六五〇）が典型だが、それは、教会内部図がしばしば富裕な商人や名士高官の依頼によって制作された事情を示している。富裕層は、教会に行かなくても自宅で家族の死者を追悼することができるようにと絵画を注文したのだった。その需要が大きかったことが、共和国時代に教会図がおびただしく生まれた社会的背景を成している。家族の肖像画と同様な状況である。しかしサーンレダムの作品からは死者を追悼する場所というオランダの教会のもうひとつの顔も消えている。経済生活に問題がなく注文に頼らずに済んだことが、そのような制作の自由を可能にしたと思われる。

墓を描いた作品がサーンレダムに全然無いわけではない。『アッセンデルフトの聖オデュルフス教会内部』（図2）はその一つで、前述したように、画面下辺すれすれに銘文を記した墓碑が填め込まれている。ただしそこに埋葬されているのは画家自身の一族である。前景に物がないため、地味な灰色であるにもかかわらずよく目に入り、版画家の父を称える文字がはっきり読みとれる。この作品には、画家の家系に属する自分自身とひいては絵画芸術そのものを称賛する目的がこめられていると考えることはできないだろうか。

『アッセンデルフトの聖オデュルフス教会内部』は中景に説教の場面を描いている。一点透視図法に近い構図なので、眼はおのずと濃いベージュ色をした板囲いの中で行われている営みに引きつけられる。興味深いのは、説教壇で牧師が身を乗り出すようにして熱弁をふるっているのに、聴衆の方はあまり気のない様子に描かれていることだ。後景の階段状の信者席にまばらに座った人々はまるで居眠りをしているように見えるし、牧師に対面する一群のなかにはうつむいて何か他のことをしている風の人がいる。板囲いの上から帽子がのぞく男たちも似たようなものだ。中央で敷石にじかに腰を下ろした女性の背後で寝そべる少年にいたっては、そっぽを向いて本を読んでいる。説教中を描いたにもかかわらず信仰心や敬虔さが感じられない。

図2 サーンレダム「アッセンデルフトの聖オデュルフス教会内部」1649

見る者の関心はしたがって、板囲いの説教壇、突き当たりの壁面についた背の高いドア、天井の板張り、天井を補強する骨組などの木部が濃いベージュ色に塗られつつ、濃淡や形態や面積がいろいろに異なるため快いリズムを生み出していること、壁面が左右の小さい青いガラス窓に近づくほど微妙に明るくなること、壁と木部の水平線と垂直線の組み合わせが明晰な幾何学美を形成していること、といった純粋に絵画的な問題のほうへ引き寄せられるのである。家系の墓碑銘が目立つことと合わせて、この作品は、説教の場面を写しつつ実は絵画という営為そのものを称賛するねらいを潜めていたのではないかと私が考える所以である。アトリエで制作中の画家を描いたフェルメールの『絵画芸術』（一六七六）がそうであるように。

『アッセンデルフトの聖オデュルフス教会内部』の信者の「気のなさ」は、たとえばピーテル・ルーベンスの『聖イグナチウス・ロヨラの奇蹟』（一六一八）や『聖フランシスコ・ザビエルの奇蹟』（一六一八）と対照すると明瞭である。アントウェルペンのイエズス会教会の祭壇画として描かれたそれら二点の油彩は、奇蹟をおこなうイエズス会士を中心に、信者や悪霊などの群像を下から上を仰ぎ見る天井画のような絵画空間のなかにダイナミックにおさめた典型的なバロック絵画である。眼にとびこんで来るのは前景で驚愕のあまり転倒したり、説教者の足許にとりすがるように跪いたり、呆然と説教者を見上げたり、失神して倒れかかったりしている信者の仕草や表情である。ルーベンスの演劇趣味が顕著にあらわれたものと言えるが、キリスト教への熱狂的な信仰が表現されている。

この差はカトリックとプロテスタントの違いから来るのであろうか。ルーベンスの生地アントウェルペンを含むフランドル地域は、オランダがスペインから独立してプロテスタント化された後も長くカトリックの支配下にあった。バロックとは反宗教改革期の各派カトリック修道会と王侯貴族に支えられた芸術様式である。しかし落差はそれ以上に大きいように感じる。サーンレダムの教会図は、キリスト教自体の外に出てしまっていると言ってもよいのではないだろうか。かれの関心はもっぱら絵画的な問題に注がれている。説教中でありながら他のことに気を取られているのは、信者たちだけではないのだ。

最後に『南の側廊から見たハールレムの聖バヴォ教会内部』（図3）を見ておこう。サーンレダムが生涯に何度となく描き、没後はその墓所が作られる教会である。尖頭アーチ形をなす二本の太い柱が額縁のように前景を形づくり、中景の身廊内は対照的に光に満ちている。遠ざかるほど明るくなり、遠近法の円錐が急激にすぼまる左奥に立つ小さな二人の男は、まぶしい白昼光のなかでほとんど彩色されず、建築と同じ薄いベージュ色に塗られている。いつもながら、光の扱いが見事な作品である。

縦長の画面で奇妙に目立つのは、かさ高い金色のパイプオルガンである。開いた状態で描かれているので、ふたの裏面の「復活のキリスト」図がよく見える。その絵柄を色数を惜しまず忠実に再現し、楽器の長い金管とその周囲の豪華な装飾をこまかく描写し、部分的に金箔を使用[14]するなど、力がこもっている。一般にサーンレダムの絵具使いはきわめて薄塗りで、しばしば地肌が透けて見えるほど淡泊であることを想起すると、異例でさえある。前景の暗がりの中で帽子を被って立つ少年が見つめる先に、剣を脇に差した男が立ち、左上方を見上げているため、絵を見る人も自然に高所を見上げることになる。主役は明らかにオルガンなのである。

図3 サーンレダム
「南の側廊から見たハールレムの聖バヴォ教会内部」1636

パイプオルガンはすぐれてカトリック的楽器である。プロテスタントのサーンレダムがその表現にこんなに力を注いでいるのは矛盾に思える。聖バヴォ教会のオルガンは一五世紀に製作設置され、教会がプロテスタントの使用するところとなった後も同じ場所にあったが、カルヴァン派の牧師はオルガン音楽をカトリック的教会装飾と同様に毛嫌いしたので、礼拝では詩編は伴奏なしで歌われていた。ハールレムの音楽愛好家の間でオルガンを使用するよう市議会に対して陳情する運動が起

きたのが一六三六年で、サーンレダムの仕事は、制作年次からみてそのキャンペーンの一翼をになうものだったという推定もあるが、かれにとっては絵画的興味だけが問題であり、宗派の差は問題でなかったのだろう。

『南の側廊から見たハールレムの聖バヴォ教会内部』でおもしろいのは、パイプオルガンの右方、回廊の陰に、密会中らしい男女の姿がのぞくことだ。『アッセンデルフトの聖オデュルフス教会内部』で説教中に横を向いて本を読む少年がいたように、ここでもサーンレダムは、キリスト教に対する軽い揶揄とも無関心ともとれる細部を、さりげない調子でしのびこませているのである。

5　光のあたる壁、物質への愛

サーンレダムは、超越的な神への信仰が薄れていった時代の人間である。キリスト教世界において人々はいまだ神について語りながら生きているけれどもそれが絶対のものであるとは思わない時代がすぐそこまで到来していた。「近代」とは世俗化された時代の謂である。プロテスタント化した商業大国オランダでは、他地域に先んじてそのような時代が到来していた。神が空位になろうとするなか、人々が従来の価値の崩壊、ニヒリズムのなかで新しい価値を見つけなければならない時代が迫っていたのである。

その意味でサーンレダムは時代の子である。近代以後には空虚がある。ほとんど透き通るほどに薄塗りの彩色で何もない空間を描く洗練されたサーンレダム芸術は、風俗画家や風俗画と地続きの他の教会画家たちの間にあって、孤立している。サーンレダムの教会図を支配する「空虚」は、天才だけが感知しうる「近代」の秘密ではなかっただろうか。

サーンレダムは無神論者なのか。

かれの教会はしかし単にからっぽなのではない。人影や可動的な事物が削除されたからこそ、壁や木骨の滑らかな表面にはマチエール（物質）感が溢れ出、その肌自体が人の心をひきつけてやまない。何もないが、かといって虚無ではない。また物がなくがらんとしているのは一般に絵の前景で、遠方や高所になるほど空気中にエーテル風の熱気が満ちているように感じられる。前景は暗く、遠方に行くにつれて白く明るくなるのも一般的特徴だ。サーンレダムにとって窓から射す真昼の外光は、偶像や聖画像が取り去られた後にその空位を襲うべく求められた、神的なものの表象だったのではないだろうか。あるいは精神性そのものの表象といってもよい。窓はしばしば青い色に染められ、屋外が晴れた真昼であることが示される。

オランダのゴシック教会はパリ地方を中心とするフランスのゴシックとちがって、窓がステンドグラスになっていない。サーンレダムの聖堂が透明な窓からさんさんと日が入って明るいのは、だから写実でもあった。実際に、身廊や側廊部には窓がなく、後陣と翼廊の奥の高いガラス窓が唯一の光源だから高い所ほど光にみちているのである。ステンドグラスはパリのノートルダム、サンドニ、シャルトルの大聖堂など一二、一三世紀フランスのゴシック教会の特徴で、それは建築の重量を壁でなく柱で支える構造が徹底され至るところで壁をくりぬいて開口部を多く取ることが可能になった結果成立したものだが、石造りの真っ暗なカテドラル内を歩きながら見る色鮮やかなステンドグラスは、あたかも深い森の底から梢の木漏れ日を見るようであり、キリスト教徒でない人間にもはるか高みにある神の国の栄光を垣間見させるような荘厳な美しさを持っている。

オランダの場合はゴシックとは言ってもロマネスク様式と混交しており壁で建築の重量を支えているので、窓の面積はフランスほど大きくなることができず、採光のためにも透明ガラスが使われたのだろう。シャルトル大聖堂などの赤、青、黄、紫のステンドグラスを通して降りてくる光が、人間世界とは別な超越的な高みから到来するように感じられるのに対し、サーンレダムの窓から入ってくるのはあくまで平易、平明な、自然の太陽光である。窓枠のむこうにはオランダ人の日常生活を彩る青空が見える。ありのままのこの世界が肯定されているのである。

パリ周辺のゴシック教会建築の徹底して論理的な柱構造を、同時代のスコラ神学の明証的な論述形式に比したのは、パノフスキーであった[15]。そのひそみに倣うなら、サーンレダム教会図には暗黙のうちにスピノザ（一六三二～七七）の汎神論哲学がふくまれていると言うことができるだろう。無神論者と目されたこともある、あの自由思想家、アムステルダム生まれの破門の哲学者である。端正な幾何学的秩序のなかに全体をおさめ、日の当たる壁のどんな微妙な陰影も見逃さず、マチエールの世界に対してあくことなく執着していくサーンレダム。かれのやさしいノワゼット色の濃淡によって現出させられる壁は、『エティカ』において幾何学的証明の形式に沿って展開される、神は超越的な存在ではなく此岸世界に内在しているとする「神、すなわち自然」の哲学に通じるのではないだろうか。絶対的なものへの情熱を失うことなく世俗化をとげたキリスト教というべきか、サーンレダム芸術にあっては、目に見え手で触れることのできる現実の世界が心地よく肯定されているのである。

同時代の哲学と芸術の対比は、心をそそるテーマである。窓から降り注ぐ太陽光が薄暗い教会内をひたひたと満たし、壁や床の肌をくっきりと浮かび上がらせるサーンレダム芸術は、自然光の研究そのものとも言えたが、光への関心ということからも、同時代性を考えることができるだろう。スピノザと言えばレンズ磨きが有名である。その仕事で生計を立てていたわけではないが、スピノザのレンズ製品は品質がよいので買い求める人が多かったらしい。レンズ研磨をしていた学者はスピノザだけではなく、観察の時代のオランダの学者の多くはいかにレンズを磨くかを心得ている職人でもあった。光学者のホイヘンスはその一人で、ホイヘンスはしばしばライデン郊外ラインスブルグの寓居にこの知恵者を訪ねては、哲学上の諸問題について教えを乞うたという。顕微鏡や望遠鏡が発明され、光が自然科学的に研究されるようになったのはまさに一七世紀オランダにおいてであり、光学は時代の華の学問のひとつだった。デカルトは晩年オランダに移住して光学論をあらわし、スピノザも最晩年に虹のスペクトルについて論文を書いている。比喩的用法でも「光」という言葉は『エティカ』を浸す重要なキーワードなのである。

ポール・クローデルは、ヤン・ステーン、フェルメール、レンブラント、フランス・ハルスらをあつかった美術エッセイ『オランダ絵画序説[16]』の冒頭で、国土の大半が海の水位より低くすみずみまで海水に浸された運河の国オランダの土地柄と精神風土について印象的に語り、「思考は（この土地においては）、ごく自然なことながら、対象が荒々しくその眼差しに迫るということがない以上、広がって瞑想となる。スピノザがその幾何学的詩編を案出したのがこの国においてであったことは如何にも当然のことに思える」と書いている。ただしクローデルの文章にはサーンレダムは登場しない。一七世紀オランダに関して、フェルメールとスピノザの関係をあつかった先行文献は私が調査した限りでクローデル以外に何点かあるが、[17] サーンレダムとの関係を論じたものは二〇〇四年現在まだ出ていないようだ。私見では、寓意臭が残るフェルメールよりも、サーンレダムとスピノザの間のほうが、合理性と幾何学への信頼といい、世界への肯定といい、物質に対する愛といい、自然光への関心といい、さらには誇張のない平明率直な表現スタイルといい、いっそうの親和性がある。

想像上の建築を描くデーレンらとちがって実在する対象だけをモチーフにし、フリートやウィッテらの教会画と二点遠近法を共有しながら風俗画がなく、同じバロック期美術でありながらルーベンスの祭壇画とはキリスト教への対し方がかけ離れている、孤立した、「一七世紀の異人」ともいうべき、あたかも時代の外に生きていたような画家。サーンレダムを抜け出させたものはいったい何だったのだろうか。この不思議な画家がどういうつもりでカシモドのように生涯教会のまわりをうろついて過ごしたのか、真意は誰にもわからない。だがサーンレダム建築画の魅力を説明しようとするとき、スピノザに浸してみるのはひとつの方法だろう。一七世紀のオランダ人は、自由思想と合理性への信頼を哲学にもたらし、至純の美を絵画に結晶させたのである。

1　Liesbeth M. Helmus, 'Introduction', "Pieter Saenredam; The Utrecht Works", Centraal Museum, Utrecht, 2000, pp.14-15.

2　Jan Vredeman de Vries, "Perspectiva", Henricus Hondius, Leiden, 1604/05. 遠近法の作図例を七〇余点、多様な建築画を用いて示した版画集。オランダ、ドイツ、スカンディナヴィア、イギリスで実用書として重視された。筆者が参照できたのは一九六八年刊行の左記の復刻版である。Adolf K. Placzek 編、J. V. Vries, "Perspective", Dover Publication, Inc., New York, 1968.

3　ピーター・ガラシ「写真以前」。多木浩二「写真のアルケオロジー」『写真論集成』岩波書店、二〇〇三年、八二〜八七頁の示唆による。

4　サーンレダムの伝記的事実にかんしては、主として Liesbeth M. Helmus 前掲論文に拠る。

5　Judikje Kiers et Fieke Tissink, "La Gloire du Siècle d'Or", Rijksmuseum, Amsterdam, 2000, p.121.

6　堀越孝一訳、C・ウィルスン『オランダ共和国』平凡社、一九七一年、一五七〜一五九頁。

7　同書一五八頁。

8　Groot, Helmus, Plomp, 'Potrait of Pieter Saenredam', "Pieter Saenredam; The Utrecht Works", Centraal Museum, Utrecht, 2000, p.93.

9　『ユトレヒトの聖ピーテル教会の身廊と聖歌隊席』の完成作とドローイングの異同の観察に際しては、Groot, 'Pieter Saenredam's views of Utrecht churches and the questions of their reliability', "Pieter Saenredam; The Utrecht Works", Centraal Museum, Utrecht, 2000 から多くを得た。

10　Groot, ibid., pp.25-27.

11　Roland Barthes, 'Le monde-objet', "Essais Critiques", Seuil, Paris, 1964, p.19.

12　スヴェトラーナ・アルパースは『描写の芸術——17世紀のオランダ絵画』（幸福輝訳、ありな書房、一九九五）において、オランダ絵画の特徴をイタリア絵画と対照させて「描写」という点に置いて論じ、サーンレダムも含めているが、賛成できない。

13　Groot, op.cit., p.26.

14　Geraldine van Heemstra, 'Space, Light and Stillness, A description of Saenredam painting technique', ibid., pp.82-88.

15　前川道郎訳、パノフスキー『ゴシック建築とスコラ学』平凡社、一九八七年。

16　渡辺守章訳、クローデル『闇を溶かして訪れる影——オランダ絵画序説』朝日出版社、一九八七年。Paul Claudel, "Introduction à la peinture hollandaise", Oeuvres en prose, Bibliothèque de la

Pléiade, Gallimard, Paris, 1965.

17　Hebertus Schlenke, "Vermeer, mit Spinoza gesehen", Gebr, Mamn Verlag, Berlin, 1988. Pontus Hulten, "Vermeer et Spinoza", L'Echoppe, Paris, 2002. など。

＊図版1、口絵9、10についてはHelmus, Groot, Plomp, "Pieter Saenredam; The Utrecht Works", Centraal Museum, Utrecht, 2000より、図版2、3については"CATALOGUE RAISONNÉ of the works by PETER JANSZ. SAENREDAM", Utrecht, Centraal Museum, 1961より転載した。

第二章 建築・庭園

1　休日の思想　日本に来たブルーノ・タウト

ブルーノ・タウトが日本に滞在したのは一九三三〜一九三六年だからもう六〇年近く昔のことになるが、今なおその名は広く記憶され、親しみをもって受け止められている。来日当時（タウト五十三歳）すでに生国ドイツのみならず世界的に著名な第一線の建築家でありながら、伊勢神宮や民家など日本古来の建築を好意的に評価し、とくに桂離宮を「現代における最大の世界的奇蹟」などと賞賛したことが、日本人がタウトに対して親愛感を抱く原因であろう。名文「永遠なるもの——桂離宮」はじめ滞日中に書かれた論考、講演記録、日記などを一冊にまとめた新書版『日本美の再発見』がよく知られているが、そのほかにも日本で翻訳出版された著作は『ニッポン』、『タウト著作集』全五巻、『日本・タウトの日記』全五巻、『日本の家屋と生活』、『画帖　桂離宮』など、数多い。

このようなおびただしい出版量は、たった三年間滞在しただけのしかも本業が著述家でもない一外国人に対する処遇としては、きわめて異例のことといわねばならない。かくも長い余波を持つ国民的人気を博したについては、著作内容の側だけでなく、受容する日本人の側に強く反応する条件があり、与って力を発揮したと考えるべきだろう。

つまりナショナリズムの問題である。タウトは桂と伊勢神宮を日本建築の頂点と推賞する一方、ヨーロッパやアメリカのモダニズムを忙しく学びつつある一九二〇、三〇年代の日本の同時代建築については批判的で、これをイカモノ（ドイツ語のキッチュの訳語としてタウト自身がえらんだもの）と呼ぶ。風俗面ではアメリカ風の洋服よりキモノ姿の女性に美を見出す。こうした考えが、激化する軍国主義下で伝統帰りの意識を強めつつある日本の文化的ナショナリズム宣揚と不幸にしてうまく符合する結果になったのは見やすいことである。実際タウトは一九三〇年代の「日本的なるもの」をめぐる議論において、ほとんど主役に近い役割を果たしたのだった。あからさまなファシズム建築である折衷的ないわゆる「帝冠様式」の盛行とならんで、数奇屋や民家や書院へ傾斜する道筋が、一度は近代建築の洗礼を受けたわが国の若い建築家たちによって四〇年代へかけて歩まれていく。

「初版発行以来今日まで建築界はもとより、我国文化のあらゆる部面から異常な感激を以て迎えられた事実」によって何度か版を重ね、改訳の出版におよんだという本書『ニッポン』のなかにも、「天皇精神の日本人」などの目障《めざわ》りな言い回しがしばしば出てくる。だが台頭するナチに追われて国外亡命を余儀なくされた合理主義者タウトが、そのような空疎《くうそ》な掛け声に心から同調するとはとても考えようがなく、むしろ異国の建築家に身近な人たちの手で草稿から直接翻訳されたという成立の事情を考慮すべきかもしれない。また訳者の介在の程度はともあれ、タウトの人気に誤解なり曲解がふくまれていたとしても、それはなんら著者自身の咎《とが》ではなく、あくまで受け取る側の問題にすぎない。こうした受容側の異常さを根拠にタウトの真率誠実な日本観察を割引きして考えたり、ましてや桂離宮の価値そのものを疑問視するなどは、愚かなことである。

いま必要なのは、タウトの言葉をタウトの思考の軌跡に即して読みなおすことだ。そのためには来日以前に一体どんな建築家だったのかを知ることが不可欠であろう。日本関連の著作は、単独に切り離して日本のコンテクストに適合する範囲のみで論議されるべきではなく、タウトという危機的時代を生きたひとりの芸術家にリファーしつつ読まれてこそ、理解されると思われる。それは、第二次大戦後に順次来日したアレクサンドル・コジェーヴ、ロラン・バルト、レヴィ＝ストロースらフランスの思想家が、それぞれに日本文化のうちに西洋の限界を超える異質な原理を見出して日本人の間で歓迎されたが実はかれらの真意はかれら本来の思想に還元した上でなければ正当に理解できないのと、同じである。欧米を脅かす経済大国となり、アジアを過去のように軍事的にではないが経済的に実質掌握するにいたり、次なる関心が自国文化への自信回復に向かっている現在、私たちは過去同様な落とし穴に再び嵌まらないよう留意してタウトを読みたいものだと思う。

カントを生んだ東プロイセン州の古い港湾都市ケーニヒスベルクに生まれたブルーノ・タウト（一八八〇〜一九三八年）は、矛盾する面をあわせ持つ建築家であった。グロピウスやミース・ファン・デル・ローエらとベルリンに一九一八年「芸術労働評議会」を設立した事実からもわかるように基本的には機能主義に立ち、マグデブルク市建築課長として赴任した後も住宅・都市計画・団地設計などでその理念を実践し、ワイマールにバウハウスを開いたグロピウス、フランクフルトにあって活躍していたエルンスト・マイらとともにドイツ近代建築の指導者であった。桂離宮賞賛の理由として「すなわちここには、無趣味な実用性の立場から見てすらも、機能主義が完全に発揮《はっき》されているのである。現代の建築家は、この建築物が、最も簡明直截《かんめいちょくせつ》にその種々な要求を満たしているという点において、断然現代的であるということを確認して、驚異の眼を瞠《みは》るであろう」（本書三七頁）などと述べて、その合理的構成を指摘していることからもその立場は窺われる。しかしそれだけではない。

タウトのなかには表現主義的、個人主義的傾向と、社会的アンガージュマンの二つの面が共存していた。前者の代表が日本でもよく知られている初期作品『アルプス建築』である。これは鉄とガラスというかねてより執着していた材料を用い、雪と氷のアルプス山中に壮麗なユートピア的都市を建築するというプランだが、実現ははじめから目指さず、自筆による色鮮やかな画帖だけが残っている。なお彩色された建築や都市はタウトの主張してやまない考えであり、雑誌「フリューリヒト」（曙光）誌上での色彩宣言に続き、マグデブルク市内で実践している。

一方社会的傾向のあらわれとしては、勤労大衆のための住宅を精力的に建設したことが特筆されよう。戦争の痛手から回復し経済的繁栄にむかうワイマール共和国時代のベルリンにおいて、タウトは建築家としてもっとも実り多い最高の創造活動を体験することになる。一九二四年労働組合を母体とする建築供給会社GEHAGの主任となって以後、心ならずも祖国ドイツを去る日の来るまで、実に一万二千戸もの住宅が彼の手で建設されたという。ベルリン郊外ブリッツの馬蹄形集合住宅《ジードルンク》（図）がとくに名高い。その当時の意見に「建築家は芸術家であると同様に社会学者、経済学者、厳密な科学者でなくてはならない」とあるように、タウトは建築家の社会的使命を自覚し、「都市との関連でコミュニティを実現し、新しい芸術を社会生活にもたらす」という理想を精力的に実地に移していったのだった。

タウトのこのような理念は社会主義と重なる所の多いのはたしかだが、同一とは考えにくい。「これは政治的社会主義ではない。政治を超えた非政治的な意味での社会主義である」という言葉が、むしろ本心だっただろう。いずれにせよ、ジードルンクの開拓者であり、労働者建築家とすら名づけられて国際的に有名になっていたタウトは、経済恐慌のなかで台頭するナチからは、社会主義的思想をもつ人物としてマークされることとなる。社会的かつ表現主義的という二つの面に存在が引き裂かれていることそれ自体が、結局は表現主義のあらわれだったのであり、この矛盾こそ芸術家タウトの活力源にほかならなかったと考えられる。

さてタウトは一九三二年ソ連政府より招かれてモスクワ市都市計画に参加する。この仕事は進展を見ず、翌年早々職を辞して帰国するが、このソ連接近が直接の原因でタウトは国外亡命を余儀なくされたのである。ヒトラー内閣成立の直前、タウトはベルリンを脱出した。亡命先は最終的にアメリカが頭にあったようだが、とりあえず、かねてグロピウスやタウトを海外会員に登録してい

ブリッツの馬蹄形集合住宅（ジードルンク）

た日本国際建築会からの招待を頼り、日本に行くことに決めた。事態がそれだけ切迫していたのである。ドイツに残された子息ハインリヒは、父ブルーノはもし亡命していなかったら確実に殺されていただろうと書いている。

シベリア鉄道でウラジオストックに着き海路で敦賀に上陸する。日本の第一印象は本書のはじめに記されている。船員の端正な働きぶり、港の旅館の簡素さ、女中の給仕ぶりなどに対するきめ細かな観察ができたのは、タウトが農民、漁民、労働者など働く大衆の素朴な生活にいつも心ひかれていたからであろう。同じ暖かいまなざしが随所で、名もない民衆の服装や、市井の人々のちょっとしたしぐさや、質素な藁葺きの農家や、稲田の素朴な作事小屋や、ありふれた商店街に注がれる。建築家は到着の翌日さっそく桂離宮を見学したのだった。

タウトの日本美発見はうれしく、慶すべきであるが、私たちはかれがどのような立場で日本に来たのかを忘れずにいたい。タウトは亡命者として来たのである。さて亡命者とは何か。祖国を捨てた人間、捨てざるを得なかった人間である。日本においてタウトは建築家としての仕事はほとんど何もしていない。わずか二軒の住宅設計にそれも単に協力者として関わったにすぎず、みずからを「休業中の建築家」と称して無聊《ぶりょう》をかこっていたという。闘争意欲をかきたてる活気ある人的接触もなく、不本意ながら専門外の工芸や著述に精を出していたものの、その姿に「寂しい人」を感じた日本人が少なくなかったようだ。仙台や高崎にあって製作したカラフルで繊細な工芸品や家具の写真の数々を見ていると、本業依頼に恵まれない日々の鬱積、不遇がまざまざと伝わり、いたましい気持におそわれる。

その点、やがて一九三六年イスタンブール工科大学教授、政府建築技術最高顧問という実力とキャリアにふさわしい地位を得てトルコにわたってからの、ドイツ時代の復活を思わせる多忙な活躍ぶりは対照的である。トルコ大統領の信任を得てタウトは国会議事堂、大統領官邸、大学などの設計を手がけ、国家公務員のためのジードルンク計画も展開した。日本における日々は、そのあいだにはさまれた人生の休日、だが休日というにはあまりにも寂しいそれだったと言ってよい。

桂離宮賞賛の理由に、ヨーロッパ的な意味での宮殿などとはちがうその簡素、単純、静閑、純粋ということがくり返し述べられる。用を離れて閑暇のときをすごす一種の別荘である桂御所に満ちるこういった気分は、亡命者の立場にある人間にしてはじめて鮮かに見えたかもしれない。「日本は、およそ今日の世界に欠けているところのもの、すなわち閑暇という偉大な理念を創造した」とタウトは書く。

また「諸均斉の完全な調和」や「明確な相互関係」ゆえに、桂離宮や大徳寺孤篷庵を評価したり、頭部と身長の「釣合い」という観点で女性のキモノ姿を洋服より良いと見たりするのは、タウトがもともとプロポーションの問題に関心の強い建築家だったからであろう。その特徴はドイツ時代の作品に表れている。本書序説にも「以前私はよく何週間も森の中にある湖の岸に腰を下《おろ》して、風のために水面に起る漣《さざなみ》や波のさまや樹々の映るさまを眺めていたものである。秋には紅葉に彩られた絨毯《じゅうたん》のような森の姿を観察し、冬には雪の床から顔を出している枯草を克明に写生し、堀割《ほりわり》の氷を長い間覗き込んでは、それをスケッチしたり、枝の分岐の法則を識《し》ろうとして、さまざまな樹の成長状態を注意したり、森の立体的な形態を観察したりしたが、これらの一切はただスケッチするだけのためではなくて、自然の法則を発見し、同時にそこから新しい建築の均斉《プロポーション》に役立ち得る法則をも見出さんがためであった」（二六頁）とある。ベルリン北東の森と湖に囲まれた寒村コーリンで週末をすごした青春時代の述懐かと思われるが、このくだりを読むと、タウトの芸術家肌の徹底した建築家魂に心ひかれるとともに、休業中の建築家の身の上、若くまだ真に実務に就く以前の週末の休暇の日々、日本に見出した「閑暇」の思想という、三者のふしぎな符合に思いあたらずにはいられない。

喜ばしいことにタウトは再び建築家として活躍できるようになる。トルコでの作品に日本の影響はほとんど見られない。遠くドイツを望むがごとくボスポラス海峡のヨーロッパ側斜面に建てられた自邸の、三層の傾斜屋根と明り障子風の格子枠入りの窓にわずかにその跡があると言えるかもしれないが、たとえばピカソにおけるアフリカ芸術の影響などと比較すれば、微々たるものだ。日本滞在はタウトにとってやはりひとときの休日にすぎなかったようである。再び祖国の土を踏むこともなくタウトは五十八歳でイスタンブールで没した。アメリカに亡命して戦後大活躍したミース・ファン・デル・ローエなどとくらべると、早すぎる死が悼まれる偉大な建築家である。

＊図版は、Jean Dethier, Alain Guiheux, "la ville", Centre Pompidou, 1994より転載した。

2 ベンヤミン二題　ベルリンとサン・ジミニャーノ

エッセイの理想は、詩的なものの力で現実を通りぬけて新しい認識を示すことだとすれば、さしずめベンヤミンの作品はその模範といえるだろう。たとえば『一九〇〇年前後のベルリンの幼年時代』は、失われた過去に向かう憂愁にみちつつも、読み始めるとたちまちベルリンという都市の姿が細部までくっきり像を結ぶのである。

私がパノラマという一九世紀にヨーロッパ各地で流行した大衆的娯楽施設に関心をもったのは、そのエッセイ集におさめられた小品「皇帝パノラマ館」が契機だった。「私の幼年時代の終り頃には、皇帝パノラマ館の類いはすでに流行にそっぽをむかれていて、私たちは、半ば空席の目立つがらんとした館内で回覧旅行をするのがふつうだった」「一八三八年、ダゲールがパリに例のパノラマ館を開いた。そのとき以来、この透明な、キラキラ光る宝石箱、遠方と過去とを游がせる水族館は、いたるところの当世流行の馬車道や散歩道のあたりに居を構える」といった彼の繊細な言葉の群に心をひかれたためであった。ところが、この娯楽施設にかんして思い違いをおかしていたことが後でわかって、あわてた思い出が私にはある。

パノラマ館の実物が残存していると聞いて、オランダのハーグまでパリから一日かけて見学に行ったのは、数年前のことだった。円筒状の建物の中央に設置されたテラスにしばらく立って周囲を眺めていると、眩暈のする感覚におそわれる。三六〇度の壁に描かれた海辺の都市の景観は、さして写実的でもなく遠近法が厳密に適用されてもいないのに、突然実景のように錯覚されてしまう。「キラキラ光る宝石箱」と呼ぶには広すぎるが、イリュージョンと現実の交錯する「水族館」に遊ぶ不思議な経験をしたと思った。感じたところをベンヤミンからの引用を入れて活字化もした（拙著『絵画の思考』のモネ論）。

だがその後、ちょうど湾岸戦争のころだったか、パリのポンピドゥー美術館で都市をテーマとする大規模な展覧会があり、並行して別室でベンヤミン展が開催された。写真や遺品や手書き原稿や初出出版物の展示にまじって、皇帝パノラマ館が実物大で復元設置されているのを見て、それがパノラマでは全然なかったことを知ったのである。皇帝パノラマ館とはステレオスコープ、すなわち立体写真の装置だった。観客が、円形に並べられた観覧席にすわってそれぞれの椅子の前にある一対の小さな窓に両眼を当てて内側を覗くと、中で円形のスクリーンがぐるぐると回転するにつれて、あわい色調をおびた建物や風景の写真がつぎつぎとあらわれる。停車場、並木道、家々、山々、海岸などが、立体視のイリュージョンによってほんとうに奥行きがあるように経験される仕掛けであった。

名称に惑わされていたわけだが、彼のエッセイには「景色がぐぐっと横に退いて、まず隙間が現れ、それからつぎの景色が出てくるその数秒前に打ち鳴らされる鈴の音」という明瞭な記述もあるのだから、当然気がついてしかるべきだった。

それにしても密室を覗くようにして都市を眺める装置で遊んだ幼年時代のベンヤミンが、後にパサージュという内部的な外部、つまり外なのに内部であるような場所に特に気をひかれるようになるのは、興味深いところである。

さて『パサージュ論』を書き出すより前、一九二〇年代に、彼はナポリを皮切りに都市についてたくさんの短いエッセイを書いている。三〇年代に入って亡命後に書かれた『一九〇〇年前後のベルリンの幼年時代』が郷愁にみちているとすれば、今日『都市の肖像』という題でまとめられているそれらには、前を向いた勢いがまだある。詩的な思考、詩的な認識というものが見事に生きて働いている最高の例のように思う。

たとえば塔の町として知られる中部イタリアの古都サン・ジミニャーノについての文章があるが、読み始めて、いきなり私は驚愕させられてしまった。その書き出しはこうである。

「眼前の光景を言い当てて過不足ない言葉を見出す。これはどんなにかむつかしいことであろう。しかしそこを乗越えて訪れた言葉は、小さな槌で銅板を打って浮彫にするように現実的なものを打ってイメージを浮彫にする。《日暮時、女たちは大きな甕をもって三々五々市門の外の泉に水汲みにやってくる》私がこの言葉を見出した時にはじめて、イメージがあまりに眩しい体験の中から際立った隆起と深い陰影をともなって浮び上がってきた。それ以前には、昼下がりの市壁の外で葉を焔のようにちらちら翻らせて見張りをつとめていた白く光る柳の木について、私は何を知っていただろうか。その時まで十三の塔はどんなに窮屈な思いで立ち残っていなければならなかったことか。そしてその時からは、それぞれどんなに泰然と思い思いの位置を占めたことだろう。しかも塔と塔との間にはそれでも悠々たる間隔があったのだ。はるばるこの都市めざして進んでゆくと、この都市はまるでドアを通って出て来たように、あっという間に風景の中に姿を現している」

このような比類ない文章の前では、何もコメントすることができない。こんな言葉以前に私たちは何を知っていただろうか、と同じ言葉を繰り返すだけだ。あっという間に都市の姿が全貌をあらわしてしまっていることを驚きとともに認めるだけだ。ベンヤミンのような天才には誰もかなわないが、都市論にかぎらず、どんな問題を考えるときも、こんなふうに対象を一挙につかみ得る言葉を何とかして見つけたいと思う。ポエジーと認識は、けっして別のものではない。

3　絵のなかに入る旅　ヴェルサイユの庭園

回遊する

庭は、建物内部から絵のように見るものであると同時に、中へ足を踏み入れて体験するものである。室町時代の禅宗寺院の庭園は原則として庭へ下りず、方丈から眺めて瞑想するためにある。大徳寺孤篷庵忘筌露地のように、小さな茶室に座して雪見障子ごしに見たときだけは絵になるが外へ出て植え込みの裏へ回ると興ざめな、まったく書割的な茶庭がある。その一方で同じ小堀遠州作でも桂離宮は、庭園内に点在する茶室へと散策する過程が充実している。多少起伏のある曲線的な経路づたいに歩きながら、つぎつぎと展開する名所の縮図や海景の縮図などの景観を楽しむスタイルは、江戸時代に各地に造営された大名庭園で好まれた。いわゆる回遊式庭園である。古くは絵巻物や連歌の感受性につながり、また雨が多く植物が繁茂しやすい気候も関係してか、日本ではこのような庭園がなじみ深い。

しかし移動しながら庭を楽しむ方法はなにも日本独自ではない。古今東西を見れば庭と経路は切り離せない。たとえばヴェルサイユ宮殿である。ヴェルサイユ宮殿といえばフランス式庭園の代表、馬車で駆け回るほどの広大な敷地、軸線を中心とする整然たるシンメトリー的プラン、黄楊《つげ》が直角に刈り込まれて刺繍花壇を囲み、円錐形の櫟《いちい》が一列に並び、森が緑の壁を作る幾何学において、日本の庭などとは対極的に語られるのが普通だが、これこそ、絵画であると同時に、その中へ入り込み、旅し、遊ぶべき場所だった。

ルイ十四世はしばしば祝祭を催したが、森の中に多数造られた噴水のある小庭園は、バレエや芝居や音楽演奏の屋外劇場となり宴席にも使われたから、もともと庭園全体が劇場だったといえる。国王自身、祝宴の客を広大な園内を案内して回った。また饗宴以外のときも庭園の主は散策を好んだ。若い頃は馬車や徒歩で、晩年はルーレットという三輪の小型人力車を二、三人の下僕に引かせて。庭園史家サッカーは、六十二歳の王が八十八歳のル・ノートルと連れ立ち、ルーレットを並べて談笑しながら散策に出る姿を書きとめている。

このような特別の寵愛に与ったル・ノートルとはもちろん、ヴェルサイユ以外に、若き日のルイ十四世を激しく嫉妬させたのもむべなるかなと思わせるフランス庭園の至宝ヴォー・ル・ヴィコント、その主フーケ財務卿が失脚に追い込まれた後ポストを襲ったコルベール財務卿の邸宅ソー、ルイ十四世の別邸マルリー、シャンティー（改作）、チュイルリー（父親の助手として）など多くの庭園を手掛けたアンドレ・ル・ノートルその人である。フランス庭園は、イタリア庭園から発展して十六世紀末以降モレ王朝と渾名された造園家のモレ一族によって方向づけられ、一七世紀後半にル・ノートル父子の手で完成されたのである。王は死の一カ月前にさえこの庭師を伴い輿に乗って庭へ出たという。

かれらがどのような道順をたどったか、どの細部を訪れたか、園内全体を周回したか部分的散歩か、コースはあらかじめ決まっていたのか途上で気紛れに変更されたのか、などは知る由もない。しかし手掛かりが全くないわけではない。ルイ十四世みずから『ヴェルサイユの庭を見せる方法』と題する覚え書きを残しているからである。一種のガイドブックだが、訪問者に対して道順を指示するだけでなく、しかるべき秩序に基づく鑑賞の仕方を専制君主的な口調で命令していた。王自身ではなく臣下に訪問客の案内をさせることもあったからだ。サッカーによれば原稿は何種類かあり、最古のものは一六八九年、最終のものは一七〇五年の日付をもち道順も異なるが、一七一四年にまとめて出版された。治世下に建設が進み、また最初存在した細部が後で破壊されたり別の所に移転するなど改変のいちじるしかった庭園の、その時々の状況が伺い知られる資料でもある。『ヴェルサイユの庭を見せる方法』の指示どおりに全行程を回れば丸一日を費やす大旅行になってしまうが、私たちもその経路に沿って歩いてみよう。

無秩序の力

順路は宮殿の中央から出発する。

宮殿は敷地東寄りの小高いところに建てられていて、西側のテラス中央に立つと、左右に水盤（水のパルテール）が広がり、前方正面にまずラトナの噴水、その先に主軸に沿ってゆるやかに西へ下っていく王の並木道、アポロンの池、さらに長さ約二キロの大運河《カナル》がまっすぐ伸びているのが望まれる。運河の先はもう水か空か見分けがつかぬほど。無限に遠く消失点まで続いているかと錯覚されるようなスケールである。現実に存在する風景でありながら、あたかも遠近法にしたがって描かれた巨大な絵を見るようだ（図1）。

理想的にはこの絵画は、宮殿二階西側のグランド・ギャラリー、通称鏡の間の中央の窓から望んだときに焦点を結ぶ。そこは以前バルコニーであった。ルネサンスのイタリアで絵画の技法として開発された遠近法はもと作図法の一つで、それに基づく絵画は「アルベルティの窓」などと呼ばれ、以後バロックやロココ様式の教会や宮殿建築において天井画や壁画に多用された。イリュージョンと現実が交錯する不思議さがいわゆるトロンプ・ルイユの視覚遊戯として楽しまれもした。ヴェルサイユの鏡の間に立つ貴紳にとって、見晴らしの良い窓は、壁側に張られてそれを映す鏡とともに、逆転したイリュージョンの世界を構成し、したがって庭に足を踏み入れることは仮想現実の中に身体をさし入れる冒険だったのである。

さて道順では、まず南へ回り、南のパルテールの刺繡花壇を経由してオランジュリーという区画へ赴く。刺繡花壇こそフランス庭園の華、花の咲き競う手入れの行き届いた花園はまさに屋外に延長された豪華な絨毯である。刺繡花壇の意匠で名声を博したジャック・ボワソーの描く平面図は、どれも

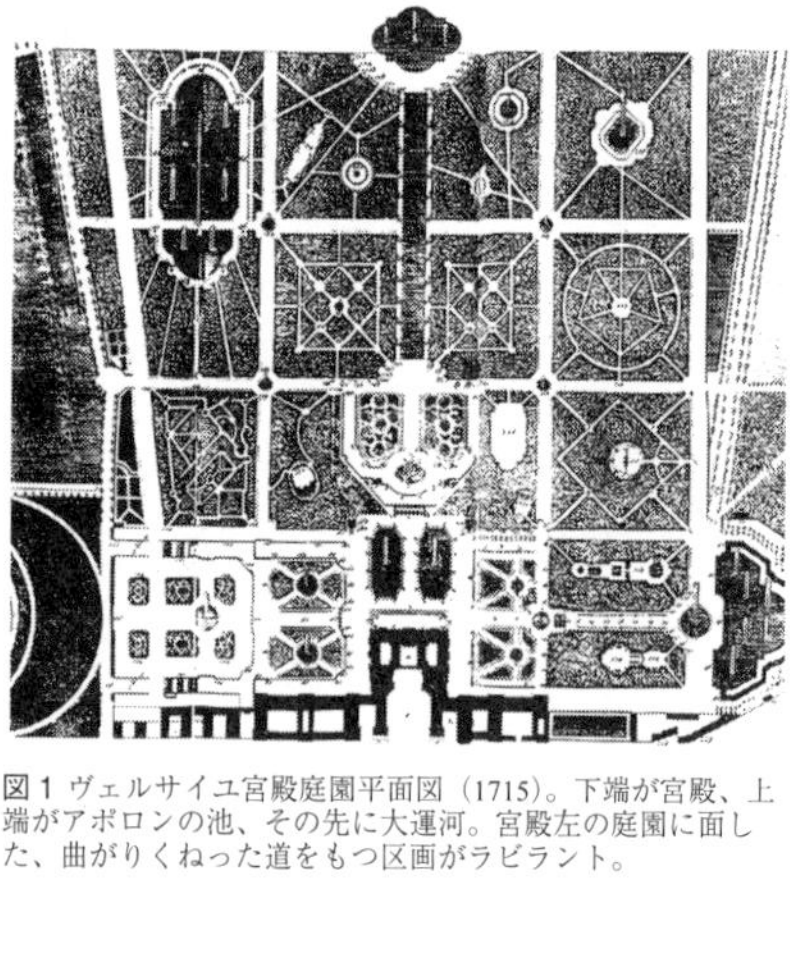

図1 ヴェルサイユ宮殿庭園平面図（1715）。下端が宮殿、上端がアポロンの池、その先に大運河。宮殿左の庭園に面した、曲がりくねった道をもつ区画がラビラント。

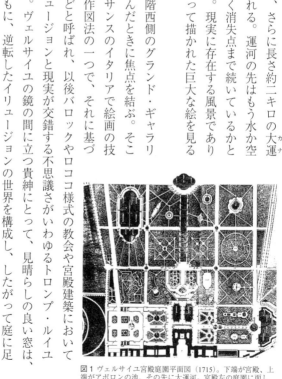

典雅に美しく、もし現実の刺繡花壇を上空から見ることができればある意味で理想的だったろうと思わせる。ボワソーがその著『造園論』（一六三八）で「庭の最も美しい眺めは高所からだ。読者よ、だから築山をせよ」と言い、モレ一族のアンドレ・モレが著書『悦楽の庭』（一六五一）で「刺繡花壇は、樹木や垣根などの障害物なしに窓から容易に眺められるよう、建物のすぐ前に設置されなければならない」と言ったように、それは庭園の他の細部にも増して、なるべく高所、具体的には建物上階の部屋から斜めに見おろすものとして計画されていた。刈り込まれた植栽の描くアラベスク模様が一般に建物の足元近くでは精密で、遠ざかるほどシンプルになることは、そのひとつの証拠である。

だが人々は回遊する。近くに歩み寄れば、刺繡がどんな模様を描いているか不分明となる。軸線を外れた「悪い」位置から眺める事態も当然起こる。概念ならぬ現実の花壇は、理想の絵を突き崩し無秩序化する力によってつねに脅かされていたといえるだろう。

森の小径を抜けて

ヴェルサイユの森は、外からはひとつの大きな森と見えて、じつは小径によって整然と区画されたいくつもの森の集合体である。それぞれの森《ボスケ》の中には噴水、小広場、グロッタなどが隠されている。オランジュリーの西隣の区画の森には、もとル・ノートル設計のラビラント（迷路）が潜んでいた。後にルイ十六世の時代に取り払われて王妃の森となった。ペレルやルクレールの版画を見ると、垂直に刈り込まれた樹木の壁で整然と作られたこの三次元迷路の、道の分岐点や曲がり角の地点に、イソップ物語に題材を得た寓意像の噴水が配置されていたことがわかる（図2）。ルイ十四世の案内により中に迷い込んでみよう。

　迷路は、見通しが効かないという点で何か不安なおどろおどろしいものを感じさせ、一望のもとに見渡せるヴィスタの明快さや支配力とは対照的な空間感覚のような気がするが、後者とともにフランス式庭園に特徴的な細部なのである。チュイルリー、シャンティー、王の庭（現在のパリの植物園）、ショワジーほか十七世紀の地方各地の庭園に造られていたことが知られる。その主要な功徳は、軸線中心の過剰なシンメトリーを攪乱することにあった。全体の荘重さに対して仕掛けられた、ちょっとした悪戯である。

図2 ラビラントの内部。ルクレールの版画から

　庭園史では、ローマの北方にあるランテ荘のような十六世紀イタリアのヴィラの怪奇な彫像や洞窟を多く隠し持つ森《ボスコ》とくらべると、フランス庭園の森は、幾何学的に秩序づけられるとともに呪性、象徴性、聖性を失い、「闇」の意味が薄まったとされる。迷路はかつての神秘的な幽暗さを失い、危険とは無縁な、純粋に娯楽のための施設という性格が強まった。だからこそそれは十八世紀半ばを境に庭を立ち去り、室内ゲームとなったのである。迷い道や袋小路に富み、歩く人にほどほどに困惑を与えるヴェルサイユのラビラントは、遊戯（ディヴェルティスマン）目的の近代的な迷路であった。恋愛遊戯の特権的な舞台にもなった。

　しかし森の不安は完全に一掃されただろうか。現代の遊園地のジェットコースターに乗っている人の写真を見ると皆笑っている。一時の遊びと無理に自分に言い聞かせながら内心ほんとうに怖いことの照れ笑いである。恐怖を遊戯の形に飼い馴らし、洗練しても、本来の力が戻ってくる瞬間が必ずある。出口にいたる経路がわかり切っていたつもりでも、身長より高い樹木の生け垣に見通しを阻まれて、意外にも途方にくれる一瞬がなかったとはいえない。そのとき刈り込まれた緑の壁は突然植物的生命力をあらわにし、人為の秩序を暴力的に破壊するかのように、勝ち誇って、通路をさまよう人に迫ってきたのではないだろうか。無事出口を脱出した後はもう笑いにまぎれて語られることのない、ひそかな恐怖の体験がそこには隠されていたはずである。それは見知らぬ魔物の住まうグロテスクな森の名残りだったのである。

ルイ十四世の行程ではラビラントの後、小径づたいに、その北隣の森の中にある楕円形の屋外舞踏場、次にその南隣のジロンドルの泉と呼ばれる森、さらに南隣のコロナード（列柱）の森を経て久しぶりに主軸にもどり、大運河の起点に向かう。

運河の巨大さ

両側を森にはさまれた王の並木道を下りきると、大運河の始まる手前の広場にアポロンの池がある。四頭立ての馬車を操るアポロンの像が水盤の中央にある。ヴェルサイユは太陽王《ロワ・ソレイユ》にちなんで園内随所に太陽の寓意が表現されている。宮殿前のパルテールのアポロンとダイアナ（ダイアナはアポロンの妹）の彫像、ラトナの噴水（ラトナはアポロンの母）、テティスのグロッタ（テティスは太陽が夜休むところ。妻。宮殿の北の脇にあったがルイ十四世はそのイタリア趣味を嫌い、存命中に撤去された）、アポロンの泉

（複数ある）などの一連の寓意的スポットだけでなく、大運河の西の端まで東西に敷地をつらぬく軸線そのものが太陽の運行を象徴していた。王の居室は鏡の間の反対側つまり宮殿の東側二階中央にある。ヴェルサイユはひたすら異教的な太陽の神話に捧げられており、全体として太陽神アポロンの隠喩だったとさえいえる。

軸線の上は劇場を設けるには最高の位置であった。ルイ十四世はヴェルサイユの新築披露の祝宴『魔法の島の悦楽』（モワヌ作成の日程表によれば一六六四年五月七日から十二日まで開催）をはじめとして、しばしば祝祭を催した。騎馬行進や演劇やバレエや晩餐会の様子を描いた版画が多く残されている。図3はその一例で、ラトナの噴水の広場でバレエが上演されているが、背後に東の涯に宮殿が小さく見え、そのままバロック劇場のイリュージョン的な舞台背景となっていることが理解される。ここにも錯覚の楽しみがある。

さてル・ノートルの設計は、ヴォー・ル・ヴィコントの庭園でも同様だが、平面図を見ると、建物から遠のくにつれて池やパルテールの区画がしだいに大きくなる特徴のあることが指摘されている。それは建物の窓から眺めたとき最も調和がとれて美しい一枚の絵画になるよう工夫した結果であり、そのような「逆遠近法的手法」をかれが操り得たのは、パリの修道士ニスロンによる遠近法の探究を十分習得していたからだという。ヴェルサイユの主軸上に縦一列に並ぶ池は、ラトナの噴水、アポロ

図3 ラトナの噴水でのバレエ
W.H.Adams, "Les jardins en France, 1500-1800", L'Equerre, 1979 より

ンの池、大運河の端部《テート》の水盤の順に、宮殿から遠ざかるほど一定の比率で大きくなる（図1）。運河は中央部で南北方向のもうひとつの水路と直交するが、その交差部の丸い水盤は端部よりさらに大きく、運河の西の端の楕円形の水盤になるとラトナの噴水の何倍あるかわからない。先へ行くほど拡張するル・ノートルの逆遠近法造園術は、ヴェルサイユのように敷地が広大な場合、実際に園内を遠方まで回遊しようとする人々に対して、とてつもない大旅行を強いることになる。

『ヴェルサイユの庭を見せる方法』の筆者は、運河の端部に到着した時点で、メナジュリーとトリアノン（南北方向の全長一・五キロの水路の両端にある離宮）をふくめて庭園全部をもし同じ一日で見たいならば、行程は長い時間を要すると警告を発している。具体的には、特権的な客人はここから舟に乗った。運河は祝祭のときには花火や舟遊びの場となった。十字形をなすヴェルサイユの運河は巨大である。ほとんど海である。最初の祝宴は『魔法の島の悦楽』と題されていたが、庭園を「囲い」といった閉鎖的なイメージによらず「島」の比喩で体験した宮廷人は、十六世紀イタリアの庭のように人為の支配がおよぶ範囲を怪奇な森と対立させるかわりに、広く外部に開かれた海と境を接するものとして意識していたということだろうか。

それにしても膨大な水量である。多数の池や噴水用とあわせて大量の水が常時必要となる。宮殿の北側に貯水池の設備があるが、主要な水源のひとつはセーヌ河だった。一六八二年に完成したマルリーのマシンと呼ばれる木製の揚水機は、セーヌの水をヴェルサイユに輸送する強力な助っ人であった（図4）。そのからくりは版画や油彩画に精密に描かれていて大変おもしろい。ルイ十四世は、率先して科学技術アカデミーに公式援助を与えたり、マルリーの揚水機以外に大西洋と地中海を結ぶ運河の建設に関心を示すなど、機械や建設や土木工学に前向きな実行家でもあったのである。

およそ水の要素をもたない庭は古今東西にない。だから造園家にとって水をいかに引き入れるかがつねに難問である。やや月並みな連想ながら、庭道楽で最も有名な日本人、源融もその問題に頭を悩ませたことが想起される。九世紀半ば嵯峨天皇の左大臣であった源融は、六条河原の自邸に陸奥の塩釜の海景を模した庭を造り舟遊びや月見の酒宴を催した風流人で、塩を焼く光景を楽しむため、数千人の人足を使って毎日難波の浦から海水を運ばせた。この話は古今集の紀貫之の歌や和漢朗詠集見聞に出ているが、世阿弥作の能『融』のアイ語りによると、海水を運ぶ様子は「まことに数珠を繰るごとく」であったという。腰蓑をつけ潮汲みの桶を肩に担いであらわれる前シテの老翁は、融大臣の化身である。

そんな人海作戦ではどうにもならない。ヴェルサイユの華麗な庭を支えていたのは産業革命前の高度なテクノロジーであった。複雑なデザインの噴水にしても、どのような機械仕掛けで動いていたのか。

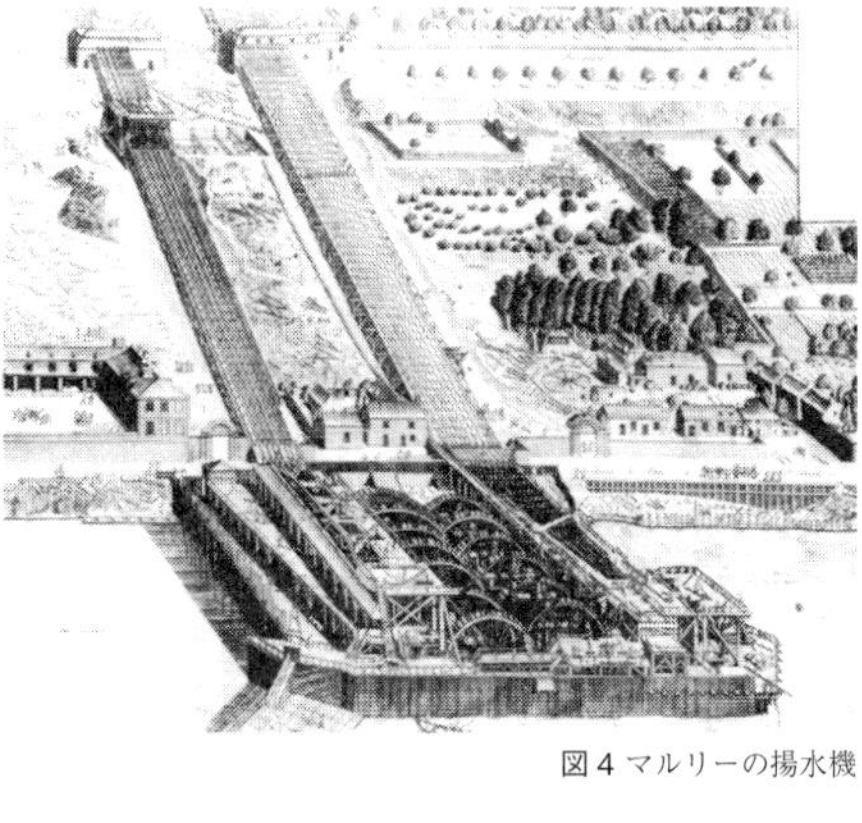
図4 マルリーの揚水機

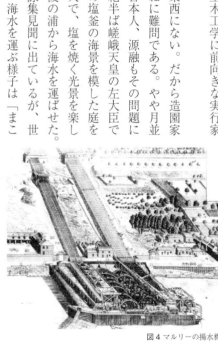

上から図５水の劇場、図６舞踏会場の森、図７ラトナの噴水、図８バッカスの池。すべて Adams 前掲書より

噴水尽くし

舟旅の後は運河の端部に帰り、ふたたび馬車や人力車や徒歩で北側の森を経由して帰途につく。順路ではやや登り坂となる小径を伝って森から森へ、ドーム（別名アポロンの泉）、アンセラドンの噴水、屋外会議場、水の山、沼地《マレー》（一七〇五年以降、アポロンの泉と改名）、三噴水、ドラゴンの池、ネプチューンの池、凱旋門（旧名は水のパビリヨン）などを歴訪し、北のパルテールを経由してようやく出発点の宮殿に帰還するのである。

行程の終盤はこのように噴水尽くしとなる（図5、図6、図7、図8）。

最大規模のネプチューンの池は、宮殿にほど近い東北の角に位置し、したがって旅のフィナーレを飾るに相応しい噴水である。国王の噴水技師という異名をもつ庭師クロード・ドニ設計の「水の劇

場」は、高さや太さや噴射角度の異なる数百もの噴水を組み合わせた意匠で、ネプチューンの池の南隣の森の「凱旋門」とともに最も華麗な噴水だったらしいが、十八世紀末に破壊されて現在はない。東北寄りの森には特筆すべき噴水が多い。『ヴェルサイユの庭を見せる方法』の一六八九年の日付の稿によると、英国の前王妃マリーが同年に来訪したときルイ十四世は、運河まで行く長距離で疲れる全行程のかわりに、軽食をはさんで約二時間かけて「三噴水」周辺の東北の区画だけを回る短縮コースを案内した。噴水巡りは貴賓の供応のエッセンスであったようだ。ル・ノートル設計の「三噴水」は他と違って神話的な装飾が全く施されず、寓意の重みを脱した純粋に抽象的な水の構築物という点で新しかったが、約一世紀後に破壊された。

ヴェルサイユで印象的なのは水の使用である。太陽王治世下のそれはまさに水の庭園であった。だが噴水の多くは後に破壊されて数が減る。現在訪ねても、全部の噴水が水を吹き上げるわけではなく、水盤を飾る彫刻は雨に穿たれて古びている。周囲の森も直線的に刈り込まれず自然に繁茂するにまかされ、往時の面影はない。あらゆる庭園は多少とも楽園の夢想と結びつき、時間を越えた世界を志向しているが、現実にはそれは最も時間の暴威にさらされやすい建造物なのである。庭園はつねに廃園だというのは真実である。ヴェルサイユはフランス革命以後荒廃したが、ルイ十四世存命中にも年々に変化していた。宮廷人の生活の場だったから当然で、その意味では、新築披露の祝宴（一六六一）が催されたきり住まわれず、十九世紀末に復元されるまで捨て置かれたヴォー・ル・ヴィコントのほうが、幸か不幸か当初の設計概念を保持している。しかし庭園は様式ではなく、そこで生活され、見られ、歩かれ、遊戯の舞台となり、時間とともに変貌する過程で新たな意味を生んでいたのである。

4 圓明園あるいは宣教師たちの「夢の作業」

1

北京西北郊の海淀地区にある圓明園は、清朝歴代皇帝によって夏の離宮として造営された宮苑である。広さ三五〇ヘクタールという広大な面積を擁し、敷地内には豊かな湖水が配され、中国数千年にわたる建築技術、造園芸術の粋が集められ、一大名園の名をほしいままにしていた。しかし咸豊帝治世下の一八六〇年十月、第二次アヘン戦争の際、侵入した英仏連合軍によって徹底的に破壊、放火され、園内数百におよぶ建築は、家財や屋外の樹木もろともすべて灰燼に帰してしまったのである。

このような乱暴狼藉の直接の原因は、史実の伝えるところによれば、天津条約締結後の講和交渉のもつれのなかで、英仏軍側の数十名が清国の捕虜となったことにある。とらえられた者たちが北京市中ではなく圓明園内に拘束されていることを知って引きわたしを求めて来た英仏連合軍に対し、返された捕虜の半数近くが拷問の跡もなまなましい死骸であったことに怒っての報復行動だったという。それにしても、ひとり中国のみならず人類全体の貴重な文化遺産というべきものが戦争の過程で壊滅させられてしまったことは、惜しみても余りある。焼打ちは徹底していた。雑草の生い茂る野原と化した現在の圓明園遺址が、中国の人たちにとって、愛国感情と一九世紀英仏帝国主義的侵略への憎悪をかきたてる記念碑のような場所となっているのも無理はない。

その後同治帝、光皇帝は圓明園の修復をこころみるも一九〇〇年、義和団事件の折に北京に迫る八国連合軍からまたも攻撃を被った。圓明園から数キロのところにある同じ時期に破壊された別の清朝宮苑、頤和園のほうは西太后の手で再建されたが、圓明園はついに廃墟のまま捨て置かれ、わずかに残った建築物の良質な断片部分や財宝などさえ盗賊の略奪にさらされるばかりとなったのである。

荒廃の進むありさまを惜しみ保存と修復を望む声が高まったのは、ようやく一九八〇年代にはいってからであった。いま私の手もとにある冊子『圓明園』は、中国圓明園学会なる学会が四年にわたる準備期間を経、政府や各界の支持を得て一九八四年に成立したことを告げている。冊子はその機関誌第四号であるが、圓明園の学問的研究と遺址の保護、修復を目的に成立した学会の成立記念号にふさわしく、充実した内容のように見受けられる。

たとえば、焼失前の建築や自然景観の姿を図版によって窺い知ることができる。掲載された図版は『御製圓明園図詠』から取ったものだという。[1]『御製圓明園図詠』というのは、園内に分散配置された数十カ所もの小園のなかから乾隆帝自身が四〇カ所を選んで、画家に命じて木版画に彫らせ、みずから序文を添え、各景区を歌った自作の詩を賦して発表した書物である。その書物は後の一八八七年に天津の石印書屋から上下二巻で復刻された。

各景区は特徴、規模、使用目的を異にする建築を山林や池塘がとりかこむように多少とも閉鎖的な形で造られており、それぞれ「正大光明」「蓬島瑶台」「武陵春色」などと名前がついている。版画はすべて上空から見下ろした鳥瞰図として精密な筆致で刻まれており、遠景の山や湖水の様子もよくわかる。多くの景区や小園の複合体だからこそ、圓明園は「万園の園」と称せられたのだが、区画ひとつだけですでに巨大な宮殿の規模をもっており、中国専制皇帝のけたはずれの贅沢ぶりには驚かされてしまう。

しかしその学会誌でもっとも興味深い記事は、「圓明園西洋楼遺址整修」にかんする特集であろう。建築の専門家たちが一堂に会して整備の基本方針を議論した記録や、修復へ向けての具体的提案、図面などが載っている。「西洋楼」というのは、広い敷地のなかでも特異な、ヨーロッパ式建築や噴水が設置された区域のことである。乾隆帝選の『図詠』四〇景には入っていないが、学会発足時において、それへの対策が緊急課題と目されていたことが知られる。

他に先んじて西洋楼への対処が急務とされたについては、東西文化交流史上の学術的価値はじめいくつかの理由が列挙されているが、遺址が比較的よく残っていることが明確な理由のひとつと思われる。そこだけは中国の伝統的な木造建築でなく資材に大理石や御影石を使用していたため、火災に耐えたからである。

事実、一九九九年の夏、大妻女子大学の同僚たちと共に私が中国を訪れた際に見ることができたのは、むきだしの土の上に残された数本の石柱だけであった。その場所は細長い帯状をなす西洋楼区画のほぼ中央である。上下に段差がある地形に立ち並ぶ真っ白な石柱の群は、周囲の緑の樹木に栄えて、なかなか美しかった。そこここに毀された石材の塊が転がっている。ついポオル・ヴァレリーの詩『石柱譜』が想起されもする。柱列を「なかば焦げ、なかば冷やかな、朽ちることのないわれら姉妹」と歌った長い詩である。

先の学会誌によると、西洋楼整備の基本方針は建設当初の結構を完壁に復元することではなく、むしろ廃墟化した現在の姿をそのまま維持し「遺址公園」として環境を整えることにあったらしい。復元するより、草むす荒涼たる風景を保つほうが、内外の見学者に特殊の美感を与えることができ、圓明園消滅にまつわる歴史を考えさせもし、教育的効果が高いという考え方だったようだ。遺址公園の他の例として日本の広島原爆ドーム公園をひきあいに出す論者さえいる。[2] 西洋楼の残骸は、西洋人による蛮行の一種のシンボルと見られているようである。

破壊にまつわる議論はともあれ、建築的には、残された石柱群から察するかぎり、純然たるヨーロッパ式建築だったと思われる。バロック、とくに後期バロックの様式が窺われる。西洋楼の建設工事は一八世紀後半、乾隆帝の代に完了したというから、中国に渡来したイエズス会宣教師たちの指揮で実現したものであろう。いうまでもなくバロックは、一七世紀から一八世紀前半の時代に反宗教改革の中心となったローマ教皇や、絶対王政を誇る国王などが、強大な力や権威を目に見える形で示そうとしたときに生まれてきた表現である。ローマに発生し、南ドイツへ伸び、ヨーロッパのほぼ全域に行き渡った。それがヨーロッパが世界に進出する時代に重なった。西洋人によって建設されながら西洋人によって破壊された運命の皮肉もさることながら、圓明園は、西洋文化東漸を証す具体例としてたいへん興味深いというほかない。

バロックの建築様式が歴然と窺われるというのは、具体的に述べると、たとえば前景に立つ門のような形をした建築物の上部にかかる小さな屋根がそうである（図1）。円弧を描き左右両端で渦を巻いているが、この形はイタリアや南ドイツのバロック式建築の正面出入口や窓の装飾にしばしば見られる。なかでもこのように屋根の中央で二つに割れていたり別の装飾で中断されているものは、ブロークン・ペディメントと呼ばれ、万事に派手好みで整合性を逸脱したところに美を見出そうとするバロック様式ならではの意匠であった。

図1 庄根生画「圓明園大水法」

しかし私は現地を見学したとき、思いがけない場所で思いがけないものに遭遇することに非常な興味を覚えると同時に、なにか奇妙だ、という印象をもった。純然たる西洋建築であることは間違いないが、なんとなく変なのだ。たとえば、門のような形の建築物の足元はおかしい。柱にしては台座がない。バロックにかぎらず西洋建築では柱の足元にはソックル（台座、柱礎）がなければならないのに、ここでは、反復される波打つような曲線が優雅に足元を飾っている。これは柱ではないのだろうか。この建築物の用途はいったい何だったのか。

全体の両端で渦を巻きながら下から乗り上げている装飾部分にしても、ディテールとして見るかぎりたとしかにバロック建築のものだが、ヨーロッパでは柱の裾元の位置にこういうものを見かけることは決してない。何ヵ所か彫刻されている扇子を開いたような形の模様は、アカンサス（あざみ）の葉を思わせる。しかしアカンサスは本来シャピタル（柱頭）を飾るべきものである。アカンサスの葉を彫刻した柱頭部は、ギリシアのコリント式オーダーに源を発し、西洋建築史のなかで多様に展開し、バロック建築ではいちだんと錯綜をきわめて華麗なデザインとなっていた。

　ここでは、柱頭にあるべき装飾が下に来ている。いわば柱がさかだちしている。圓明園西洋楼は、倒立した西洋なのである。

2

　帰国して多少調べてみると、日本でも圓明園の一件はすでにかなりよく研究されていることがわかった。石田幹之助氏、佐藤昌氏のような庭園史の専門家による資料博捜の実証的研究もあれば、中野美代子氏による『カスティリオーネの庭』と題する歴史小説まである。[3] カスティリオーネとは西洋楼全域の設計を担当したイタリア人宣教師の名である。以下、まずは事実関係について、斯界の長老格である佐藤氏の研究に主として依拠しながら、建物の概略や建設前後の事情を紹介することにしよう。その上で、銅版画や遺址写真をよく見ることをとおして私なりに西洋楼の意味の考察をこころみ、現地で「なにか変だ」と感じた直感の理由をさぐってみることにしたい。

　そもそも圓明園は一八世紀初め康熙帝の代に造営が開始され、雍正帝、乾隆帝時代にたえず建設、拡充、改修がおこなわれ、長い時間をかけてしだいに園林として完成された。もと平坦な低湿地であ

図2 圓明三園と西洋楼区域平面図

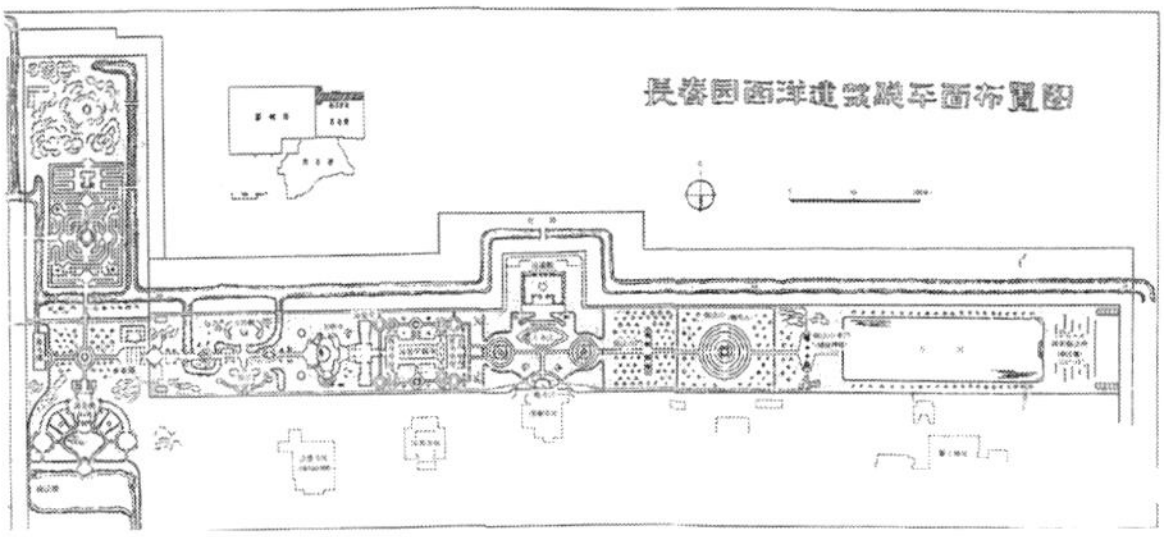

ったところに池をうがち、山を築き、川を流し、すべて人工的な土木工事によって自然景観を作りあげた上に、中国各地の名勝を模して宮殿の区画が何十となく建築されたものである。乾隆帝（在位一七三六〜九五）はとくにこの離宮滞在を好み、圓明園完成後はその東側の土地に長春園、さらに南側に万春園と称する園林を建て増しさせた。三園あわせて圓明三園とも、全体を圓明園ともいう。おのれ一人の逸楽だけを目的に、強大な皇帝権力にまかせて、贅をきわめた宮殿をつぎつぎに建設させる、その苛酷さには苛斂誅求の一語こそふさわしく、驚嘆をとおりこして恐怖すら覚える。

西洋楼というのは、その長春園の東北端の一角を占める、東西八六〇メートル、南北一〇〇メートルという東西に細長い区域をさす（図2）。工事の期間および各建築や庭園の造られた順序については、諸説あったが、現在の研究水準では、一七四七年に西の端にある宮殿「諧奇趣」に付属する噴水からまず開始し、東へと進められ、三〇余年を費やした工事の末、帯状の敷地のほぼ中央に位置する「遠瀛観」の完成をもって一七八三年に終了したと推定されている。

「遠瀛観」が西洋楼の正殿格で、そこだけ敷地の北側の外壁をあえて壊して北に突出させ、一段高く土盛りした上に南面して建てられている。手前にある噴水池「大水法」の背景となる。[4] 水法とは噴水の意である。水盤の南には、壮麗な景観を皇帝が正面から見るために大理石の玉座「観水法」が設けられていた。短い南北の軸線をなす「大水法」地区をほぼ中心として、敷地西半分には、最初にできた石造り三層の「諧奇趣」以下、ラビラント花壇「万花陣」、四阿「方外観」と「竹亭」、十二支の動物青銅像をあしらった「十二支噴泉池」、豪華絢爛の宮殿「海晏堂」、噴水用の貯水槽をかねた大建築「錫海」などがある。一方「大水法」から東端の「線法画」（一七七〇）までの東半分は、馬術用の丘や樹林、長方形の運河「方池」のみとなり、華麗な建築や噴水が建て込む左側とくらべて急にさびしくなることは否めない。

建築の設計と工事の監督を任されたのは、イエズス会士で画家として宮廷に出仕していたイタリア人宣教師カスティリオーネ（一七一五年北京着、一七六六年北京で没）である。噴水にかんしては、彼の発案によりフランス人イエズス会士、ブノワ（一七四四年に北京着、一七七四年北京で没）が受け持った。ブノワはフランス本国で修道のかたわら天文学、数学、物理学、地理学をおさめた人で、宮廷に天文学者として出仕していた。水力機械を創案した経験が多少あるものの噴水の建設はまったく未知であったのを、参考資料を急遽研究し、中国人の人足たちを陣頭指揮し、苦心のあげく西洋楼内の四基の噴水をともかく完成に導いたのである。彼は噴水の機械的装置を担当しただけで、装飾彫刻などは別のフランス人宣教師アミオが設計したという説もあるが、噴水の最終責任者はあくまでブノワであり、西洋楼は大筋でカスティリオーネとブノワの二人によって建設されたとみられる。

中国における西洋建築はこれが初めてではない。キリスト教会堂が、さかのぼれば元の時代一三世紀からポルトガル、ドイツ、フランス、イタリア人のイエズス会宣教師によって布教活動と宮廷奉仕のかたわら北京に建てられていたし、広東には商社の建築があった。これら数少ない例をのぞけば、圓明園が東洋における最初の本格的西洋建築である。

とくに噴水は中国で初めて造られたものである。しかも、構想されたのは噴水のほうが時期的に早いらしい。すなわち一七四七年のある日、乾隆帝がたまたま西洋建築画集を見て噴水に非常な興味を抱き、カスティリオーネを呼んで説明を求めたことが一切のきっかけをなしたのである。帝の性急な命令に応えて、さっそくブノワが模型図の試案を作成し、それに基づいてまもなく噴水ができあがった。その後西洋風の噴水には西洋風の建築がふさわしい、ということで「諧奇趣」が造られる運びになり、一連の西洋楼の最初のものとなったという経緯である。

噴水は西洋楼の華である。四基ある噴水のうちでも「大水法」は、横長の楕円形の噴水池中央に鹿の青銅像を、その周囲に口から水を吐く犬の青銅像をあしらって狩猟をデザインした、壮麗きわまるものだった。噴水池の背後には、彫刻をほどこした屋外ニッチ（石龕）風のブロックがつけられた。現代まで残っている門のような形はその中央部である。

事実関係はおおむね以上のようである。

3

さてそれではここから、佐藤氏の本に図版として収録されている銅版画とオールマー撮影の写真を観察しながら、私の感じたことを述べてみたい。

銅版画とは、一七八六年、伊蘭泰という中国名をもつ西洋人（おそらくカスティリオーネの弟子と見られるが、委細は現時点では不明）が草図を描いて中国人画工が銅版画におとした二〇枚の絵のことで、破壊以前の西洋楼の姿を伝える貴重な資料である。[5] この銅版画はさらに模写されて、漢陽や広東に伝播するだけでなく、オランダ東インド会社広東支店長の手など、複数の経路を通じてヨーロッパに渡り、一七九八年にはフランスで出版されて広く知られるところとなっていた。原図は現在北京大学に所蔵されている。

またオールマーの写真というのは、一八六七年まで天津海関の監督をしていたドイツ人オールマーが、一八七〇年頃に撮った一一枚の写真である。圓明園の遺址写真は一九世紀から二〇世紀にかけて多くの西洋人によって撮影されたが、圓明園焼打ちの十年後にあたるオールマーのものが一番古く、焼打ち後も荒廃が進んだので、もっとも原型をよくとどめている貴重な映像である。中国人の勝固がドイツから持ち帰って民国二二年（一九三三）に『圓明園欧式宮殿残跡』と題して上海商務印書館から出版した。

両者を対比しながら建築の様子を見ていると、いろいろ興味深いことに気づく。

かなり後ろに引いた位置から描かれた正面図のみの銅版画ではわかりにくく、オールマーの写真の方ではっきりするのは、建物の立体感であり、臨場感だろう。細かく見ると、たとえば三層建ての「諧奇趣」南面一階壁面は、石を積み上げた横縞を強調するいわゆるルスチカ仕上げであるのに、二階壁面はドーリア式とコリント式の柱を混用して装飾的にあしらっているというように、折衷的である（図3）。折衷的だが中国風なところはまったくない。折れ曲がった中央階段のつけかたにしても、左右両端から腕のように延びて先端の「八角亭」にいたる、ベルニーニ作のバチカン総本山前広場を

図3「諧奇趣」南面

図4「諧奇趣」南面左翼八角亭

思わせる両ウィングにしても、堂々たるバロックである（図4）。北面二階に並ぶ列柱の強弱リズムのつけかたも、見事なものだ。完全にヨーロッパ式建築といってよい。まがいものではない。

逆に写真ではわからなくて銅版画からだけ窺い知られるものは、屋根である。屋根は火災で焼け落ちて完全になくなってしまったが、版画によると、中国風の瓦葺きの屋根が石造りの建物の上に被さっていた（図5）。現代の北京市内には中国風の屋根を戴いたオフィス・ビルが多くあるが、屋根は建物の印象を強く支配する部分である。また、「竹亭」は、竹という中国独特の素材を使って西洋風にデザインした四阿で、当然ながらすべて焼失した。

そのほか銅版画からだけわかることとして、植栽がある。オールマーの写真では廃墟を覆いかくすばかりにうっそうと樹木が茂ってしまっているが、もとは綺麗にトピアリー（同心円や円錐形などの幾何学的形態に葉を刈り込むこと）を施された木々が行儀よく並んでいたらしい。トピアリーは、ルネサンスからバロックの造園において不可欠の風景である。植物を整形して作られたラビラント「万花陣」も、焼失した。ラビラントといえばヴェルサイユ宮のそれが有名だが、建築の間近に刺繍花壇やラビラントを置いたり、遠景に方形のカナル（運河）を造ることは、その時代の造園の定石だった。以上から、細部に中国風なところはあるものの全体としてはバロック建築そのものだったと判断される。

中国風がめだつのは建築より噴水である。西洋ではふつう噴水の装飾としては神話にちなむ男女の裸体像を設置するが、銅版画を見ると、「諧奇趣」南側噴水の鴨や鵞鳥や羊、海晏堂西側噴水の十二支の動物、「大水法」噴水の犬や鹿など、人体のかわりに動物の彫刻像が精密に描き込まれている（図6）。これはブノワが中国の風習に配慮した結果であったろう。とくに十二支噴水は、水時計を兼ねて、当該動物の時刻がめぐってくると順に口から水を吐くよう工夫されていたというから、東洋ならではの着想が生きている。依頼主の意を迎えようとしたためと思われるが、中国服をまとった人面獣身の彫刻がずらりとならぶありさまは、いかにも異様である。噴水というアイデア自体が典型的にバロックなだけに、その組み合わせはグロテスクに感じられる。

これらのようなあからさまに中国風を取り入れた箇所のほかにも、変則ぶりが目立つところは少なくない。「大水法」背景の装飾がまさにそれだ。版画を見ると、石龕全体の横幅は噴水池の長径とほぼ同じである（図7、図8）。四本の柱の足元でゆるやかに渦を巻いて広がる曲線は、水の流動性を反復

図5「諧奇趣」北面
図6「海晏堂」西面と「十二支噴水」

図7「大水法」
図8「大水法」ニッチ部

するように見える。もともと柱というものは樹木のメタファーを生みやすく、柱頭部にアカンサスの葉が萌え出ることや、ゴシック式建築などで深い森林の雰囲気が積極的に打ち出されていることは、その明確なあらわれであった。柱の柱礎部は樹木の根にあたる。ブノワらが柱から台座を取り去り、柱をいわば倒立させたのは、土地にがっしり根をおろした感じを消して、噴水池にたゆたう水の浮遊感や噴水の水流の勢いを表現するためだったことに気づく。

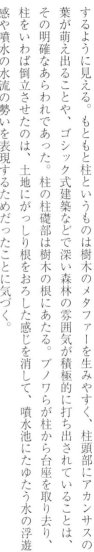

したがって、中野氏が小説で「直線的な諧奇趣にたいし、大水法の石龕は曲線を多用した。そのための不安定感をのぞくべく、すそをひろげて威圧感を出したので、完成した石龕は、どこぞの教会の正面のようにも見えた。ただ十字架がないだけの……」[6]云々と書いているのは、二重の意味で当たらない。このような変則的な正面をもつキリスト教会建築はヨーロッパのどこにもあり得ないし、曲線の多用によって水の不安定感、浮遊感を表現することこそ、むしろブノワらの狙いだったと思われるからである。

「大水法」の曲線的デザインは、西洋建築に中国風着想をミックスしたというより、まったくの独創と見るのが適切だろう。そもそも噴水の背後に衝立のようにニッチをつけること自体、ヨーロッパのバロック式庭園では行われない。「観水法」という固定した一方向からのみ鑑賞するよう設計されたからだろうが、特異なことである。ブノワやカスティリオーネは、基本的な道具立てはバロックから調達しながら、ときにはそれを中国風にアレンジし、ときには独創の世界に遊んで、アイデアを形にしたようである。

素人ならではの自由な発想というべきか。設計者の本業があくまで宗教家であり建築家としては素人だったことは、このような不思議な作品を発生させた理由のひとつだろう。参照し得る資料がわずかしかなく、ある意味で見よう見まねで、故国で見た建築の記憶をもとに作業を進めるうちに、本来のバロックから奇妙に逸脱した世界が紡ぎ出されたということではないだろうか。

佐藤氏は、ブノワが噴水の模型図をつくるときに参考にし得た文献として、一七世紀に英仏で出版された建築関連文献数点を挙げている。いずれも、乾隆帝の命令を受けた時点ですでに北京の教会にあり、北京のイエズス会天主教会堂の旧蔵文庫にふくまれる書物である。そのほか、アレーニというイタリア人宣教師が中国で刊行した書物にローマ郊外エステ荘の水オルガンの紹介があり、それにヒントを得てブノワが十二支噴水を構想したとの推定もある。[7] これらの文献と西洋楼の異同を細部にわたって突き合わせる仕事は興味深いにちがいないが、独創的な発想がはばたいた作品だけに、源泉を特定することは不可能だし、その必要も必ずしもないと思う。ヨーロッパでありながら何となしにヨーロッパではない世界。圓明園は、異国の地で果てることとなる宣教師たちによって夢見られた「幻想のヨーロッパ」なのである。

そのことは、ヨーロッパにおけるシノワズリー（中国趣味）が中国文明の本来の姿から逸脱していたのと少し似ている。東インド会社関係者ら中国への旅行者たちが持ち帰ったスケッチ等をきっかけに一七世紀末に成立したシノワズリーは、一八世紀になると大流行し、庭園にパゴダや中国風の橋を建てたり、室内の壁に中国人や中国の文物をこまごまと描いたりすることがヨーロッパの随所で行われた。[8] シノワズリーはロココの壁面装飾の重要な一側面をなす。しかしそれはあくまで西洋人が見た中国であり、「幻想の中国」でしかなかった。圓明園はあたかもその裏返しのように見えてくる。

つぎに、平面図（図2）を見て、全体の構成について考えてみよう。すると、これまで述べた建築の細部の変則性以上に、全体構成が変則的であることに気づかされる。

図9 ヴェルサイユ宮殿鳥瞰図

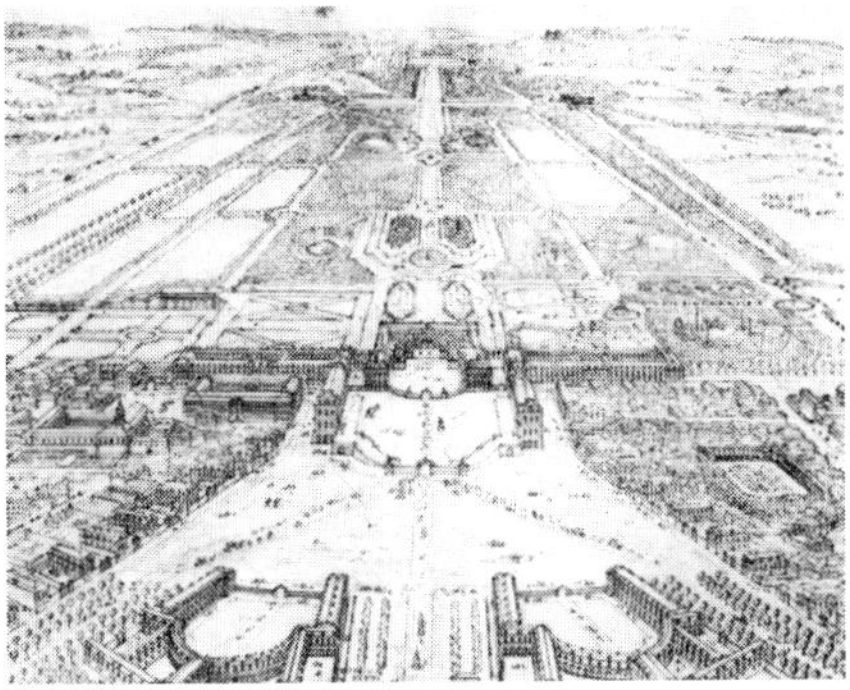

すなわち、「諧奇趣」北側の正方形の庭園から東端の「線法画」にいたるまで、いろいろなポイントが順番に並んでいるだけで、構成というほどのものがないのである。ヴェルサイユ宮、シェーンブルン宮、ニンフェンブルグ宮などドイツやフランスのバロック宮殿とちがって、空間が統一的に構成されることがない。

たとえばルノートル（一七〇〇年没）設計のヴェルサイユ宮は、宮殿中央東側、つまり庭園と反対側にある王の寝室から発する直線が、ヴィスタとなって広大なシンメトリカルな庭園をつらぬき、カナルの果てまで延びている（図9）。地平線のかなたに消えるその軸線は、あたかも太陽王が世界の全土を支配するかのような実感を与える。ヴィスタ上に一直線にならぶいくつもの噴水池は、遠ざかるほど水盤の径が大きくなり、宮殿から遠目にもそれとわかるように設計されている。逆遠近法というが、カナルやボスケ（樹林の区画）の寸法も遠方でだんだん拡大する。空間のすべてが王の居所という一点に収斂するように構成されているわけである。

圓明園の場合は、絶対的権力者が正殿「遠瀛観」に対面して「観水法」に座し、噴水を観賞する部分が、一応バロック庭園のヴィスタに相当すると考えられる。だが南北の軸線は短く、また左右で塀や他の建物によってすぐに視野をふさがれており、庭園全体を統べるというようなものではない。支配力が弱い。「大水法」から東半分は山丘、樹林、方池ばかりで左半分とくらべてさびしくなると先に書いたが、建築の遠方が運河や樹林だけになるのはヴェルサイユ庭園も変わらないにせよ、建築とのあいだに関連づけがあるかないかが異なっている。

圓明園はバラバラな部分の集積なのである。各ポイント（小園）は、しばしば南北方向の塀によって仕切られ、非常に閉鎖的で内向きの性格をもっている。それが、門や小径を介して隣接するポイントにつぎつぎに連結されているばかりで、庭園全体の構成は斟酌されていない。細長い敷地だから順番に並ぶしかないと言えばそれまでだが、長春園には広大な土地があったのに、なぜこのような細長い形としたのかは不明だ。

要するに、個々の建物や噴水は、細部のアレンジにもかかわらず基本的にバロックといいうるのに対し、庭園全体の平面プランは、バロックの感覚からかけ離れている。かなたにあるのが四方八方に広がりつつ求心的に統一された空間だとすれば、ここにあるのは、順番に展開する「絵巻物的時間」なのである。西洋におけるシノワズリーが中国文化と似て非なるものであったように、西洋楼は、平面プランを見ればいよいよ、西洋建築とは似て非なるものであることがわかってくる。

4

圓明園の格別興味津々たるところは、東のゆきどまり、「線法画」と称する区域に、山並みや西洋の家屋を描いた障壁を置きならべ、「方池」を越した西の対岸からこれを眺めるとあたかも外国の都市風景が浮かぶように見せていたことである。庭園に絵画を使ったのはめずらしいが、カスティリオーネ自身画家だったし、アッティレー、シッケルバルトら、やはり画家として宮廷に奉仕していた宣教師たちが彼を補佐して絵の制作を手伝った可能性がある。なかでもフランス人のアッティレーは、西洋楼以外の圓明園の内部に足を踏み入れることができた初めての外国人で、目撃した中国庭園や建築のありさまをパリのイエズス会宛の手紙（一七四三）でくわしく伝え、それが、すでに各地で流行のきざしを見せていたシノワズリー趣味にいっそう拍車をかけることになったという。

線法とは遠近法の意である。イタリアのイエズス会士で、厳密な遠近法による教会天井画で知られる画家アンドレア・ポッツォの『建築と絵画の遠近法』（一六九九）が、中国人年希堯によって中国語に翻訳され、『視学精蘊』の題ですでに出版（一七二九）されており、さらに一七三五年には他の書物の図版を伴って新版が『視学』と改題されて出ていたので、カスティリオーネが手元に置いて参考にすることは十分可能であったろう。なおこの技法書は、後に日本へも伝わったという説もある。

しかし私がもっとも興味を覚えるのは、「線法画」が、単に絵画の技法としての西洋遠近法がアジアに渡来した実例であるということにとどまらず、この区域がバロック劇場そのものだったことである。すなわち、正面から対峙すると、銅版画が示すように、消失点に向かって奥まっていく街路景観の幻影が浮かぶ（図10）が、じつはそれは一枚の絵画ではなく、複数の絵画が中央奥に向かってずれながら並んでいる（図11）というのは、まさしく一七世紀以降にヨーロッパ各地で造られたバロック劇場の構成原理なのである。演技者の背後に奥行き深く可動式のパネルを複数設置し、客席中央の唯一の点、つまり王の座席から舞台を見るときだけ、完璧な田園風景や都市景観が像をむすぶように計算されていた（図12、図13、図14）。

バロック劇場は建物の外にも出る。ヴェルサイユ庭園の樹林のなかには野外劇場がいくつも造られ、

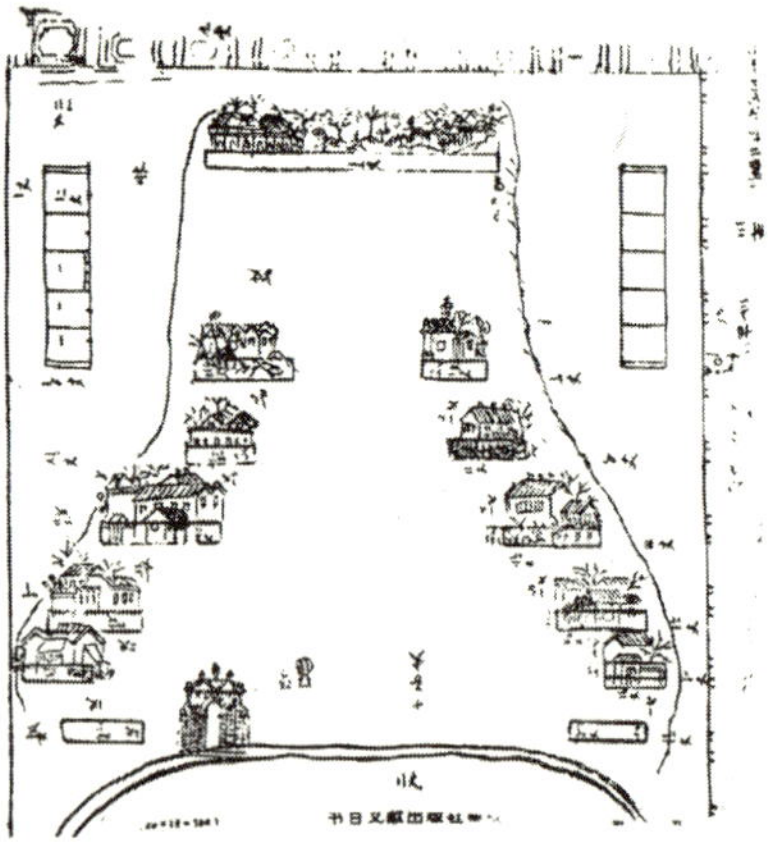

図10「線法画」
図11「線法画」平面図
図12 カルデロンの芝居を上演中（1690）のイタリア式劇場

図13 17世紀のドイツの劇場

図14 17世紀のイギリスの劇場計画図

たとえば宮殿落成祝賀祭典「魔法の島の悦楽」（一六六四年五月）の際は、長い夏の夕べ、モリエールやコルネイユ劇が露天で上演された。またヴィスタ線上に仮設劇場がしつらえられ、実物の宮殿建築を背景にダンスや芝居が行われた様子を多くの版画が伝えている（図15、108頁の図3）。屋内の劇場において遠近法的に計算された背景が果たしていた役割を、この仮設舞台では、実景がはたす。舞台の奥に見えているのがイリュージョンか実物か、ときには錯覚が生じもしたであろう。見えるように描く技法として考案された遠近法を突きつめたあげく、ヴァーチアルな現実を視覚的に創り出すことは、バロック美学の顕著な特質だった。早くはヴェネチア派の画家ヴェロネーゼらが好んで採用し、壁画、天井画へと発展したトロンプ・ルイユ（錯視）のたわむれは、もっとも大がかりな仮想現実の空間である劇場において、ひとつの極限に達する。

一般にバロック劇場では客席、舞台とも奥行きが非常に長いが、圓明園の「大水法」以東の全体が、ひとまとまりの長方形の庭園として劇場に見立てられていたのではないだろうか。「線法山西門牌楼」「線法山」「線法山東門牌楼」などと、すべてのポイントに「線法」の名前がつき、それらが一本の東西の直線で貫かれているからである。

「線法山」頂上からは「線法画」がよく見えたであろう。「線法山東門牌楼」を西側から描いた銅版画を見ると、門構えのなかに、カナルを越えて小さく「線法画」の山並みが実景のように望まれる（図16）。ヴェルサイユ宮殿の、実物を背景にした仮設劇場と同じだ。

　東半分の長方形のブロックは、関連づけなしに「遠瀛観」「大水法」の部分に絵巻物的に接続されているという点では、前節に述べたように非バロック的である。だが、閉じた庭園の内部に視野をかぎるなら、きわめてバロック的と言ってよい。「線法画」で演劇が上演された記録こそないが、空間そのものが劇場化されているからである。西半分とくらべて一見さびしいこの地区は、ヴァーチアルな現実を視覚的に創出するという、バロックの真髄を押さえたものであった。

　私は先に、圓明園西洋楼をあたかもシノワズリーの裏返しと書いた。建築細部における中国風の導入や自由なアレンジ、庭園全体における統一的構成の欠如などが理由だった。しかし小論をむすぶに当たって、より正確な言い方をみつけなければなるまい。なぜならシノワズリーはあくまで西洋人の抱いた中国のイメージでしかないが、西洋人自身が造った圓明園は、かずかずの奇妙さにもかかわら

図15 ヴェルサイユ庭園の仮設劇場
図16「線法山東門」

ず、「線法画」の劇場空間がとくにそうであるように、基本的な道具立てとしてはまぎれもなくヨーロッパ的建築物だからだ。西洋建築でありながら西洋建築ではない、この不思議な感じを、ではどのように言い表したらよいのか。

宣教師たちの作業は、レヴィ＝ストロースのいう「ブリコラージュ」(寄せ集め仕事)か、あるいはフロイトのいう「夢の作業」に近いように思う。フロイトは、人が昼間の記憶や夢想を圧縮したり、他の要素に置換して夜の夢をつむぎだす営みを「夢の作業」と言った。ヨーロッパでかつて見たバロック建築の記憶を素材に、距離があってこその自由と異郷ゆえの不自由のなかで、想像力を遊ばせ、素材に転倒や結合や改変を加え、独自の総合をはかり、東洋で初めての本格的洋風建築をつくりだした宣教師たちの営みは、白昼実行に移された「夢の作業」である。

そのようにして形となった「イリュージョンの園」は、どこか、グロテスクの匂いをただよわさずにはいない。転倒した「大水法」ニッチの柱も、動物像が人体像に置き換えられた大噴水も、「東門」から望見される仮想都市も、さながら悪夢のひとコマのようだ。部分として見事にヨーロッパであればあるほど、グロテスクさは深まる。

実際問題として、施主である乾隆帝の恣意が、圓明園をして完全なバロック建築となることを妨げた状況は、当然あっただろう。地形その他の困難な物理的条件も甘受しなければならなかったろう。膝を屈して中国皇帝の意にどこまでも添うことが、イエズス会士の布教の方法だったのである。諸学や技芸をもって皇帝に仕えることにより、布教の許可や支援を得れば、教会をもち信者数を増やすことができる。随所に変則性を余儀なくされながら、なおかつ確実に西洋建築を築き、遠隔の地に純然たるヨーロッパを実現してのけた宣教師たちのしたたかさに、私たちは舌を巻くべきかもしれない。

乾隆帝がカスティリオーネとブノワに西洋楼建設を命じた時点で、すでに建築関係資料が当地に届いていたことは先に触れた。皇帝の意向から出発した事業のように見えるが、大きな流れにおいては、これはイエズス会の世界戦略の一環であったのだ。時あたかも一八世紀、文明の帝国主義がはじまる時代である。バロック式建築は、文明の世界戦略と一体となって南北アメリカ、アジア、アフリカまで、さまざまな所で建てられていった。装飾がたっぷりとほどこされ劇的で強烈な印象を与えるバロック建築は、世界のいかなる国の皇帝の居城にもふさわしい。スペインのバロックはメキシコ、ペルーを中心に中南米の植民地に移入された。バロックは空前のひろがりをもつ様式だったのである。そして中国にはイタリア、フランス、ドイツのバロックを踏まえる圓明園が建てられた。ヨーロッパ内部でシノワズリーの大流行など東方への幻想が肥大する一方で、同時進行的に、世界の西洋化が進められていた。今は失われて図面や銅版画や写真でうかがうほかない圓明園の西洋楼は、そのような歴史の流れのなかで形となった、白昼の悪夢なのである。

1　中国圓明園学会編『圓明園』一〇一頁以下（中国建築工業出版社、新華書店北京発行所、一九八六年、北京）。

2　華南工学院建築系編「圓明園西洋楼区修復方案構思与設想」註1前掲誌『圓明園』二一九頁。

3　佐藤昌『圓明園』（日本公園緑地協会、一九八八年）。中野美代子『カスティリオーネの庭』（文芸春秋社、一九九七年）。

4 「遠瀛観」の内部には、ルイ十六世から贈られた大きな絨毯がかけてあった。

5 楊乃済編「圓明園大事記」註1前掲誌『圓明園』三五頁。

6 註3前掲書『カスティリオーネの庭』一五二頁。

7 Barattier G. Battista 1656. Du Cerveau J. A. 1607, 1611, 1600. Carlo Fontana, 1695. P. Julius Aleni『職方外記』1623. 註3前掲書『圓明園』二一四頁および二四四頁による。

8 オランダ人ヤン・ニューホフは、東インド会社使節団の随員として中国を旅行中にパゴダなどのスケッチをたくさん描き、帰国後、挿絵集『東インド会社使節、中国皇帝に謁見』（一六六五）を出版する。西洋にはじめて中国のイメージをもたらしたこの画集は、英仏語にたちまち翻訳される。オーストリアのバロック建築家フィッシャー・フォン・エルラッハはこれらの旅行記の都市図や建築図を収集し、新たに描き直して銅版画集『歴史的建築の計画』（一七二一）を出版し、想像上の中国などについて、イメージを流通させた。一八世紀後半からは、大規模のヨーロッパ各地の庭園で中国趣味の影響のないものはないくらい、その影響は著しかった。

＊図版1については『園林府邸』（中国古典建築美術双書）上海人民美術出版社、一九九六年より、2〜8、10、11、16については佐藤昌『圓明園』日本公園緑地協会、一九八八年より、9、15についてはWilliam Howard Adams, "Les jardins en France, 1500-1800", L'Equerre, 1979より、12、13、14についてはPhyllis Hartnoll, "A concise history of the theatre", Thames and Hudson, 1968より転載した。

5　旅先での出会い　古代の劇場に見る文化の形

思いがけないことに遭遇するのは、旅の楽しみの一つである。この夏、フィレンツェで古代ローマの劇場跡を見ることになろうとは予期していなかった。フィエゾーレという、フィレンツェ郊外の小高い山地にある町まで足をのばしてみたのは、たまたまイタリアの旅の途中で半日ほど時間に空きができたからだ。糸杉の坂道をバスに揺られていくうち、フィレンツェの街並みはだんだん遠ざかり、振り返ると、アルベルティが「トスカナの空のようだ」と評したというサンタ・マリア・デル・フィオーレ寺院のブルネレスキ作の巨大な赤いドームばかりが、はるかに夏の日射しを浴びて緑の山々に映えている。

フィエゾーレの歴史は古く、エトルスク文明にさかのぼる。ロマネスク式の小さな素朴な修道院などもあるが、良好な状態で保存されているローマ時代の遺跡がやはり興味深い。見晴らしのよい傾斜

図2 公共浴場跡（手前の階段で劇場とつながっている）
図1 野外劇場跡（下）

地をそのまま生かした野外劇場（紀元前一世紀）（図1）は、規模は大きくないが、半円形の客席の最上部に柱廊を通してあったり、舞台の背後にスカエナエ・フロンス（三階建ての建築物）の基礎が残っているところに、ギリシャの野外劇場との違いが見える。

さらに古代ローマならではの特色は、隣接した土地に浴場が建てられていたことだ（図2）。広い敷地跡には温度の異なる複数の浴槽のほか、冷水風呂、水泳プール、体育用のジムまでそろって立派だ。しかもそれらが劇場と通路で直接つながっていたという。人は自在に行ったり来たりできるのである。ローマの公共浴場は身体的快楽の場であるだけではなく、男たちの社交場であり、哲学的論議も交わせば政治も実際に動く、いわば都市の中心であったが、劇場はそれとまさしく直結した空間だった。催し物が退屈なら観客はいつでもよそへ移動できたのだ。とびきり身体的な、世俗的な日常が、舞台の展開とつねに共存している。観客はフィクションの世界に没入するのではなく、かんたんに現実にひきもどされる。プロセニアム・アーチ（額縁）と遠近法的描写法による背景をもち、現実から切り離された幻想の世界を提供するバロック以降の近代的劇場とはまったく概念がちがうということを実感させられた。

古代式からバロック式へ移行する矛盾に満ちた過渡期の劇場建築として、十七世紀のファルネーゼ劇場の名が知られる。パルマまでそれを見に行くことを、実は当初私は旅の目的の一つにしていたのだが、こちらは不運が重なり果たせなかった。予期しない楽しい発見もあれば、計画通りいかないこともあるのが旅というものなのだろう。

＊図版は、フィエゾーレ観光パンフレット "The Archaeological Area of Fiesole" より転載した。

6　能の現代化

能楽堂にかよい、能を観ていると、どうも観ているだけでは満足できなくなるようなところがある。あらゆる人間に通底する永遠の情念をテーマとした能には、長い歴史をこえて、不思議にうったえかけるものがあるからだろう。能にこめられた魅力を活かしつつ、これを現代演劇として新たに再生させようという試みは、古くは郡虎彦や三島由紀夫の近代能など多くなされてきた。かれらの一幕物戯曲は、同時に能の国際化ということにもつながり、ために比較文学のかっこうの研究対象のひとつになってきてもいる。

かれらが、謡曲に取材しながら室町のことばにこだわらず、自由にみずからの創意のおもむくままに創作し、その結果、能から古色をはぎとって、イェーツのものなどと同様に、まったく別個な演劇を新規に開発することに成功したとすれば、能を現代に生かすにはまた別な方法もある。それは伝統芸能の革新などというよりは、むしろ伝統の名のもとにかくされてきたなまなましい衝撃力をいかにして回復するかという問いかけといえよう。

つまり江戸三百年の過程で式楽として完成され、ひたすら至芸のなかにだけ閉じこもるようになってしまった能楽の下に、それの根のところに、それ以前の南北朝から室町時代初期へかけての世阿弥の時代に必ずや有していたであろうにぎにぎしいエネルギーを、あらためて復元するということである。ここ数年の「橋の会」の一連の試みは、たぶんそうしたことを目的のひとつに置いているものと思われる。

しかしすべて言うはやすく行うは難い。行うことのむずかしさを感じさせるのが、まさしく「橋の会」の試行錯誤の強みでもあろう。とくに、能楽堂という完成された空間のそとへ能をひきだし異質の場所においてその可能性をはかろうとしてなされたのであろう今年の二回の特別公演は、そのことを痛感させた。

たなばたの夕べ、にぶく銀色に光を映す薄い金属製の囲いのなかで舞われた「天鼓」は、前場では老父の屈折した心情、後場では少年天鼓の霊が生前好きだった楽器に再会できた嬉しさに浮き浮きと舞い遊ぶすがたがまっすぐに伝わって、感動的だった。六本木という場所柄、はじめて能をみて感銘を受けた人も多かったろう。演者の肉体を、その運動の流れ、息づかい、皮膚感覚、にじむ汗、風にそよぐ衣装の音などとともに至近距離で受けとることをゆるす、それは新しい体験であった。ふつうの能楽堂のあたかも舞台と客席を象徴的に区切ってしまう屋根がなかったことが、こうした交感を可能にした一因であろう。

世阿弥が重視し、江戸の式楽になってそぎおとされたものに、観客との生きた関係がある。その場その場の相互関係のなかで演能は臨機応変に動いていき、最大の効果「花」を成就させるわけである。その意味では、隔てを取り払い、騒然たる若者の街のなかに死者の霊を呼びよせたこの夜の実験は、能のほんらいの力を復元したといってよいように思う。

ところがその「花」を、桜の木というかたちで実体化してほんとうに舞台上にのせ、より意識的に劇場空間において能の現代演劇化をはかろうとしたと想像される草月ホールでの「重衡」公演のほうは、残念なことに私には新しい経験を与えなかった。南都焼き打ちの重罪ゆえに打ち首となった武将平重衡をシテとするこの曲にとって、奈良坂に咲きみだれる桜は、おなじ修羅物である「箙」にとっての梅の木などと同様、たしかに一曲の中心的なイメージにちがいない。もともと能と植物の縁はきわめて深いのだ。しかし、だからといってそれを目にみえるように実体化するというのはどんなものか。単なる説明か、またはスペクタクル化より以上のものは感じられなかった。それは、ちょうど歌舞伎の花道のように客席内に仮設されて前シテの登場口に使われた坂道についてもいえることである。

歌舞伎のいわゆる松羽目物を見てみると、いやでも目につくのは、もとの能に比して視覚的なスペクタクル性が増大していることであろう。能がよりポピュラーな芸能に改変されてゆく過程で、それは避けがたいひとつの方向だったかもしれない。考えてみれば、能楽の長い歴史自体においても、歌舞中心の厳しい世阿弥の能のほうが特殊であるともいえるのだ。当夜の草月ホール公演は、植物と能が交流する新たな空間を創り出すどころか、額縁的舞台と花道が使われたせいもあって、そんなことを思いださせた。

もうひとつ気になったのは、場内の異様な暗さである。闇を貫いて演技者にだけくっきり照明が当てられる。黒い闇は、物語の幻想性を高めるために効果的だったであろうか。そこだけ白く浮かび上がるシテの舞い姿は、亡霊らしさが強調されて、夢幻能における修羅の苦患がより印象的になっただろうか。この点についても疑問に感じざるを得なかった。ふしぎなことに、かえって現在能を見せられたような気分になった。

「映画館の闇のなかに映画の魅力はひそんでいる」とロラン・バルトは書く。にもかかわらず、いや、だからこそと言うべきか、「映画は人為的に狂気をよそおい、狂気の文化的記号を提示することはできるが、その本性からして決して狂気となることはない。映画は単にイリュージョンにすぎない」ということになる。暗闇のなか、もっともらしく幻想的に浮かび上がる舞台は、その実、またしても文化的記号化つまりポピュラー化へと傾斜する結果になってしまったのではないだろうか。修羅も狂気ももはや消毒されて、そこにはただ修羅のイリュージョンだけが現前することになるのである。

夢幻能の大きな魅力は、冥界から出現した存在とのゆくりなき出会いにある。絶ちきれぬ思いを残して死んだ人間が、その思いを訴えずにいられなくてどこかの場所にあらわれる。それをうけとめるワキがあり、また化身たる前シテがあってこそ、観客と後シテとの衝撃的な遭遇はささえられ、イリュージョンならぬ現実となりうるのである。

客席が暗闇に沈んでいてはならないわけは、今やあきらかであろう。観客は演技者に自己を同一化するのではなく、むしろ魅惑から距離を置き、批評的にいわば目覚めていなければならない。かれは物語のなかにいる必要があるが、しかし同時に他の場所にいることも必要なのだ。空想や錯覚のなかではなく、現実のどこかの薄明るい場所で、ワキとともに何者かの到来を待ち受け、その狂気や無念の思いをわが身に受け止めるのである。

能の舞われたその日、その時、その場所で、もしや自分はほんとうに一人の他界の存在に遭遇したのではなかったか、という思いを観客に与え得たなら、その演能には「花」があったというべきであろうか。考えるほどに、ふしぎに能楽とは不安な芸能である。

7　追悼　多木浩二

多木浩二の知己を得たのは、以前勤務していたある美大でたまたま同僚となったことによる。氏が『眼の隠喩』『「もの」の詩学』を出版され、独特な記号学的方法によって、写真・美術・建築の批評から歴史や文化そのものの研究へと活動領域を広げつつあった頃である。ぎらぎらと精悍でかつ澄み切った大きな眼が印象的だった。もう二五年以上も昔のこととは信じられない。

その後多木氏は大学を辞められ、私もほどなく他大に移ったが、ご縁は続き、コンテンポラリー・ダンスや内外の建築を見に同行したり、芸術と思想をめぐるあらゆる問題について果てしなく議論したり、親しくさせていただいた。何年か前に岩波の編集者たちとともに氏の建築論を聞く連続研究会を持ち、建築とはこのように見るものだったのか、と毎回ウロコの落ちる思いをさせられたのも楽しい思い出である。

多木さんの思い出を語ればきりがないが、仕事について言うなら、メープルソープ論を経て『肖像写真』に至る肖像論の系譜や入魂のキーファー論『シジフォスの笑い』など芸術関係の著作の魅力もさることながら、驚嘆するほかないのが、サブプライム・ローン破綻に先立つこと一五年という時点で東京郊外のニュータウンがかもす不安から筆を起こす卓抜な都市論『都市の政治学』や、帝国主義戦争から内戦へと変化する二〇世紀の戦争を論じ来たった最後に、イスラムと米国の間の危機を憂慮し、九・一一事件に先立って「米国の帝国化、世界の戦争化、戦争の世界化」を明確に指摘した『戦争論』の示す鋭敏な歴史感覚である。

多木さんは今まさに動きつつある現代を、芸術作品の中に、いや誰も気に止めないちょっとした歴史の星屑のような事象の中に鋭く見出していたのだ。そしてそのかなたにいつもどこかしら廃墟を見、カタストロフを見ていた気がする。私が彼をさしずめ「日本のベンヤミン」と呼ぶ所以である。

多木浩二はこれからも人々を刺激し続けるであろう。広範な業績は今後しっかりと研究され、価値を確認されなければならない。しかし彼のような人が再び現われることはないであろう。

最晩年、平塚の入院先に何度かお見舞いに伺ったが、いつもニコニコと穏やかな表情でおられ、話を交わす間にも「早く退院してまた本が書きたい」と、あの大きな眼でまっすぐ前を見ながらおっしゃっていた。

感謝をこめてご冥福をお祈りする。

第三章　詩から始まる

1　アルチュール・ランボオ「花々」　物質の詩

FLEURS

D'un gradin d'or, —— parmi les cordons de soie, les gazes grises, les velours verts et les disques de cristal qui noircissent comme du bronze au soleil, —— je vois la digitale s'ouvrir sur un tapis de filigranes d'argent, d'yeux et de chevelures.

Des pièces d'or jaune semées sur l'agate, des piliers d'acajou supportant un dôme d'émeraudes, des bouquets de satin blanc et de fines verges de rubis entourent la rose d'eau.

Tels qu'un dieu aux énormes yeux bleus et aux formes de neige, la mer et le ciel attirent aux terrasses de marbre la foule des jeunes et fortes roses.

とある黄金の階段座席から――絹の紐や、灰色の薄い紗や、緑の天鵞絨《ビロード》や、日向の青銅のように黒ずむ水晶の圓盤が入り亂れる間に――私は見るのだ、銀の線條細工と眼と髪の毛で織られた絨毯の上で、ジギタリスが花開くのを。

瑪瑙の上にばら撒かれた黄色い金貨、エメラルドの圓屋根を支えているマホガニーの柱列、白い繻子の花束、ルビーの細い莖、それらが水の薔薇をとり圍む。

巨きな青い眼をもち、雪のいろいろな形をした神様のように、海と空とは、大理石のテラスに若く強い薔薇の群を引き寄せる。

この作品は、G・カーンらによって初めて公にされたランボオ（一八五四～一八九一）の詩集『イリュミナシオン』（一八八六）に収められている。『イリュミナシオン』には、一八七五年頃までに制作された詩人としては晩年の散文詩が集められている。よく知られているように、ランボオは、一八七一年にいわゆる「見者の手紙」に示されたような次元的に新しい詩境への覚醒を体験し、故郷シャルルヴィルをあとに首都に向かい、きわめて意図的な文学的試みを追求して来たが、この散文詩集以後ふっつりと文学から離れ、放浪生活へと転進して行った。

「花々」という詩篇の成立時期については、拠るべき確実な資料が発見されていない現在、正確な事情は不明である。もとより制作時期によって作品自体の価値に変りはない筈だが、この作品の場合はことさらであろう。

一般的に見て、『イリュミナシオン』の世界を特徴づけるものは、さまざまの怪奇で謎めいた光景であるが、その中でも殊に、詩人の実生活の一部なり、思想、感情なりがほとんど記されておらず、また作者による説明のような言葉も一切なく、ただ眼前の景観を純粋に客観的に言語に映し出そうとする偏執的なまでの努力が現われている作品群がある。ここに取りあげた「花々」もその一つだが、ほかに、「橋」「岬」「街々」「神秘的」「轍」「メトロポリタン」「場面」「卑俗な夜曲」などが挙げられるだろう。そこに描かれた内容が、実景にせよ夢幻にせよ、その一瞬一瞬の視像の明瞭さ強烈さは疑い得ないが、作品の全体像は、よほど巨視的な視点に立って眺めるのでなければ到底定かにならぬまでに、イマージュ群は渦状星雲のごとき複雑な様相を呈している。

「花々」は、これらの中ではむしろ比較的単純な部類にはいるけれども、それにしても熱度高い多彩華麗な景観を前にして、読者は次々と展開される常識的規準を全くはずれた奇妙な世界に対峙することを強いられる。この場合、詩を理解するための予備知識を作品の外部に求めようとしても結局、益少ないであろう。それよりは自らの虚心な眼でテキストそのものを読み直してみることこそ肝要であろう。ほとんど全篇が名詞か名詞句の並列から成るこの短い詩は、三つの文章で構成されているので、これに準じて三段に区切って読むことにしよう。

「とある黄金の階段座席から——」冒頭、早くも私達は謎に直面する。gradin は本来円形劇場の階段座席の意味だから、ここを詩人の視点と見て、詩は一貫して劇場内部を描写したものと考えるならば、絹の紐などの布類は自然観劇者の座席の飾り、水晶の円盤はシャンデリアのような照明、そしてジギタリスの開花以降終りまでの部分はすべて舞台の上に演じられる事柄であるといった一連の解釈が成り立つであろう。もともと、ランボオは芝居が好きで、演劇は『イリュミナシオン』の主要モチーフの一つであった。

或いは、劇場と限らず、建物内部に階段を有する巨大な宮殿などを歌っているとも考えられる。またはこれは陽の当たる山腹の謂であり、一連の錯綜するイマージュ群は山野に生い繁る自然の植物のことかも知れない。煩を避けてこれ以上は挙げないが、ほかにもまだまだ解釈の可能性はあるだろう。だがあまり先を急ぐまい。いずれか一つの意味のみを性急に探し求め統一的整合的に作品を解釈するのではなく、いろいろな意味に取れる言葉、極言すれば読む人の数だけの読み方を許すとすら見えるランボオの言葉を、その複合的な全体の姿そのままに味わう態度を維持すべきであろう。

というのは、たとえば「場面」と題する『イリュミナシオン』所収の別の作品中に、

雑木林を冠に戴いた円形劇場のてっぺんで夢幻劇が回転する

という、共通性のある詩句が見出されるが、この例では明らかに野外の傾斜地の風景と劇場とが重ね合されている。「花々」の場合にも同様な二重映しが指摘できるだろう。私達は、二重三重の意味がめまぐるしく行き交う中で今しばらく忍耐してイマージュ群の間を往復してみるほかはない。

さて斜面の上に入り乱れる絹の紐、薄い紗、ビロード等は、いずれも抑えた光沢のある手触りの柔らかな、いかにも繊細で華奢な織物類であり、水晶の円盤は、硬い鉱物には違いないが陽光に当たって翳り微妙な色の変化を見せるという優美さを持つ。これらすべては複数名詞で表わされる。そこへ忽然として一本の自然の花がぽっかりと開く運びになる。花の背景に存在するのはまたしても奇怪な

物質で織り成された絨毯である。
この織物をよく観察すると、銀の線条細工は、前に出た薄い紗が布から金属へと変質したように見え、同様に眼は水晶の円盤から、髪の毛は絹の紐からそれぞれ有機性のものに様相を変じており、さらに絨毯もビロードから連想できるだろう。以上眺めれば、第一段を埋め尽すイマージュ群には実は相互に親近性、連関性があり、繊細なものから次第に濃密なものへと深まってゆく推移をそこに読みとることも可能だろう。

精密なペン画か銅版画のような光景のただなかに、唯一単数形で示されたジギタリスの花の出現は、いかにも唐突な印象だが、現実のこの植物は、すっくと丈高く直立して、夏、紅紫色で斑点のある釣鐘形の花を多数つけ下から順に開花し、全体に繊毛に被われており、有毒で薬用に使われるという。しかし優美よりもややグロテスクなこの植物の、色や形の描写は一切ないため、読者には、これがどんな状況に置かれているのか、一体本当に自然の花かそれとも芝居の書割かも判然としない。

ただ、すでに咲いた花ではなく、花が開くのが見えると書かれている点は注目すべきである。開く s'ouvrir という動詞が介在するゆえに、色や形などの状態ではなく、花のまさに出現する瞬間の運動そのものが一挙に印象付けられる。説明がないだけになおいっそう、充溢し爆発する植物的生命力が純粋に捉えられているのではなかろうか。距離を置いて対象を観照するというよりは、詩人の眼前で発生する詩的ヴィジョンをその現場で捉え、一回限りの出来事を直ちに定着しようとする姿勢が読みとれる。この詩人にとって、すでに開いてしまった花の美などは確かに関心の外であったろう。

次の段に移ると詩句はまた新たに別なヴィジョンへとおもむく。このように、ランボオの作品においてはしばしば一つの段と次に続く段との間に脈絡や発展が見つけられない場合が多い。そこから、彼の詩は絶えず出発する詩、常に現在時の詩と評されるのかも知れない。

第二段は、まばゆいばかりに色鮮かな金属と宝石で形造られる壮麗な景観だが、池のある宮殿の庭園の様子と見るのが素直な見方か。そうすれば、以下金貨は地上に咲く花々、柱は緑色に茂る樹々、孺子は白い花、細い茎は池の端に生育する植物を意味するようになり、いずれも等しく鉱物や布など別の素材に変貌を遂げた植物であろう。無論これが唯一の妥当な理解である根拠はどこにもなく、異なる解釈も成り立ち得ることは前段同様である。しかしその場合見過ごしてはならないのは、たとえば「白い孺子の花束」を例にすれば、これは植物を布になぞらえたとも、またちょうどその逆とも、どちらにも考えられる点である。つまり孺子と花とは全く同格であり、決して「のような」という比喩によって一方が他方に従属するわけではない。ランボオの強力な想像力の中では、双方の意味が同等の現実性を獲得している。このような、詩的現実における感覚の惑乱をも招きかねぬ両義性、多義性こそ彼の詩を一貫する特徴でもある。そして、たった一つの意味一つの対象だけをそこに当てはめることによって失われるものは、各語の音やイマージュが持っている物質そのもののごとき存在感なのである。

ところで、ここで私は、階段や回廊を有する巨大な宮殿と庭園の光景を描いている、ボードレール『悪の華』の一篇「パリの夢」の一部を引合いに出したい誘惑を覚える。この詩からは、植物の類は一切追放されてしまっている。

階段と拱廊を重ねたバベルの塔、
それは燻し金や艶出し金の水盤の中に
落下する泉水や飛瀑の
数多く満ちた無限の宮殿だった。

そして水嵩豊かな瀑布は
水晶の幕のように
金属の絶壁に
燦然と輝きながら懸っていた。

木立ではなく柱廊が
睡っている池を取り囲み
そこには巨大な水の精《ナイアード》らが
女人のように水に姿を映していた。

作品の十三行目から二十四行目までに当るこの部分は、水と水晶、樹々と列柱、壁と金属の交錯などの点で、影響関係の追究は別として、「花々」と相通ずる。しかし詩法を比較してみると、たとえば二連目第一、二行で水晶は滝の比喩でしかないし、三連目第一行の詩句なども言葉が理性的に整理されていて、ランボオの簡潔で凝集力ある言葉との間には距たりがある。ボードレールにおいては、あらかじめヴィジョンが出来上っておりそれを言葉が翻訳し表現する。ところが一方ランボオの場合は、語自体がヴィジョンをつむぎだすのであり、そこから堅固な物質感が生まれてくると言えよう。

さて第二段最後に登場する水の薔薇だが、その意味するところは何か。研究者達を悩ませてきた問題である。複数名詞によるイマージュの連続の後に、これのみ単数形で何らの形容も伴わずにゆったりと姿を現わすありさまは第一段のジギタリスの時と同じ構造であり、この段の中心的位置を占めるものであることが推察されるが、その解釈は議論が分かれる。

この段では金貨以下さまざまの材質が連続する点から推して、水も材質の一つと考えれば、水の薔薇とは小さな池全体か、或いは一部の水の表面の戯れを花と呼んだものであろう。ちなみに詩人はかつて韻文詩「酩酊船」の中で海の怒濤の波頭や渦巻を明暗とりどりの花々に見立てたこともあった。また、素直に睡蓮のような水生の植物の謂とも解し得る。すると、水の流れを中心主題とした韻文詩「記憶」の中でも水生の花が歌われていたのがさし当たって思い出される。五節に分たれたこの詩の第二節において、

一ルイ金貨よりも浄らかに、黄色く熱い眼瞼、水の金盞花よ……夫婦の誓よ、おお人妻！

と歌われている水の金盞花 Le souci d'eau とは、正式には猿猴《えんこう》草と呼ばれる水草である。それが一ルイ金貨に喩えられ、また黄色は結婚を暗示する色であるため人妻をも喚起するわけだが、この部分の

前後では、流水の水面には真昼の日輪が反映し、まるで印象派の画布のような、明るい外光に溢れる情景が叙されている。「記憶」終末部、第五節になると、調子は一変して悲哀の色が濃くなり、水に咲く花々は、生の歓びとは反対に挫折と隔離の象徴となり変って立ち現われるであろう。水生の花は、このように連想をはたらかせ象徴的意味まで思いをめぐらせばますます謎に包まれたままである。

水は本来女性的な要素と言われるが、「花々」の硬質な鉱石の大群にとり巻かれて、とり巻かれることによってその存在が浮び上がる一輪の la rose d'eau も、説明がないだけに、神秘をひそかに胸にたたんで沈黙している女性的魅惑の集中的表現のように感じられる。それにしても、「パリの夢」引用部最後の二行の、見えたものが明確な造形的輪郭を有して整えられ、従って固定的な印象を与える表現からは何と遠いことであろうか。ランボオの言葉は、照明を当てる角度に応じて玉虫色に変化すると言えよう。

最後の段は、またしても不可解極まるけれども、読む人はここで突然巨視的な拡がりの中へ引き出される快さを覚える。巨きな青い眼とは海と空の色彩を、雪の形とは薔薇の群の背景になる大理石のテラスを表わしていると読んでみよう。海、空、大地から成る風景が、広大な視界の中で、捉えがたくも神様の姿に変貌を遂げて行くように見受けられる。

ただ一輪ひっそりと沈黙していた前段の水の薔薇の代わりに、今は数多くの「若く強い」青春の気に溢れた薔薇が群をなして、まぶしい白さが映える大理石のテラスの方へと引き寄せられてゆく景観は、まさに自然のそして植物の生命力の讃歌ではないだろうか。一本のジギタリスの開花、一輪の水の薔薇の登場のあとを受けて出現する、運動して行く大量の花々は、風景の神様への変容とあいまって甦った無垢な原初的自然の完成を感じさせる。この段と、『イリュミナシオン』中の一篇「美の存在」との内容的類似も指摘できるだろう。

以上作品に即して一通り眺めて来た。だが稿を結ぶ前に、花という主題に託された詩人の中心的問題は何だったのかを考えてみよう。もとよりランボオの詩作全体を通して植物の世界は実に豊饒であり、花の抒情の重要性とその種類の豊富さには誰しも注目せざるを得ないほどである。そこには田舎出身という事情も関連するかも知れないが、しかし彼は決して自然の花を歌う単なる田園詩人だったことなどはない。さかのぼって、例の「見者の手紙」直後に書かれバンヴィルに献じられた「花について詩人に語りしこと」と題する詩篇の中でランボオは、高踏派など先輩詩人達の作風をもじったり、揶揄したりしている。それでは、高踏派好みの感傷的な異国趣味の花などを退けて彼自身はどんな新しい花を提出したであろうか。この長い詩篇の中には、「鼻面にも似た花々」「ほとんど石と化した花」など、動物・植物・鉱物界を混ぜ合せた、幻想的で滑稽な、独創的な花々が咲き乱れている箇所がある。それが答えであった。以後この詩人の与えてくれる花はいつも実に奇妙である。例を再び『イリュミナシオン』から二、三拾ってみよう。

森のへりで夢の花々がうなり、爆発し、光っている。（少年時Ⅰ）
熱い花々とバッカスの祭とに飾られる砂丘（岬）
堤防の斜面では、我々の武器や我々の盃のように大きな花々の収穫がうなっている（街々）

これらに類する、いわばアニミズム的夢想に浸透された花々は沢山あるが引用は以上にとどめる。こうした夢魔的機能を持った花々は、とても造形美の対象などではあり得ず、むしろ過剰な溢れる生命力の表出ではなかろうか。なおこれらはしばしば、山岳、丘、斜面など大地の隆起した場所、土地の裂目、森のはずれなどに姿を現わすことも目立った特徴である。私達が取りあげた散文詩「花々」はそのひとつの極限点を示す作品だろう。以上のように見てくれば一層、最初の部分の黄金の階段座席という傾斜地の上に入り乱れひしめく事物は実は植物かも知れず、緑色のビロードは山腹に茂る草木の類かも知れないと推察される。

ただその場合、繰返しになるけれども、織物を比喩として使って自然の草木を叙述したわけではなく、あくまで複合的全体的なイマージュが存在している点こそ大切なのである。エメラルドの円屋根という詩句にしても、樹の葉むらと宝石と、この界を異にする物質が渾然一体となっている。葉むらにひそむ植物的エネルギーが夢想の中で凝固して密度高い鉱石に変容したと言い換えてもよい。そして、この作品に氾濫する鮮明な色彩は、いずれも決して表面から染めたり塗ったりした装飾の色ではなくして、物質自身の色であり、硬い肌の深奥から顕われ出た実在そのものの色にほかならないことも見落とさずにおきたい。

ランボオの作品は多様な解釈の可能性を許しながら、結局いずれの特定の解をもどこかではみ出してしまうものを持っている。多くの可能性の向こうに、作品は、不透明感を備えたイマージュと音の集まりとして、依然存在する。詩全体が、あたかも陽に当たって黒ずむ水晶の円盤のように、読む人のまなざしに応じて変貌するのである。そして、この一種の理想郷のような世界が、もし仮りに幻覚剤アシーシュによる束の間の人工天国の体験にすぎないとしても、それにもかかわらず、比類ない臨場感を持ってそれを獲得しているのはランボオの詩の言語だということが重要だ。

もうこれ以上削れないまでに削られた、カットしたダイヤモンドのようにエネルギーをこめられた言葉は、一回限りの言表のうちに世界の多様な面を包摂し得る方法となった。一つの言葉や一つのイマージュが必ず特定の一つの意味を示すと約束された世界つまり理性と行為が支配する日常現実世界を遠く離れて、ここには、一であって同時に多であるような不透明な世界が成立している。

詩は、すでにすっかり出来上った思考やヴィジョンを表現し伝達する記号ではなくて、自分の自然を自分の裡に持ち、自分が自分であることを外にさし示す実質となった。それを発見する所にこそ、ランボオを読む驚異があり、またフランス現代詩はボードレールからではなくランボオから始まると言われる所以もあるのだろう。

2　新古今への親炙　立原道造と短歌

ひら〳〵光る草の葉、摘み切つて唇にあてた。撫子の花が黙つて見てゐた
夢で見た空だつた。際涯《はて》のない、ひつそりとして澄んだ――
忘れてゐたいろ〳〵な言葉、ホウレン草だのポンポンだの――思ひ出すと楽しくなる
胸にゐる擽つたい僕のこほろぎよ、冬が来たのにまだお前は翅を震はす！
長いまつげのかげに女は泣いてゐた――影法師のやうな汽笛は遠く
昔の夢と思ひ出を頭の中の青いランプが照してゐる、ひとりぼつちの夜更
行くての道、ばらばらとなり。月、しののめに、青いばかり
貝殻みたいな朝だな、明るい窓際で林檎を僕はかぢつてゐる
花はらはら咲いて、青空、木の間に光つた。夏近づいた風のにほひ

あなたが目の前に坐つてゐた、目の前に黙つてゐた。短い間の油のやうな空気！

立原道造（大正三年～昭和十四年）は、戦争前夜にかずかずのすぐれた詩作品を発表して夭折した。昭和十三年刊行の二冊の詩集『萱草《わすれぐさ》に寄す』、『暁と夕の詩』におさめられた詩篇を始めとして大半の作品はやさしい口語で書かれ、ヨーロッパの短詩型である十四行詩《ソネット》形式によっている。のちのマチネ・ポエティク押韻定型詩ほど厳格でなく単に十四行で書くだけの緩やかな枠組だったとは言え、歌人がつねに三十一文字のなかで歌を詠むように、立原はこの形式の枠を遵守しつづけたのである。

近代の詩人たちの例に洩れず、立原も若年のころまず短歌に親しみ、そこから詩へと出発して行った。府立三中時代、一高時代には盛んに短歌を作り、雑誌などに発表している。角川版の全集第六巻には、昭和四年から十一年に至る、数にして百七十六首にのぼる短歌が収録されている。

昭和七年頃に三好達治の『南窗集』に刺激されて四行詩《カトラン》を試みるあたりから、立原の好みは詩に移り、以後みずから短歌を作るということから遠ざかってしまう。だから短歌は、立原の場合いわゆる若書きというほかはない。だが、決して数多くない短歌をまとめて読んでいると、のちのソネットの世界を特徴づけるものがすでにはっきりと姿を現わしていて興味深い。

ごく初期は主として啄木の影響下に三行分かち書きによる文語定型の作品を作っていたがやがて白秋調に変わり、そして大正末期あたりから盛んになりだした口語自由律短歌に関心が移り、多数の作品を試みるようになる。前田夕暮主宰の歌誌「詩歌」に、三木祥彦のペンネームで発表した口語自由律の作品からいくつかを選んで、別枠に掲げておいたので参照されたいと思う。これらは立原文学の代表作というわけにはいかないが、出発の地点で将来の詩人の資質がすでにどのように表われているか垣間見る興味がある。

これらは、見かけほど明るくも無邪気でもない。「ひら〳〵光る」、「花はらはら咲」くなどの音の繰りかえしを楽しむなど、言葉をまるで色とりどりのオモチャのように扱って一見愉快だが、たとえ、草、花、空、木、風など自然の風物が歌われても、自然の生々しい存在感が奇妙に欠けている。自然の発露というもの、実際に体験された感情の実質的な厚みが、感じられないのだ。あるのは言葉ばかり、それも何かしら人工的な、戯れめいた虚構を感じさせる言葉である。ここではモダニスムの影響といった外的な原因を詮索するよりも、立原自身の詩人としてのありようを考えてみるほうが適切であろう。

彼はのちに友人への書簡の中でなにげなく、

高等学校三年頃から自分の感覚的な素質の欠乏に気づいたとき……（昭和十一年二月　橘宗利宛）

と本心を洩らしている。

立原にとって文学は、「表現」すべき現実や自然や感情や体験の欠如を自覚するところから始まったと考えられるのである。このとき言葉は現実を表象する安定した道具ではなく、架空の世界として自立してくることになる。彼は晩年につぎのようにも書く。

あそびがこんな場所では考へられてゐた。あそびでなくて、誰がここで生きられるか。あそびとはかなしい人工の極みを指してゐた。（昭和十二年一月　生田勉宛手紙）

一般には軽井沢や追分の自然や恋愛を繊細なことばで歌った、脆弱でやや甘たるい抒情の世界と受けとられがちな立原の文学には、じつはこのようなアイロニーがふくまれている。

しかし、少し話が先走りすぎた。立原は前述したように昭和七年を境に短歌から詩に回心する。最初に編んだ詩集が、十二篇の四行詩から成る『さふらん』だが、じつはそのうち五篇までが、「詩歌」誌上ですでに発表した口語短歌を四行詩化したものであった。このように短歌から詩への移行はなだらかになされ、やがて十四行詩へと成長してゆくのである。『さふらん』から、「月夜のかげは大きい」という大変面白い味わいを持った詩を掲げておこう。

月夜のかげは大きい
僕の尖った肩の辺に
まつばぼたんが
くらく咲いてゐる

この時期以降、短歌を作ることからは遠ざかるが、読むことのほうはますます熱心に続けてゆく。立原が『新古今和歌集』とくに定家、雅経、式子内親王の歌が好きだったことはよく知られているが、彼らから語彙、修辞法、モチーフなど、多くの栄養を得て自身の詩の世界を豊かにしてゆくのである。彼の詩と新古今の歌の世界の具体的な関係を数えあげればきりがないほどだが、ひとつだけ例をあげれば、式子内親王の、

ほととぎすそのかみ山の旅まくらほの語らひし空ぞわすれぬ

という名高い歌にはことに愛着が深かったようで、物語に引用されたり、「鳥啼くときに」という題のソネットに歌い替えられたり、評論中にも扱われるなど、くりかえし立原の文学に登場する。

それにしても、万葉や古今でなく新古今の世界に立原が心を引かれたというのは、いかにもという気がする。

よんでゐるのは、藤原定家歌集。（秋の夜のかがみと見ゆる月かげは昔の空をうつすなりけり）（いまぞ思ふいかなる月日ふじのねのみねに烟の立ち初めけむ）これが万葉の歌より、いまの僕の心に近いといへば、それは僕の心がかげ日向多く、うつくしきもの念ふことしきりだといふのだらう。（昭和十年九月　小場晴夫宛手紙）

新古今貴族もまた、世は武家の手に渡った時代、安定した存立の基盤をすでに喪失しながら、その現実を文学の次元で拒否し、過去の平安王朝美学の世界にたてこもり、想像力の次元に人工的で技巧

的な美の宇宙を仮構していったのである。新古今の歌と立原の詩に共通しているのは、喪失、さまよい、人間存在のはかなさ、漂泊、不安のテーマである。それをあらわな言葉で表現するのではなく、レトリックを増殖させ、花やかさや明るさすら、紡ぎ出してゆくのが立原の詩法だったと言えよう。
彼の詩に接したとき、人はその優しい調べに心惹かれながらも、奇妙な無意味さ、幼なさ、無思想性、非現実性とでもいうべきものに突き当たって、戸惑わずにはいられない。これは抒情の発露という態の文学ではない。
そしてそのあたりに、立原の詩の今日性、いまなお近代詩として整理され切らず現代詩でありつづける理由も探ることができるだろう。

口語自由律短歌にも、夜ふけの青いランプのイメージがすでに見出されたが、ランプはくり返し歌われるものの一つである。その代表作として「私のかへつて来るのは」というソネットから第二連のみ抜き出しておく。

ランプよ　おまへのために
私の夜は　明るい夜になる　そして
湯沸しをうたはせてゐる　ちひさい炭火よ
おまへのために　私の部屋は　すべてが休息する

さまよいが立原の詩のほぼ唯一のテーマだとすれば、さまよいの末に帰りつくべき家、そこで一切が休息できる場所もまた最大のテーマであった。ランプは、そのような稀なる親密なひとときのよすがとなるイメージなのである。

第四章　哲学すること

1　哲学の師　関屋光彦先生を送る

関屋先生の思い出は、御縁につながる人ごとにそれぞれ異なるであろうが、私にとっての関屋先生は、哲学の教師ということに尽きる。

最初にお目にかかったのは先生の「デカルト講読」という演習授業の教室だった。五里霧中のさなか自分を確立する手掛かりを求めて、学校（ＩＣＵ）の授業などそっちのけで古今の哲学書を渉猟しては、よけいに深まる霧の中で悪戦苦闘していた当時の私にとって、デカルトを読んだのはそのときが初めてではなかったが、なにかしらホッとするような、なあんだ、こんなことでよかったのか、と安心させられるような感じがあった。

『方法序説』という素材自体の青春の自叙伝ふうな率直な書き方や、みずみずしい平明なフランス語によるところも大きいだろう。しかしあの印象は、今思えば関屋先生のあたたかいお人柄や品格と同時に、その御身にそなわった豊かな西洋の人文主義的教養の力そのもののなすところだったのだ。

その後古典共同研究会が作られることとなり、まだ準備段階に軽井沢において開かれた夏の合宿研究会から私は参加させていただいた。翌年以降積み重ねられた毎夏の軽井沢の集まり、東京での例会、そして今日まで続いて二十余年になんなんとする古典研の一メンバーとしては、私はそう熱心なほうではなかったと思う。だが、とくに会の発足前後から数年間のあいだに関屋先生のもとで学んだものが、思いのほかに自分の人生の糧になっていることを感ずる。それは教養の力というものである。

教養と言ったのは、単にみんなで共同で読むという機会がなければなかなか読まないような専門外の分野の書物に広く接することができたといった浅い意味ではない。私は狭義の哲学研究を専門とはせず、芸術や文学の方面に進んだ。幸い、既成のアカデミズムのわくを出てつねに本質的な地点に立ち返るような仕事が勇気をもってでき、しかも諸問題に対していつも素朴かつ的確な判断力を失わずに来られた背景には、西洋の古典の教養がたしかにある。自分でこのようなことを言うのがおかしいのは承知しているが、関屋先生から授かったものを語りたいまでなので、この場に免じて許されたい。

どんなに時代が推移しても、また世界のどこに住む人にとっても、真に読むに値するものはプラトンでありアリストテレスであり、デカルトでありパスカルであり、西洋の古典だけであるということを先生は教えて下さったのである。それらは直ちに面白おかしくもなければ、現代の問題に対応しているわけでもない。原文に就くに越したことはないが訳書ででも、直接原典を自分で読むことが大切だということを教えて下さった。専門の研究者が論文を書くために読むような読み方ではなく、むしろ一人の人間として読むこと、その努力を通して自分の頭と心で物事を考えていく方法をつかみ取ることが重要なのだということを教えて下さった。

日本において西洋哲学や哲学史の専門家とされる人々の多くが、紹介者や注釈者や祖述家ではあってもみずから哲学することはまずなく、したがって哲学史を現在の時点で先に推進しうる力を欠くという事実を私たちは見せつけられてきた。その「哲学する」と言ったときに必要となる底力こそ、まさに西洋の古典の教養、人文的教養にほかなるまい。

年若い、人生の出発時にこのようなことを教えてくれる人に出会えたことを、私は幸運であったと思う。得がたい僥倖であったと思う。感謝あるのみ。

2　読書案内　翻訳論に関連して

ルネ・デカルト『方法序説』（落合太郎訳、岩波書店）

「理性あるいは良識はこの世のものでもっとも公平に配分されている」、「森の中で道に迷ったならば、一カ所に立ち止まったりあちらこちらとさまよい歩かず、できるだけ真っ直ぐに歩くべきである」とデカルトは言う。当面の主題が「翻訳について」であれ何であれ、およそ思索する以上、私たちはどんな権威にも服従せずあくまで自力で考えることを鉄則としたい。権威ある学者や思想家の発言を繰り返したり他者の方法を「使う」ことなどに走らず、それらを再検討に付し、たとえ歩みは遅くとも自前の思考を進めたい。万人に「哲学すること」を教えてくれる永遠の基本書であり、励ましの書でもある。

ワルター・ベンヤミン「言語一般および人間の言語」「言語社会学の問題」『言語と社会』ベンヤミン著作集3（佐藤康彦訳、晶文社）所収

ワルター・ベンヤミン「翻訳者の使命」『ボードレール』ベンヤミン著作集6（円子修平訳、晶文社）所収

あらゆる翻訳は諸国語の異質性に対処するひとつのともかくも暫定的な方法にすぎないという事実を承認しつつも、オリジナルを理解できない読者のためにおこなわれる単なる技術として見ることなく、翻訳概念を言語論のもっとも深い層のなかに基礎づけようとした一連のねばり強い論考。翻訳論を切り口として、言語一般の本質を伝達以外のところから考える。もとの作品のなかにとらえられている純粋言語を成熟させ、改作のなかで解放し、再獲得することが翻訳者の使命だとベンヤミンはいう。

ローマン・ヤーコブソン『一般言語学』（川本茂雄監訳、みすず書房）

ラング（言語）の言語学のかたわらに、より多様で豊かなランガージュ（言語活動）の学として詩学研究の道を切り開いたヤーコブソン。翻訳論以外にも、失語症の臨床観察を出発点に言語活動を二面から把握し人間の想像力にとって隠喩とならんで換喩的なものも重要であることを指摘した「言語の二つの面と失語症の二つのタイプ」を始め、今日なお示唆に富む論文を多くふくむ。

ローマン・ヤーコブソン「最も新しいロシアの詩」『ロシア・フォルマリズム文学論集1』（北岡誠司訳、せりか書房）所収

ヤーコブソンが言語、文学、映画、絵画、そして人間の想像力全般を横断的に把握することを構想したのは、もともとかれがアヴァンギャルド芸術運動の渦中にいたからである。マレヴィッチらの非対象・非具象美術は、未来派のグロソラリア（巫女が口走るつぶやきのような意味不明の言葉）の詩と同様、容易に伝達できる指示的意味を欠いており、新規な方法を要求する。今世紀の偉大な言語学者の青春を感じさせる、若々しい文学論。

スーザン・ソンタグ『反解釈』（高橋康也他訳、竹内書店新社）

解釈学の源は古くアレクサンドリアの聖書解釈学に発するにせよ、現代の文学や芸術に適用された解釈学が、当の作品を既知のさまざまな事柄に還元して事終われりとしがちなのは残念である。ソンタグらしい過激な言い方で「芸術作品を飼い慣らしたり芸術を文化に吸収してしまう解釈学のかわりに、もっと形式自体に注目せよ。批評の機能は、作品が何を意味しているかを示すことではなく、作品がいかにしてそのものであるかを、いや作品がまさにそのものであることを、明らかにすることである」と喝破するのを読むのは、小気味よい。

ロラン・バルト『文学の記号学』（花輪光訳、みすず書房）

邦訳タイトルとはうらはらに、「私はなるほど非常に早くから自分の研究を記号学の誕生と発展に

かかわらせてきたが、しかし私には記号学を代表する権利がほとんどない」と自己紹介するバルトのコレージュ・ド・フランス開講講義。わかりやすくやさしい言葉で語られているが、言葉、学問、歴史、権力、文学そして人生についての深い思索があり、熟読にあたいする。バルトの著作はどれも優雅で端正な語り口のかげに明解な論理性が見え、今後とも正面から受け止めていくべき重要な思想家であることはまちがいない。

ロラン・バルト『美術論集』(沢崎浩平訳、みすず書房)の各論文は、どちらかというとマイナーな画家たちを何人か取りあげて具体的に芸術論を展開しており、「言語活動としての絵画」という問題を考えるときに貴重な示唆を与える。

他にこの問題に関して、アーウィン・パノフスキー『ゴシック建築とスコラ学』(前川道郎訳、平凡社)、モーリス・メルロー＝ポンティ「間接的言語と沈黙の声」(粟津則雄訳)(『シーニュI』みすず書房所収)は、それぞれ立場はちがうが読んでおきたい書物である。

3　美のジェンダー

近代的諸学が、価値中立、客観、合理を建て前にしながら、じつはジェンダー・バイヤスを背後に潜ませていたことが、今日指摘されつつある。美学に関していえば、フェミニズムから批判を浴びている点のひとつに、「美と崇高」の二項対立がある。一八世紀後半に登場し人気を博したこの比較的新しい二項対立が、崇高を男性に、美を女性に配当したからだ。

カントの前批判期の小品『美と崇高についての観察』（一七六四）は、イギリスの趣味論の影響のもとに一種の道徳哲学との関連から美と崇高の感情について論じ、両者をはっきりとジェンダーに分配している。一般に二項対立というものは、形相と物質、精神と肉体、理性と感情、文化と自然、公と私などをみてもわかるとおり、非対称的であるが、崇高が自由で意志的な「理性的男性」にふさわしい道徳規範とされ、美より上位に置かれた。

ウルストンクラフトが『女性の権利の擁護』（一七九二）で、教育の機会を平等にすれば女も理性的になるはずだから女性の真の魅力も美より崇高にあると書いたのは、そうした風潮に対して早々と抗弁を試みた議論だった。彼女が崇高の優位自体には疑いを差しはさんでおらず、女子教育の目標を理性の涵養に設定しているところは、いかにも啓蒙思想家らしい。

二項対立は『判断力批判』（一七九〇）でも引き継がれ、男女への言及こそ明示的でなくなるものの、理性との関連で崇高が美より高く位置づけられる。つまり同書第一部前半が自然美をふくむ美の問題、後半は芸術論となるが、その移行を可能にするのが「崇高の分析論」の部分なのである。旧約聖書イザヤ書第六章などに描かれた、図像化できない圧倒的な超越者に由来する崇高の概念こそ、人間を理性的な存在として自然から脱却せしめる力になるという。そういうわけで、カントはフェミニストに評判があまりよくない。

しかし逆に、カントの崇高のうちに近代的、啓蒙的理性を解体する破壊力を見出す意見がある。たとえばリオタールの論文「崇高とアヴァンギャルド」（一九八五）がそれで、リオタールは前衛芸術がらみでカントの読み直しをはかっている。二〇世紀半ばの、きわめて男性的なアメリカの抽象画家ニューマンの大作『英雄的、崇高な人（男）』から論を起こして、彼は、崇高を画家が白いキャンバスを前にしたときに感ずる圧倒的な欠乏状態（ミゼールとよぶ）と理解した。人間の精神の思い上がりを打ち砕き、近代的主体を解体するものをそこに見出した。前衛芸術のうちに、不可視なものの呈示というカント的な意味における崇高を読みとって、崇高の面目を一新したのである。

またドゥルーズのように、『判断力批判』を美学ではなく政治哲学、法哲学の書として解釈する人がいる。趣味判断にからんで出てくる他者への同意の要求や共通感覚論を梃子に、ドゥルーズは、第三批判の主題はじつは美や芸術ではなかったのだという。アーレントが最晩年の仕事で、カントの美的判断力を政治的判断力に読み替えたことはよく知られているが、それと少し似た考え方である。

さらには、第三批判を待つまでもなく、もともとカント哲学には「物自体」ということを考え出した時点から、主体を外部から壊す「他者の契機」があったのだ、という説もある。また、近年さかんな他者論の源流をなすレヴィナスの、畏怖すべき圧倒的な他者の顔は、明らかにユダヤ思想を背景にしており、崇高概念と深いつながりが感じられる。

このように、カントはまだまだ新解釈の可能性を豊かに開示しつつある。

ジェンダー観点の導入によりカントはじめ男性たちの哲学を批判する作業は、たしかに一度は必要だが、告発だけに終わるのではつまらない。フェミニズムとポストモダン的哲学は、まさに西洋近代的価値の批判、文化一般の根源的批判という大きな動機を共有しているだけに、相互に栄養を与え、学びあっていきたいものだ。

4　美的判断力の可能性

芸術関連の諸学はいま

二一世紀になった今日、ジェンダー観点の導入による見直しが、人文科学諸分野で進行中である。およそ学術研究は、蓄積した知識の総体およびそれらをあつかう方法のたえざる見直しを通して進展するものだが、ジェンダー視点によるそれは、諸学が従来当然のこととして問わずにきた基礎的部分をつきくずす意気込みにおいて、近年きわだっている。そのようにして、近代的人文諸学が価値中立、客観、合理を建て前にしながらじつはジェンダー・バイヤスを背後に潜ませていたことが、指摘されつつある。

芸術関連の諸学も例外ではない。

美術史学の場合、たとえばアメリカの美術史家リンダ・ノックリンの名前は、日本で早くから知られている。草創期の記念碑的作品とされる彼女の『なぜ女性の大芸術家はあらわれなかったか』(一九七二)は、すでに一九七六年に邦訳が出て影響力をもった。[1] ノックリンは、ジェンダー問題だけでなくいろいろな位相での政治的権力と美術との関係に注目し、社会史に目配りしつつ、確実に歴史研究を推し進めてきた実力者である。また『女・アート・イデオロギー』を著したイギリスの研究者、グリゼルダ・ポーロックの名前も日本でよく知られている。[2] ポーロックは、女性アーティストたちと実地に接触し、美術教育の実践にも携わりながら、八〇年代以降フェミニスト美術史学の代表的存在の一人となった。美術作品を人間の生きる現実の場からかけ離れた自律的な宇宙のようなものと考えるかわりに、ジェンダー、人種、民族、階級がぶつかりあう歴史や社会に引き戻し、いわば作品をテクスト外の文化的な意味あふれる世界へ開いて、表象の歴史を見直していこうとする意欲は、すでにひとつの潮流をなしている。

音楽学の方面では、エヴァ・リーガーによる先駆け的な『音楽史の中の女たち』[3]などがあるものの美術史より後発であったが、八〇年代に入ってようやく、音楽作品を文化の場に置きもどし、ロマン主義以来の音楽を語る言説がいかにジェンダー、人種その他の権力関係を構造化しているかを追究する機運が高まった。スーザン・マクレアリの『フェミニン・エンディング』はその流れに属する一冊で、邦訳も一九九七年に出ている。[4]

では哲学的美学についてはどうか。美術史や音楽学などの隣接諸分野と比較すると、哲学的美学にかんしては、海外の研究動向の紹介も十分でなく、日本国内での蓄積もまだほとんどないように思われる。[5] 実証的な方法が確立され、より具体的、個別的な事柄をあつかう美術史学の方に、もともと女性研究者が多いからであろうか。アーティストに目を転じても、絵画、彫刻、手工芸、インスタレーション、写真、映画など多様な場で、少なくない数の女性たちがフェミニズムに親和的な態度を示しつつ表現活動をおこなっているし、作曲家や指揮者こそまだ数少ないものの、音楽の演奏家についてはとうに女性の方が上回っている。哲学の途に入る女性の数はまだ少ない。

しかし美学という学問的言説のありように踏み込み、美や芸術を語るその語り方自体がいかにジェンダーを組み込んでいるかに対して学問批評を加えようという試みは、アメリカでは九〇年代に入って隆盛となっている。ペンシルヴァニア州立大学出版局から一九九〇年代後半に刊行された二冊の論文集、ブランド&コースマイヤー共編『フェミニズムと美学の伝統』[6]およびロビン・メイ・スコット編『イマニュエル・カントのフェミニスト的インタープリテーション』[7]を見ると、手早く現況をうかがうことができる。

本稿で私は、この二冊の論集に拠ってアメリカにおけるフェミニスト美学批判の状況を概観することから始め、その特徴や可能性、さらには問題点について、多少の考察を試みることとしたい。なお後者の論文集は、ペンシルヴァニア州立大学出版局がヘーゲル、キェルケゴール、フーコーら主要な西洋哲学者ごとに順次出している『哲学者のフェミニスト的インタープリテーション』シリーズの一巻である。

「美と崇高」から

『フェミニズムと美学の伝統』の巻頭に置かれるマティックの論文は、「美と崇高、芸術の概念におけるジェンダー・トーテミズム」という題名である。この巻頭論文以外にも、多くの筆者が「美と崇高」の問題に言及している。「美と崇高」の二項対立は、一八世紀なかばというまさに美学言説がヨーロッパで成立した時代に好んで話題にされたテーマだが、これこそ、美学が現代のフェミニストたちから批判を浴びているポイントであるように見受けられる。出発点において美学はジェンダー偏向を有していたと彼女たちは言う。

フェミニスト哲学者がこの二項対立に対して一様に批判的なのは、当初から崇高が男性に、美が女性に配当されていたためだ。バウムガルテンがギリシャ語の単語「感覚」(aisthesis)をもとに美学(Aesthetik)という言葉を作り出し、それを書名にすえて主著『美学』(一七五八)を出版したのとちょうど同じ時期に、イギリスでエドモンド・バークの『崇高および美に関する我々の観念の起源の哲学的研究』(一七五六)が出る。この本で「美と崇高」は、対立する趣味のカテゴリーとしてこまかく論じられている。バークの経験論的な趣味論やジャン・ジャック・ルソーの教育論の影響のもとに、カントが前批判期の小品『美と崇高の感情に関する考察』をあらわし、一種の道徳哲学との関連から美と崇高の感情について論じたのは一七六四年である。カントはバーク同様、二つの異なる道徳規範を、留保つきながらはっきりと男女両性に配分していた。

『美と崇高の感情に関する考察』を見ると、随所にそのような記述がある。関連する部分を引用しよう。

カントは、崇高を「雪におおわれ頂上が雲の上に聳える山の眺め、暴れ狂うあらしの叙述、聖なる森の中の、高い樅と寂しげな樹影、ミルトンの地獄の描写」のような恐怖感や戦慄を伴った感情と結びつけ、対するに、美を「花の咲き溢れた牧草地、曲がりくねる小川、花壇、低い生籬、物の形に刈り込んだ樹木、ホメロスによるヴィーナスの飾り帯の叙述」などという朗らかで微笑ましい景物にたとえる。一生ケーニヒスベルグの街から外へ出たことがなかったカントだから、これらの風景は、すべて読書で得られたものである。その後、かれは次のように書く。

崇高なものは常に大きくなくてはならないが、美しいものは小さくてもよい。崇高なものは簡素でなくてはならないが、美しいものは磨かれ、飾られなくてはならない。大きな高さは、大きな深さとちょうど同様に崇高である。しかし後者は戦慄の感情にともなわれ、前者は驚嘆にともなわれる。[8]

婦人が高貴な特性を欠いているとか、男性が美を全く欠如していなくてはならぬ、という意味ではなく、むしろ、おのおのの性が両者を合わせもっているが、婦人については他のすべての長所が、本来の関係点である美の性格を高めるためにのみ統合さるべきであり、それに反して、男性的特性の中では、崇高が理性という種の標識としてはっきり目立つことが期待される。[9]

婦人の徳は、美しい徳である。男性の徳は、高貴な徳たるべきだ。[10]

婦人は、自分がある高度の洞察をもっていないこと、臆病で、重要な仕事を課せられていないこと、等々のために困惑することはない。自分は美しく、男の心を引きつける、それだけで十分である。[11]

崇高こそ意志的、理性的な男性にふさわしい徳目とされ、美より上位に置かれている。二〇世紀末には、男性が美しく着飾ったり化粧したりしても誰も珍しく思わなくなった。それと比較すれば、道徳や趣味のすみずみにおよぶ性別規範はまさしく一八世紀という近代の確立期に特徴的な現象だったことがわかる。

『判断力批判』（一七九〇）でも二項対立は引き継がれる。本格的な批判期に属するこの著作においては、『美と崇高についての観察』の段階とは異なり、趣味や徳目の男女への配当は背後にしりぞくものの、理性との関連で崇高が美より高く位置づけられている。両性への明示的な言及はなくなり、より理論的に洗練された形で二項対立が存続するのである。すなわち『判断力批判』第一部前半の主題が自然美をふくむ美の問題、後半で芸術論となるが、その移行を可能にするのが第一部のちょうど中間に置かれた「崇高なものの分析論」の部分である。もとをたどれば『旧約聖書』の「出エジプト記」における十戒の物語や「イザヤ書」第六章の図像化できない超越者にゆきつく崇高の概念は、たとえ人間を畏怖のあまり圧倒しようとも、人間を理性的な存在として自然から脱却させる力になるという。芸術論が可能になるのはその後である。

一般に二項対立というものは、「形相と物質」「精神と肉体」「理性と感情」「文化と自然」「所有と存在」など、ギリシャ哲学の時代からある多くの例から知られるように、二項が対等ではない。非対称の形をしている。啓蒙の世紀半ばにまず趣味論の世界に登場して広く人気を博し、世紀末にカントによって理論化された「美と崇高」は、二項対立としては、ヨーロッパ思想史において新参に属するが、やはり非対称的であった。

一八世紀には美学のほか歴史学、教育学、社会学、政治学、言語学など多くの近代的、世俗的学問が礎を築いた。これら世俗的諸学の成立は、一七世紀におけるヨーロッパ精神史上もっとも大きな精神的転回、すなわち伝統的キリスト教が支配力を失い自然が神学から解放され、神学に代わって科学性の体系が求められるようになったという重大な出来事を承けて生じたことであった。そのようにして発足した世俗的学問の一つである美学が、出発点において、ジェンダーのしるしを身に刻んでいたことになる。

さて前出二冊の論文集に拠る現代アメリカのフェミニスト哲学者たちは、『判断力批判』が、普遍的な言葉で記述していても実は背後にジェンダーを潜ませていることを力説してやまない。カントは彼女たちにおおむね評判が悪い。「周知のように、カントはフェミニスト哲学者からあまり好かれない」[12]という言葉で書き始める論文もある。

彼女たちのカント批判を、私たちはどのように評価すればよいか。彼女たちは大哲学者の権威をものともせず、啓蒙主義的西洋近代が反面ジェンダー化の過程そのものだったことを見破り、西洋哲学を脱構築する視点を提供したと言えるのだろうか。あるいはひたすら男性中心主義の弾劾告発に終始するだけのたいして実りがない議論なのか。公平に測量しなければならないだろう。

その検討に先立ち参照しておきたいのは、一八世紀のイギリス生まれの啓蒙思想家でフェミニズムの偉大な先駆者のひとり、メアリー・ウルストンクラフトの崇高論である。彼女が『女性の権利の擁護』（一七九二）で、女性に美の規範を配当することに異議を申し立てたのは、同時代の風潮にいち早く抵抗した議論として注目される。ウルストンクラフトは、教育の機会を平等にすれば女性は男性と同様に理性的存在に成長するはずであり、したがって女性の真の魅力も美ではなく崇高にある、と書いた。

女も男と同様に、その才能を伸ばすためにこの地上に置かれたのだから。[13]

彼女等の精神を育成させよ。彼女等に有益な崇高な原理の止めくつわを与えよ。彼女等をもっと男の気に入るようにするために道徳に性の差別をつけないで、男性と共通に必然性に従うように彼女等に教えよ。[14]

道徳的人間としてのみならず理性的人間として考えられた女性は、男性と同じ手段によって人間の徳を修得するように努力すべきである、ということを。[15]

このようにウルストンクラフトは、理性を伸ばすべく男女の教育機会均等を主張するのである。『女性の権利の擁護』が論敵としたのは、ルソーら教育思想家であった。ルソーは『エミール』で、「女性は男性よりも体力が劣っているから、弱く受動的でなければならない。男性を楽しませ、男性に服従させられるように造られたのであるから、その主人に気に入られるようにすることが女性の義務である」と述べて、女子教育の方針を、夫に気に入られる女性に育てるという一点に置く。ルソー教育論はカントにも影響を与えている。ウルストンクラフトの女子教育論は、男女の違いを生得的なところに求めるルソーに抗して、人為的、制度的な環境が作り出す結果と考えたものであり、フェミニストの面目が躍如としている。

ただ、ここで気づかれるのは、ウルストンクラフトが崇高の優位自体には疑いを差しはさまず、もっぱら女性が男性なみにその価値にあずかれるよう、男女平等を求めているという点だ。女性は理性的人間たりうると熱っぽく説き、女子教育の理念を「理性の涵養」と考えるウルストンクラフトにとって、崇高はなお男性的属性であり続け、その属性を女性もまた身につけることが目標だったのである。「欲望の対象としての綺麗（pretty）な女」と「知的な美しさを発揮することによって崇高な感情を起こさせるような上品（fine）な女」を対比させている箇所も見つかる。当時「美と崇高」の不均衡な二項対立が、啓蒙的理性の称揚と結びついて、いかに一般化していたかが窺われる。『啓蒙とは何か』（一七八四）の冒頭でカントは、啓蒙を定義して人間が理性を行使することにより未成年状態から脱出することとしているが、[16] ウルストンクラフトも、つぎのような言葉で『女性の権利の擁護』を書き始めるほど、典型的に一八世紀人だったのである。

人間の獣類に対する優越は何に存するか。その答えは、半分は全体よりも小なりということと同じくらいに明瞭である。即ち理性にあるのだ。

彼女はまさしく啓蒙思想家の一人であった。啓蒙の負の遺産や西洋の近代的理性のあやうさがすでにさまざまな角度から指摘された二〇世紀には、「美と崇高」批判の方法もウルストンクラフトの時代とは様変わりしていなければならない。

現代フェミニストによるカント批判

バークの趣味論において、崇高は新しく見出された美的カテゴリーの一つであり、峻厳な山岳や嵐の下で怒濤逆巻く大洋のような風景に対したときに人間が心のなかに抱く畏怖、動揺、不快、高揚、苦痛をはらんだ感情をさした。しかし『判断力批判』第一部第二三節以降の「崇高なものの分析論」の部分は、たんなる趣味カテゴリー表の作成作業ではなく、より理論的に美と崇高の相違を明らかにしようとする。概観しておこう。

カントによれば、美は、たとえば花の美のように自然の事物のなかに存在し、合目的性を有し、生を促進する感情をともない、人間にとって快い。構想力（想像力）により描き出されることが可能である。これに対し崇高は、生の力を抑え、人間の構想力を脅かし、いかに努力しても描出しきれないという挫折感を味わわせる。得体の知れない圧倒的に巨大なものである。

崇高と私たちが名づけるのは、端的に大であるものである。[17]

人間の限界を越えるような景観を前にしたとき、崇高の感情が経験される。それは人間の限界にかかわるので、一種の不快をふくんでいる。だからこそ人間が理性的な存在として自然から独立する契機となり得る。

崇高なのは、それを思考しうることだけで、感官のあらゆる尺度を凌駕している心の或る能力を証明するところのものである。[18]

崇高なものは自然の諸物のうちにではなく、私たちの諸理念のうちにのみもとめるべきであるということが、このことから生ずる。[19]

真の崇高が探し求められなければならないのは、判断者の心のうちであって、その判定が心のこうした調和的気分の誘因となる自然客観のうちではないということである。心が、構想力が全力をあげても構想力が理性の諸理念に不適合であるとみとめるときである。[20]

崇高は、花の美などと違って自然の内部に存在することはない。自然の内部に存在する多くの事物を美と呼ぶことができるようには、峻厳な連山や嵐の大洋それ自体を崇高と呼ぶことはできない。崇高は、いったん生命の力を阻止し、その直後に噴出する感情によって産出されるから、自然の対象のなかに最初から存在するというより、人間の側の理性理念に関わるものだという。

崇高なものは、その表象が自然の（感情における）及びがたさを理念の表出として思考するよう心を規定するところの、或る（自然の）対象である。[21]

崇高はこのように、すぐれて人間の理性にかかわるからこそ、同時に理性の限界を思い知らせる契機となる。カントが「およそ考えられるもっとも崇高な章句」として提示するのは、『旧約聖書』でモーゼに示された図像化禁止の掟であった。

感性的なものからのこの分離が無限なものの描出にほかならないのであって、この描出はなるほどまさにこのゆえにけっしてたんに消極的な描出以外のものではありえないが、それにもかかわらずこの消極的な描出が魂を拡張するのである。おそらくユダヤ人の律法書のうちで「あなたは自分のために、刻んだ像を造ってはならない。上は天にあるもの、下は地にあるもの、また池の下の水のなかにあるものの、どんな形をも造ってはならない」という命令にもまして、いかなる崇高な箇所もないであろう。[22]

カントが理性の哲学者であると同時に理性の限界を考え抜く哲学者であったことが、こうして確認される。

ヘーゲルなどと違って自然を視野に入れていることがカント美学の大きな特徴だが、かれの自然に対する右のような見方こそ、現代アメリカのフェミニスト美学者たちが批判を集中させるポイントのようである。以下、『カントのフェミニスト的解釈』に収められた各論文から要点を拾っていくことにしよう。

コーネリア・クリンガーは、「崇高は自然美とは異なり自然の事物のなかに住まうものではなく、人間精神の自然に対する優越が崇高の感情を介して心意識のなかに自覚される」というカントの説のうちに、西洋近代的な自然支配思想を指摘する。野蛮人や女性や子供は、つねに、象徴的に自然と同一視されてきたではないかと彼女は言う。たしかに、啓蒙的理性の反対物として「未成年」や「獣類」が措定されていたことを私たちも前節で見た。これは自然支配的な理性への反省を語ったホルクハイマー&アドルノの『啓蒙の弁証法』に通ずる視点である。

またクリスティーン・バタースバイは、『判断力批判』第一部で「崇高なものの分析論」が終わった後に展開される芸術論や天才論を問題にする。そして芸術（fine art）、天才、創造性といった、カントが創出してのちにシラーらロマン派の哲学において拡張された概念は、特権的に男性に結びついて西洋近代に形成されたものであると書く。[23] 自然から独立して理性的存在者となり得る男性だけが芸術作品を創造する任に耐える、という天才観念が、彼女の批判のまとになる。バタースバイには『性別と天才――フェミニズム美学のために』と題する著書があり、すでに邦訳も出ている。[24]

カントが崇高と芸術作品を結びつけているところは実際にはあまりなく、ミケランジェロとベルニーニの設計になるバチカンのサン・ピエトロ寺院建築が唯一の具体例なのだが、崇高論が終わった後に芸術が主題化されるという記述の順序から見れば、芸術作品や芸術家という概念が、自然美とは別のところに確保されていることが知られる。バタースバイの言うように、自然の事物のあいだに位置づけられる女性は、芸術家たりえないことになる。

ロビン・メイ・スコットも「啓蒙のジェンダー」と題する論文で、自然と女性の同一視を問題にする。カントが「女性の性質は、男性とは対照的に、自然の必要性によって全面的に決定されている」と述べ、理性と創造性をもち自然の欲望をコントロールする力があるのは男=人間だけだから、男性にしか「普遍的な趣味判断」は可能でない、と考えていることに対して、彼女は「カントは、平等なグラウンドの上で意欲的な女性を教育することを回避するばかりか、哲学的、科学的な仕事に向かおうとする女性の真面目な企てを嘲笑する」と、怒りをあらわにする。

スコットは、「未熟な未成年状態から脱して自分自身の理性を行使する勇気を持て」と高らかに呼びかけるカントの『啓蒙とは何か』において、女性が言及されているのは、たった一カ所にすぎないことを指摘する。冒頭近くにある「極めて大多数の人々は（この内にはすべての女性が含まれているが）、成年状態への歩みを、厄介であるばかりではなく、はなはだ危険であると思いみなしている」という、マイナスの意味で補足されたカッコ内の一節のみである。彼女は、啓蒙的理性はあたかも普遍的で非歴史的な能力として提示されながら、その実すべての女性と大多数の男性を排除して成り立つ偏狭なものでしかなく、そうである以上、逆にそのような啓蒙の概念とは何だったのかを現実のなかでとらえ返すことが必要ではないかと訴えるのである。

啓蒙は、カントの見解によれば、自分自身の理性を行使する勇気をもて、というモットーに要約されるが、その勇気がどこから生じ、個々の生活のなかでどんな矛盾に遭遇し、その実現にはどんなファクターが障害として働くか、などは関心のほかである。理性は、カントの批判的著書の立証によれば、一つの普遍的な、非歴史的な能力として考えられている。[25]

さらにスコットは『啓蒙の弁証法』を引き合いに出し、理性による感情の支配は女性や非西洋人やユダヤ人などの破壊に必然的につながるものであったと言いおよぶ。

フランクフルト学派社会理論の初期のメンバーは、啓蒙が、理性のコントロールという手段により感覚的実在を支配しようと欲望するヨーロッパ文化の企てをあらわすものだと論じている。支配に対する欲求は、一八世紀という歴史上の一時期に、その十全な表現を見出した。[26]

偶然性や具体性から自己を引き離そうとする欲望それ自体、特定のジェンダー関係の結果である。そういう欲望は、一時的かつ具体的で、確実性を欠いた、現象的な実在の領域から逃れ去ろうとする男性性の飛躍の一表現なのだ、とフェミニストは結論する。[27]

スコット論文は、自律と自由意志のカント哲学は、女性や大多数の男性を自然的な存在にとどめ置き、未成年者として排除した上で初めて成り立つものであると主張する。彼女のカント批判は、もっぱら道徳的観点からなされているところに特徴がある。

サリー・セドウィックは、自己決定と意志の独立に基礎づけられたカントの倫理学は女性たちの現実の経験をつかみ損ねていると言う。それに代わる倫理思想として彼女が依拠するのは、女性の倫理的アイデンティティを共感と協力と信頼関係のうえに見出すキャロル・ギリガンのそれである。
さらには、『判断力批判』をコロンブスとコルテスによるアメリカ大陸の発見と征服の物語につなぎ、ヨーロッパの帝国主義的世界戦略の文脈において解読するキム・ホールのような論者さえいて驚かされる。

カントは、カリブ地域の最盛期の産物ではない美術品について記述することによって、原住民はプリミティブであるというコロニアリストの神話を強化し、文明化の使命の一端をなすカリブ人ジェノサイドの正当化のために思想的基盤を提供した。[28]

第三批判には、プリミティブな民衆、野蛮人、野生の人々といった言葉が頻出する。カントが、これらプリミティブな他者の例を使用することをとおして家父長的なヨーロッパの優越性を強め、最終的にそれを合理化したことは、コルテスやコロンブスと彼との関連を証明するものである。[29]

ホール論文は極端な例だが、ヨーロッパの近代哲学史に隠された男性中心主義、自然支配、コロニアリズム、他者排除を指摘することは、とりあえず意味のある作業にせよ、このようにひたすら道徳的観点から抑圧を告発しても、イデオロギー暴露にしかならないのではないか。ホールは「私の第三批判の読みは、ジェンダー、人種、階級、セクシュアリティの交差を明らかにしたフェミニズムとポストコロニアリズムの理論の抑圧研究の仕事から活力を得た。これらの問題をあつかうに際し、私は、美的判断にとって必要条件となる『共通感覚』が暴力に基礎を置いていることを示したい[30]」と言うが、共通感覚論についても、もっと慎重なあつかいが望まれる。

時代的限界が刻印されているかもしれないカントの言葉を彼女のように道徳的見地から非難するだけでは、議論が単調に陥る。過去の言説を現代の視点で読み直して、積極的な可能性を探ることはできないものだろうか。

アメリカ抽象表現主義絵画に即して

コーネリア・クリンガーの論文には、告発に終始しない柔軟な姿勢が感じられるように思うので、少しくわしく見てみよう。

彼女の場合も、出発点は「美と崇高」批判である。男と女にそれが配当されたのは偶然ではなく、ギリシャ以来の西洋哲学が深く性差の政治学に根ざしていた真相が表に現れたまでだと言う。「形相と物質」以下、非対称性を特徴とする二項対立群が思考の基本枠組を形成してきたこと自体、西洋哲学のジェンダー偏向を証している。しかし彼女は男性哲学者を否定するわけではなく、フランスのポストモダニズムの立て役者の一人であったフランソワ・リオタールのカント論をむしろ援用して、西洋哲学の脱構築を彼女なりに企てようとするのである。

クリンガーが引くのは、リオタールの「崇高とアヴァンギャルド」(一九八五)である。二〇世紀の前衛芸術にからませてカント崇高概念の再生をはかったこの論文は、一九八〇年代において崇高論のブーム化に一役買った。リオタールはそこで、ユダヤ系アメリカ人の画家バーネット・ニューマンの、あざやかな赤一色に塗られた壁画のように巨大な絵画『英雄的、崇高なる人間（男）』（一九五〇〜五一）（口絵11）から論を起こし、これを初めとするアメリカの前衛芸術の上に、二世紀を隔ててカントの美学がもどってきたと論ずる。

ニューマンはジャクソン・ポーロック、マーク・ロスコ、クリフォード・スティル、ゴットリープらとともに第二次世界大戦後、現代芸術の中心地を一気にヨーロッパからニューヨークに移すことに貢献した画家である。かれらの仕事は巨大画面と抽象を特徴とするが、そこから受ける印象は美しいといった性質のものではない。ロスコの暗雲が漂うような絵画は、色彩美にもかかわらず恐怖や不気味さを感じさせる。リオタール説が発表時に広く受容されたゆえんであろう。リオタールは、抽象表現主義と呼ばれるかれらや、その流れを承けたミニマル・アートなどに、美と手を切った後の新たな芸術のありかたを見出そうとする。

クリンガーの論評に先立ち、「崇高とアヴァンギャルド」の論旨をかいつまんで紹介しておこう。リオタールによれば、二〇世紀前衛芸術はある種の「欠乏」（misère）の経験に結びついている。「欠乏」とは具体的には、画家が真っ白なキャンバスを前にしたときに感ずる不安をさす。言葉や音や色や形がなくなってしまうのではないか、いったいそれは起こるのか、今はたんなる無だ、何も起こらないのではないか、といった感情に襲われる作家の体験をさす。

欠乏とは、画家が造形的表面にかかわりつつ直面し、音楽家が音の表面において直面し、思想家が思考の空白の場において直面するような欠乏状態のことだ。人が作品にとりかかるときに白いキャンバスや白いページを前にして襲われるだけではなく、何事かが待たれるたびごとに生起する欠乏状態である。[31]

そのような不安な経験に固執することによって、ニューマンらの芸術はかつての崇高の美学に通ずるとかれは言う。

一方カントの崇高を、リオタールは「否定的表出」「不可視なものの間接的な呈示」「表出されることができない何かがあるということの表出」といった言葉で要約する。かれの定式化によれば、圧倒的に巨大な対象に向かい合うとき、人間の精神は脅威を感じ、構想力や表出機能はふさわしい表象を提供することができず、対象をたんに理念として心意識の中で考えることしかできないため、無力を思い知らされ、苦が引き起こされる。しかしその直後、無力を知ることから逆に「構想力は存在しえない見えないものをさえ見せようとする」ことが認識され、別の快が生まれる。すなわち崇高は負のしるしではあるが、理念の力が無限であることを開示してくれる利点がある。崇高は苦から来る快、苦とまじりあった快である。美しい自然の対象に対したとき構想力と悟性が調和にいたることによって引き起こされる快が「美」だとすれば、「崇高」は、諸能力の不調和から引き起こされる非常な緊張状態である。そしてカントの考えた「分裂しつつ調和へと差し向けられた緊張状態」こそ、前衛芸術への途を早々と開くものだったとした。

カントは否定的表出のすぐれた一例として、偶像の禁止というユダヤの掟を引用している。眼の快楽がほとんど無に帰せられることが、無限なものを無限に考えるようしむける。ロマン主義芸術が古典主義やバロック形式の形象から解放される以前から、このように、抽象芸術やミニマル・アートの方向への探求のドアは、開かれていたのだ。前衛主義はこうして、崇高にかんするカント美学のなかに芽生えた。[32]

「崇高とアヴァンギャルド」は、「欠乏」という否定的な言葉を今一度用いて、つぎのように結ばれる。

何事かは起きるのか？　という疑問符は、停止する。生起とともに、意志が解体される。前衛芸術家たちの任務は、時間との関係において、精神の思い上がりを解体することにある。崇高の感情とは、この欠乏の名前にほかならない。[33]

リオタールのカント解釈は、かなり自由なものである。たとえば、先にも触れたが『判断力批判』でそもそも芸術が話題となるのは「崇高の分析論」が終わった後であるのに、リオタール論文は最初から芸術作品にかかわることとして崇高を考えている。この難点についてはクリンガーも、『判断力批判』は自然の問題から論を起こしているが、リオタール論文は最初から芸術の話に入ってしまい自然を無視している、と両者の差異を指摘している。『判断力批判』で美や崇高が問題にされるのは言語的表現、つまり聖書の章句や詩句にかんしてのみであり、美術についてはまったく言及がないのに、リオタールが断りなく絵画の話にそれを結びつけている点も問題だろう。しかし自由な読みなりにもっとも興味深いのは、理性と自由意志の哲学者とされてきたカントその人のなかに、逆に精神の思い上がりを打ち砕き意志を解体する方向をかれが読みとろうとしている点である。

クリンガーもそこに注目し、リオタールに好意を寄せている。彼女は「カントとリオタールは、共に想像力の無力さを崇高の中心においているが、そのことが前者では人間が理性的存在として参加し得る高次元の秩序の前兆ととらえられるのに対し、後者にはそのような地平はなく、たんに表象できないものと言うにとどまり、その意味で後者はポスト形而上学的である。前者において人間に理性的存在としてのアイデンティティを自覚させる契機となる同じものが、後者では逆にアイデンティティを脱構築する機能をもつことになる」[34]とまとめている。リオタール論文にジェンダー観点はないにもかかわらずフェミニストのクリンガーが共感を寄せる理由は、かれが近代人男性の自己像と強く結びついた崇高概念を逆に近代性からの離脱の契機ととらえたことが、フェミニズムに通底するからだろう。まさしくポストモダン的なかれの崇高論は、一八世紀の発生時において根深く男性性と結びついていた崇高概念のうちに、むしろ啓蒙的理性をおびやかす破壊力を見出している。

しかし最終的にクリンガーはリオタールを批判する。近代的主体にとって代わるべき新しい人間像として提示される具体例が、前衛芸術家であることに不賛成なのである。そんなことでは近代批判は不徹底で、芸術にかんしてなお近代的思考を引きずり、すでに有効性を失った旧態依然の芸術家イメージを再生産しているだけだと彼女は言う。クリスティーン・バタースバイが近代的天才概念と男性性のむすびつきについて、同様な批判を展開していたことは先に触れた。また一九八〇年代以降、フェミニズム美術史学をふくむアメリカの新しい美術史の潮流[35]が、モダニズムを中心に見る従来の美術史学に対して異議をとなえていることも想起される。モダニズムを担った、フランス印象派からキュービズム、抽象美術などをへて大戦後のアメリカ前衛芸術にいたる芸術家の固有名をヒーロー視することに、近年の美術史学はしばしば抵抗する。クリンガーのリオタール批判はそういった状況と基盤を共有すると言うことができる。

彼女の論文はやみくもにカントを批判するのでなく工夫が見えるところを評価したい。だが芸術論としては繊細さを欠くうらみがある。その難点は、クリンガーにかぎらずフェミニズム視点による美学や美術史学全般にみられることのように思うので、ここで芸術作品を見るという問題にかんして私の考えをややくわしく述べておきたい。

たしかにリオタールが掲げるニューマンの絵画『英雄的、崇高なる人間（vir＝男）』は、題名からして端的にヒロイックである。ニューマン自身が「ジップ」と名付けて、この作品以外でもしばしば用いた、画面を垂直につらぬく直線は、いかにも男性的なイメージだ。また抽象表現主義の盟友ジャクソン・ポーロックは、アクション・ペインティングと呼ばれる制作法のために、非常に活動的で攻撃的な男のような印象を与える。アクション・ペインティングとは、絵筆で描かず、キャンバスを床に置き、周囲を跳び歩きながら粘り気の少ない絵具をふりまくという、身体的でかつ偶然性の要素を取り入れた独自の制作法で、同時代の批評家ローゼンバーグによってそのように命名された。しかしだからと言ってかれらの仕事が男性中心主義的であるとか、かれらを評価する論者が古めかしい近代的天才芸術家イメージから抜けきれないと考えるのは、単純である。

芸術作品は観念を根拠とするのではなく、感覚を働かせて個々の作品自体を見なければならないのではないだろうか。ポーロックの代表作『ラヴェンダー・ミスト』や『秋のリズム』（口絵12）（ともに一九五〇）では、紫、茶、黒、白の柔らかい曲線の重なりがかもす優美な抒情性がむしろ印象にのこる。絵具を上からふりまく動作によって、キャンバスにおのずと放物線が描かれることが一因と思われる。アクション・ペインティングという豪快な言葉は有名になったが、作品の実像はそれとはまた別だ。強力な垂直性によって特徴づけられるニューマンの絵画は、たしかに男っぽいが、暴力的なところはなく、それどころか、暴力にみちた世界を克服しようとする強い意志さえ感じさせる。

第二次大戦時代のアメリカを生き抜いたニューマンらは、戦場体験こそもたなかったが戦争の暴力をしたたかに見聞した世代である。それぞれ多様性はあるものの色と形の抽象的構成のみから成るかれら抽象表現主義画家たちの作品に、分裂と不調和と恐怖の経験のさなかにあって芸術という平和的な形式で暴力を克服しようとする努力を読みとることは、それほどむずかしくない。決めつけは避けたい。

さらに言えば、たとえ暴力的あるいは明らかに男性中心主義的な思想が表現された作品であっても、それゆえに価値が低いと言えるのかという問題もある。ポリティカル・コレクトネス[36]、すなわち人種、階級、ジェンダーなどにかんして差別的か否かが、芸術作品の質の評価という場面においてどれだけ有効か、という疑問にそれはつながる。道徳的見地から芸術を判定することは、芸術の側にとってどこまで意味があるのだろうか。

フェミニズム美術史研究においては、芸術作品を政治的権力関係がはたらく歴史の現実のただなかに置きもどすことが主張された。女性画家の修業や作家活動を制限する環境の歴史的研究、作品が生産され消費される社会的、経済的諸条件の研究、作品が無意識に表現してしまっているジェンダー力学のイコノロジー的研究などに、関心が寄せられた。ジェンダー関係だけではない。たとえば前出の美術史家リンダ・ノックリンには、一九世紀フランスにおいて印象派などの前衛のかたわらで美術界の本流を形成していたアカデミズム派の絵画をとりあげ、それがいかにオリエンタリズムすなわち西洋人の中近東に対する差別的幻想に満ちていたかを示した論考もある。作品を「美の聖域にまつりあげる」「様式史から見る」ことなく、その背後に支配者と被支配者、自己と他者、主体と客体、中心と周縁といった多様な関係性を探る研究法は、ポストコロニアリズムの文学批評[37]に共通するものである。

支配する側からはなかなか見えにくい隠された権力関係に光を当てることは、習慣的な見方をはなれて作品を批判的に見直すよう促すという意味で、本来、作品の価値評価に役立つはずのものである。だが現実にはイデオロギー批判に終わることが多い。かつての社会主義レアリズム[38]も同じような厄介な問題をはらんでいた。政治と芸術の関係はなかなか一筋縄では行かない。政治的関係の観点だけから芸術的創作を論ずることは不可能なのである。

思うに、フェミニズム美術批評は広告写真、各種のプロパガンダ映像、ポルノグラフィーなどの対象を扱うときに、もっとも有効性を発揮するのではないか。大衆社会に流通するこれらの視覚イメージにおいて、偏った意味内容がどのように形成され、変化し、伝達され、受容されるか、といったことの分析が得意分野のように思う。[39] より繊細な感受性と複雑な意味論的分析を必要とする芸術作品を相手にすると、いろいろ不都合が生じてくる。[40]

そして、フェミニズム美術史学のそのような特性と限界について、良質の研究者ならば、はっきり自覚しているのではないか。ノックリン自身がそうである。以下に引用する箇所で彼女が論じている直接の対象は、オリエンタリズム幻想を描く一九世紀フランスのアカデミズム絵画であるが、導かれる結論は、政治的観点による美術研究一般に通ずると思われる。

オリエンタリズムの絵画が価値があり、調べるに値するのは、これらが少々水準の劣る偉大な芸術という美学的な意味においてではなく、視覚イメージとして、それらが、初期の大衆文化の質を先取りし、予言しているからなのである。こうした意味においては、オリエンタリズムの隠蔽の戦略は、むしろ美術史家の主流にとってよりも、すぐれた映画史家、広告イメージを扱う社会学者、視覚的プロパガンダの分析家たちにとって、現在用いられている批判的な方法論、脱構築の技術に関する、興味深い対象となっている。歴史的、政治的認識と分析知識を備えた学者によって調査されるべき新鮮な視覚分野として、オリエンタリズムは、美術史やその他のやはりあいまいな領域の場合と同様に、美術史家に対し、挑戦を申し込んでいるのだ。[41]

率直な自認である。ノックリンに従えば、新しい美術史学の任務は、あれこれの作品が「偉大な芸術」かどうかの価値評価を下すことでは全然ない。美学的価値の高低の判断はカッコに入れて、芸術を周辺の「あいまいな領域」に浮遊する表象群のあいだに置き、芸術作品だろうと広告映像や視覚的プロパガンダだろうとあえて区別せず、文化の政治学的分析を実践することが務めなのである。要するにその望みは、さまざまな種類の視覚イメージを素材に用いて表象文化史、大衆文化論、大衆社会論、社会学、社会思想史に新たな切り口をもたらし、それらの一部となることである。とすれば、フェミニズム美術史の手続きではポイエーシス〔創作〕の世界をとらえ切れないのではないか、という先の私の疑問は、無いものねだりとなろう。目標が異なるのである。

さてクリンガーの美学論文にもどろう。彼女の近代西洋男性的な芸術家像批判がニューマンらの作品の実際をとらえそこねているとすれば、リオタールの議論のほうも実は似たり寄ったりで、哲学者の芸術論にありがちな観念的なものであることは事実だ。元来リオタールは哲学者であって美術批評家ではない。カント崇高論の再生のために前衛芸術を使いこそすれ、具体的な作品そのものに関心があったわけではないのだろう、と思わせる。それかあらぬか、「崇高とアヴァンギャルド」の数年後に執筆した「崇高の分析論についてのレッスン」[42]〔一九九一〕で、かれは芸術作品にからめる論じかたをもはや止め、ストレートに『判断力批判』のテクストに向かう。そこで追究されるのは、非人間的な力やスピードに脅かされ、巨大な資本の運動に翻弄され、万事が商品化と工業化の波にさらされる現代世界において、表象の可能性と理性の臨界点はどこに定められるか、という問題であった。

美学の範囲を越える

女性たちによる共著論文集二冊をここまで見てきたが、フェミニズムによるカント批判の書として、ほかにサラ・コフマン『女性の尊重――カントとルソー』[43]やガヤトリ・スピヴァック『ポストコロニアル理性批判』がある。コフマンはやはり崇高概念をとりあげ、崇高とは女性を遠ざけることによって初めて接近可能となるような、男性にとっての何事かを指すのではないか、と批判している。精神分析的議論といえるだろう。一九九九年に出たスピヴァックの最新刊[44]は、カントをもじったと思われる野心的なタイトルが人目を引く。文学やファッションからバングラデッシュの児童労働といった現実問題まで、グローバライゼイションが進む現代世界における多種多様なテーマを、ポストモダニズム以降の哲学にかんする該博な知識を活用して論じている。哲学をあつかったその第一章は崇高論で書き始められているが、スピヴァックも崇高に対してきびしい。彼女はコフマンを引用しながら、カントの「崇高の分析論」二七節には暴力のイメージが満ち満ちていることを指摘する。

共通感覚論の暴力性を難ずる先のキム・ホール論文からスピヴァックまで幅はあるが、現代アメリカのフェミニストたちによる『判断力批判』批判は、崇高を入り口に、理性の背後に潜むジェンダー・バイヤスを指摘することにおいて共通しているように見える。しかし、そのようにいわば道徳的角度から批判するだけでなく、積極的な読み方を見つけることはできないものだろうか。

先のリオタールの議論は、芸術作品を芸術作品としてよく見て批評するという点では難があるものの、崇高論に挺子入れして現代に蘇生させるという狙いを持ってはいた。かれに限らず、近年のフランス哲学の間では、『判断力批判』に独自な解釈をほどこすことにより現代思想として再活性化する試みが、いろいろな方法でおこなわれている。ジャック・デリダ、エマニュエル・レヴィナス、ジャン・リュック・ナンシー、ジル・ドゥルーズらのカント論がそれである。かれらは個性的な角度からこの書の刷新に挑戦した。みな男性であり、崇高論を入り口にしても舌鋒鋭く論難するという風ではなく、カントに即しつつ自分の流儀で新たな読みかえを図ろうとする。デリダやドゥルーズのそれぞれに独創的なカント読解からは得るところが多い。カントはまだまだ新解釈の可能性を豊かに開示しつつあるのだ。

美学言説がジェンダー・バイヤスに濃く染まりながら一八世紀に成立したのは事実だが、カントの美学そのもののなかに、近代的主体の限界の自覚とその克服への努力を読みとることもできる。ジェンダー観点導入による批判はたしかに一度は必要だが、告発だけに終るのではつまらない。フェミニズムと一九七〇年代後半以降のフランス哲学は、立場の相違こそあっても、ともに、文化がいかにフィクショナルな言説でしかなかったかを明らかにした。両者は西洋の近代的価値の批判という共通の動機をもち、ひいては人間の文化一般の批判という目標を共有していた。それだけに、相互に栄養を与え、学び合っていくことが可能なはずである。

「崇高の分析論」があたかも「美の分析論」に後から付けられたたんなる付録のように見えながら、じつはパレルゴン（主作品につけられた付録、補足物、付属品、装飾、周縁、といった意味の言葉）そのものであり、両者の関係は奇妙に謎をはらんで、いつでも反転可能であるとした『絵画における真理』（一九七五）のデリダ。[45]「本体と付録」「内部と外部」「主作品と周縁の装飾」「本質的なものと非本質的なもの」は、額縁が絵画にとって代わるようにいつでも逆転しうる関係にあり、その境界は相互に浸透されているとかれは言う。カントの一七九三年の著作『たんなる理性の限界内における宗教』から採られたパレルゴンという言葉を『判断力批判』の文脈にそって特有の概念に仕立てあげ、限界や境界にまつわるテーマとして執拗に追究していくデリダの文章は、啓蒙的理性の限界を溢れ出るものへ深くまなざしを向けていて興味深い。崇高論を『判断力批判』の中心に位置づけると同時に周辺化することにより、従来禁欲的であるように受け取られてきたカント美学を、逆説的にバロックの無限定な美学へと開きさえする。

小論も結びにさしかかった今、私がより深く立ち入ってみたいのは、デリダではなくドゥルーズのほうである。ドゥルーズのカント論が、終始テクストに即しつつもリオタールやデリダのそれにも増して自由な態度で貫かれ、あたかもドゥルーズ自身の先駆者を先人のうちに模索するかのごとくであり、その結果、『判断力批判』解釈が直接的な意味での美学や芸術論の範囲を越えて推進されていることに注目するからである。ドゥルーズはこの書を通例のように美学の古典とみなすかわりに、『純粋理性批判』以下の三批判書のむしろ根幹に位置づける。

ドゥルーズのとった道からフェミニズムは栄養を得ることができるのではないだろうか。

フェミニズム思想の得意とする領域がもともと芸術より社会思想史、社会学、倫理学、宗教史学、表象文化史、政治哲学などの方面であることを、フェミニズム美学・美術史の陥りがちな単調さが反証として示していることを前節までに述べたが、とすれば、『判断力批判』に対峙する生産的な方法は、いっそそれをたんに美学や芸術論としてではなく読解することであり、そのときドゥルーズのカント論が参考になるのではないか。

かれは崇高論にからんで出てくる「共通感覚」論に着目することにより、飛躍をなしとげるのである。小論を結ぶにあたって、その議論を見てみることにしよう。

ドゥルーズのカント関連の著作は三冊ある。『ニーチェと哲学』『カントの批判哲学』『差異と反復』がそれで、執筆時期的には二番目にあたる『カントの批判哲学』[46]（一九六三）が、もっともカント哲学を積極的にとらえている。そこでかれは三批判書を相互に関連させて解読していくが、かなめとなるのはまたしても『判断力批判』の崇高に関する考察なのである。ドゥルーズによれば、『判断力批判』においてカントが格闘した難問は、構想力（想像力）、悟性、理性という人間にそなわる三つの異質な能力をいかにして一致に導き「自由な調和」にいたらしめ、共通感覚を確立するかということに尽きる。

「崇高における諸能力の関係」と題する節で、ドゥルーズはつぎのように書く。

これは美しい、という型の美的判断にとどまる間は悟性と想像力という二つの能力しか参加しておらず、理性はいかなる役割も演じていないが、これは崇高だ、という別の型の判断の型においては、測り知れない大きさや力に直面させられることによって想像力が自己自身の限界と無力を知り、理性が活動し始める。[47]

美の場合とは違って、崇高における判断の際には、美における判断に対してメタ的レヴェルにあるもの、すなわち理性が介入する。そこでは諸能力は容易に調和にいたることができない。崇高という次元は、とりわけ、異なる複数の能力が抗争する場として理解される。

したがって崇高は想像力と理性との間の直接的関係に、われわれを直面させる。しかしこの関係は、一致であるよりも最初は不一致であり、理性の要求と想像力の能力との間に感ぜられる矛盾である。しかし不一致の底に、一致が現れるのである。[48]

崇高という場において、不調和や不一致の後に初めてあらわれ来る諸能力の調和が、一致、すなわち共通感覚である。美と異なる次元でこのようにして成立する共通感覚こそ、『判断力批判』の急所であり、そこからさかのぼって美の問題もあらためて解明されるべきだ、とかれは考える。崇高なものにからんではじめて存在が明らかにされるカントの共通感覚は、不調和をはらんだ調和であり不一致の一致であるが、だからこそ、そこで産出される諸能力の一致は、たんなる論理上の一致をしのぐ重要性をもっている。

共通感覚論は第三批判だけではなく、時間的に先立つ二つの批判書にもすでに登場していた。すなわち第一批判では「悟性が立法をなす論理的共通感覚」が、第二批判では「実践理性が立法をなす道徳的共通感覚」が論じられる。しかしドゥルーズは、最後に書かれた『判断力批判』における共通感覚こそ、すべての根底によこたわり、以前に執筆された二批判書におけるそれに本質的に先だって存在しなければならないものだと言う。崇高が介在して成立する美的判断力が、すべての根底にあるということになる。

ドゥルーズによればカント哲学の根幹は、認識能力、欲求能力、快苦感情という本性を異にする人間の能力にそれぞれ自由な活動の場を与え、各能力の領域に独自のアプリオリな原理をそれぞれ三批判書において立て、相互に不可侵な関係をどこまでも維持した上で、協力体制の場すなわち諸能力が調和する場を確立することに存した。そして『判断力批判』で崇高にからんで初めて明らかにされる共通感覚こそ、先行二批判書で論じられた論理的一致や道徳的一致の発生の根拠となり、それらを成立可能にする根底的なものでさえあるとドゥルーズは考えた。

たとえば道徳を主題化した第二批判の、実践理性にかかわる道徳的共通感覚との関係について、つぎのように書いている。

崇高の感覚は、それが最高の合目的性を準備し、ほかならぬわれわれ自身に道徳法則の到来の心構えをさせるという仕方で、われわれのうちで産出されるのである。[49]

つまりドゥルーズは、「崇高なものの分析論」に『判断力批判』の核心部分を見出すだけでなく、カントの道徳哲学ひいては批判哲学全体をその一点からとらえ返そうとしているのである。かれがこの書物を美学の範囲を超えて蘇らせたと私が言うのは、そういう意味である。ドゥルーズは『判断力批判』の崇高論以降の議論をメタ美学という言葉で呼ぶ。メタ美学とは美学の後に来る学を指す言葉であろう。「実践理性が立法をなす」のような法律的な言いまわしも目につく。かれのカント論は、美学の範囲を越えて『判断力批判』を法哲学、倫理学、政治哲学へ向けて開け放ったといえるのではないか。美や芸術論に限定されないところに、この本の主題を見出している。あるいはむしろ、「これは崇高だ」という型の美的判断力から出発して政治哲学へといたる思想が存在することを示唆してみせたというべきか。

芸術・倫理・政治

批判哲学全体の発生を支える根拠となるものを『判断力批判』の崇高論以降の部分に掘り当てるドゥルーズの論考は、ハンナ・アーレントの考えと少し似ている。

アーレントが晩年、カントの美的判断力を政治的判断力に読み替え、第三批判を政治哲学の書として蘇らせる努力をしたことは、ロナルド・ベイナーによる誠実な紹介があって日本でもよく知られている。実際『判断力批判』を美学や芸術論の枠を越えて解釈した人というと、まっさきに想起されるのがハンナ・アーレントといってよいくらいだ。ベイナーが彼女の残した講義ノートにもとづいて構成した資料集[50]を読むと、書かれないままに終わった『精神の生活』第三部の主題は「判断力」であったことがわかる。アーレントはその講義（一九七〇）で、とくに共通感覚の観念に注目し、それが政治哲学に適用され得ることを示しているのである。

崇高にかかわって成立するタイプの美的判断が道徳の発生を根拠づけ、道徳法則の到来をわれわれ自身に心構えさせるとするドゥルーズの『カントの批判哲学』は、だからアーレントの未完の著作と重なるところがある。彼女は美的判断力と政治的判断力が共通にもつ「他者への同意の要求」という特徴に注目して、第三批判全体を政治的判断力をめぐる議論へと読みかえようとした。ドゥルーズとアーレントの思想家としての立場はもちろん同じではないだろう。だが美的判断のもつそのような固有の性格に対して両者がともに鋭敏であったことを私は目覚ましく思う。すなわち、美的判断は、論理的一致の場合とは違って真理性が万人に自明となることはできず、ただ自分の判断に対する同意を他者に向かって要求することしかできないという点で、一致にいたる過程が政治的判断とアナロジー関係にあるのである。

『判断力批判』の崇高論にこのように他者性の問題が大きく影を落としていることに、フェミニスト美学者たちはもっと気づくべきではないだろうか。アーレントやドゥルーズが正しく見抜いていたように、理性的主体を外部から脅かす崇高という場には、明らかに「他者」が顔を出している。アーレントがフェミニストの範疇に納まるかどうかは私にはどちらでもいいことだが、この辺りの理解にかんする限り、両者の認識には開きがあると言わざるを得ない。崇高にかかわって獲得される美的共通感覚、すなわち不一致のなかで取得される一致、不調和にもかかわらず確保される調和という考えは、明らかに他者性の契機をはらんでいた。フェミニスト美学者のように崇高論を男性中心的として批判するだけでは、貴重な思想的富を取り逃がしてしまうのではないか。

まとめよう。

ジェンダー観点から人文諸学を見直すことは、学問的認識の深化のためにも現実社会における女性差別解消のためにも必要であるが、芸術関連諸分野とかかわるときは、細心の注意が不可欠となる。フェミニズムが本来女性に対する不当な抑圧と戦うという現実的関心に源を発する社会思想であり、政治思想であるだけに、当然ながら道徳的要請がついてまわり、そのことが芸術を対象とするときにはしばしば不都合に機能するからである。芸術と道徳の間を短絡すれば、芸術的にも倫理的にも貧しい研究成果しか生まれない。誤解を恐れずに言えば、芸術は道徳とは別の論理をもっているのである。芸術作品に対して道徳的に価値評価を下したり、歴史的知識や図像学的体系その他の外的な物差しに照らして解釈したりするかわりに、他者に圧倒される崇高の経験こそ重要であることを先人は教えている。畏怖の感情をともなう時すらある崇高の経験こそ、直後に美的判断を招来する契機になると。カントの判断力論は、芸術作品に直面して一人で判断を下さねばならないときに私たちが感ずる心許なさに、明快な説明を与えてくれる。美的判断においては真理性が客観的に保証されることはありえないという事実をあらわにして見せる。

表象文化史や芸術社会学のような学問分野であれば、客観性は成立し得るし、またそれをみずからに課すべきだろう。だが肝心の、芸術作品を前にして美的判断を実践する場においては、人間の別の能力が活動を始めなければならないのである。そしてたとえ心許なく、確実性を欠くように感じられようとも、美的判断はけっしてたんなる個々人の恣意による好き嫌いにすぎないわけではないということを立証すべく、まさに『判断力批判』は書かれたのだった。さらに、ドゥルーズの読解を是とするなら、美的判断は論理的一致や倫理的一致を発生させるひこばえでさえある。アーレントに倣えば、そこから政治哲学に通ずる道がある。フェミニズム美学が、現在のように従来の学問的言説にひそむ男性中心主義の告発を事とする過渡期的な段階を過ぎ、成熟するためには、芸術作品を判断するという肝心の問題にかんして、より謙虚な態度を身につける必要があるだろう。

1　リンダ・ノックリン、松岡和子訳「なぜ女性の大芸術家は現われないのか」『美術手帖』一九七六年五月号。

2　グリゼルダ・ポーロック、萩原弘子訳『視線と差異』新水社、一九九八年。ポーロック、ロジカ・パーカー、萩原弘子訳『女・アート・イデオロギー』新水社、一九九二年。

3　エヴァ・リーガー、石井栄子ほか訳『音楽史の中の女たち』思索社、一九八五年。

4　スーザン・マクレアリ、女性と音楽研究フォーラム訳『フェミニン・エンディング』新水社、一九九七年。

5　コースマイヤー「知覚・快楽・芸術」、大越・志水編『ジェンダー化する哲学』昭和堂、一九九九年。

6　Peggy Zeglin Brand & Carolyn Korsmeyer, "Feminism and Tradition in Aesthetics", The Pennsylvania State University Press, 1995.

7　Robin May Schott, "Feminist Interpretations of Immanuel Kant", The Pennsylvania State University Press, 1997.

8　カント、川戸好武訳「美と崇高の感情に関する考察」『カント全集』第三巻、理想社、一四頁。

9　同書、三七頁。

10　同書、四一頁。

11　同書、五二頁。

12　Sally Sedwick, 'Can Kant's Ethics Survive the Feminist Critique?', "Feminist Interpretations of Immanuel Kant", p.77.

13　Mary Wollstonecraft, 'A Vindication of the Right of Woman', "The Works of Mary Wollstonecraft", Vol.5, London, William Pickering, 1989, p.74. M・ウスルトンクラフト、藤井武夫訳『女性の権利の

擁護』上、清水書院、一九七五年。
14 ibid., P.105.
15 ibid., P.108.
16 カント、小倉志祥訳「啓蒙とは何か？ この問いの答え」『カント全集』第一三巻、理想社、一三九頁。
17 カント、原佑訳「判断力批判」『カント全集』第八巻、理想社、一三二頁。
18 同書、一三六頁。
19 同書、一三五頁。
20 同書、一四四頁。
21 同書、一六〇頁。
22 同書、一六九頁。
23 Christine Battersby, "Stages on Kant's Way: Aesthetics, Morality, and the Gendered Sublime", Brand & Carolyn Korsmeyer, "Feminism and Tradition in Aesthetics", p.90.
24 バタースバイ、小池和子訳『性別と天才――フェミニズム美学のために』現代書館、一九九二年。
25 Schott, 'The Gender of Enlightment', "Feminist Interpretations of Immanuel Kant", pp.325-326.
26 ibid., p.320.
27 ibid., p.321.
28 Kim Hall, "Feminist Interpretations of Immanuel Kant", p.269.
29 ibid., p.270.
30 ibid., p.258.
31 Jean-François Lyotard, 'Le sublime et l'avant-garde', "L'inhumain", Galilée, 1988, p.103.

32 ibid., p.110.
33 ibid., p.118.
34 Corneria Klinger, 'The Concepts of the Sublime and the Beautiful in Kant and Lyotard', "Feminist Interpretations of Immanuel Kant", pp.204-205.
35 ノーマン・ブライソンを中心に英語圏でさかんとなった、いわゆるニュー・アート・ヒストリーなど。
36 政治的に正しいこと。文化多元主義が広がるなかで、少数派を攻撃するのに使われる言葉。
37 大航海時代以降のヨーロッパ諸国による世界の植民地化に対し、批判的な観点に立ってなされる文化研究。
38 一九三〇年代に打ち出され、旧ソ連でもっとも強力であった芸術理論。芸術はプロレタリア階級に奉仕し、現実を歴史的発展のなかで写実的にとらえるべきものとした。
39 萩原弘子「表現、流通、セクシュアリティ——アラーキー写真と意味形成の磁場」『現代思想』一九九九年一月号、青土社。
40 アメリカの代表的な美術批評家ロザリンド・クラウスは、論集『オリジナリティと反復』（小西信之訳、リブロポート、一九九四）所収のピカソ論において、ピカソがある作品で青赤白の三色を使ったことをノックリンがただちにピカソのフランスへの帰化という意味に解釈していることを批判する。クラウスは、ノックリンのような美術史家が、「絵画のシニフィエ」を素朴に「現実の指示対象」と同一視してしまう態度を鋭く指摘したものと思われる。
41 リンダ・ノックリン、坂上桂子訳『絵画の政治学』彩樹社、一九九六年、九〇頁。
42 Lyotard, "Leçons sur l'Analytique du sublime", Edition Galilée, 1991.
43 Sarah Kofman, "Le respect des femmes (Kant et Rousseau)", Galilée, Paris, 1982.
44 Gayatri Chakravorty Spivak, "A Critique of Postcolonial Reason", Harvard University Press, Cambridge

Massachusetts, London, England.

45 Jacques Derrida, 'Parergon', "La vérité en peinture", Flammarion, 1978. J・デリダ、高橋允昭／阿部宏慈訳『絵画における真理』上、法政大学出版局、一九九七年。

46 Gilles Deleuze, "La philosophie critique de Kant", puf, 1994. G・ドゥルーズ、中島盛夫訳『カントの批判哲学』法政大学出版局、一九八四年。

47 ibid., p.73. 訳書、七八～七九頁。

48 ibid., p.74. 訳書、八〇頁。

49 ibid., p.75. 訳書、八一頁。

50 ハンナ・アーレント、ベイナー編、浜田義文監訳『カント政治哲学の講義』法政大学出版局、一九八七年。

5　ジェンダー観点の有効性を問いながら　宗教学への期待

この共著本の全体のねらいは、人文科学の各分野について、ジェンダーの観点から見直しをはかるということである。各章に人文各分野がわりふられている。ジェンダー観点から見直すと一口に言っても、それがどれだけ有意義な方法であるかは、分野により差異があると思う。私が担当した美学・芸術学の方面など、さしづめ、意義が疑わしいほうの筆頭であろう。フェミニズム導入による美学や芸術研究についての批判は本文に書いたので、そちらを見ていただきたい。だが私の章の趣旨は、フェミニズム批判の上にはなく、終わりのほうでドゥルーズやアーレントのカント解釈を読みながら、美的判断というものが潜めている可能性や、人間の他の知的いとなみにつながる出発点としての重要性を指摘することであった。

本文でフェミニズムに疑義を示したのは、芸術と政治思想の関係は、微妙で、とりあつかいには気をつかうべきだといつも考えているからだ。なぜなら、たとえば日本の中国侵略を美化する目的で量産された翼賛的戦争画や、スペイン内乱時にフランコ・ファシスト政権がなした蛮行に抗議して描かれたピカソの『ゲルニカ』のように、政治的主張こそ逆でも、メッセージ性があらわなプロパガンダ表現だという点では共通している作品がある。またホロコースト映画の傑作『かくも長き不在』のように、ユダヤ人強制収容の歴史を知っていればなおさら印象深いが、それと意識せずたんに中年夫婦の再会と別れの物語として見る観客にとっても忘れがたい感銘を残す作品がある。要するに、政治的メッセージの正邪からだけで芸術作品を論ずることは、乱暴すぎるのだ。政治的、歴史的現実からかけはなれた美の世界が中空にぽっかり浮かんでいるということがないのはたしかだが、細心の注意をはらって対するべき問題である。

そこへ行くと宗教学は、芸術と反対にジェンダー観点導入がもっとも実りをもたらす分野のひとつではないかと思う。女人禁制や産屋などのような女性差別が、宗教現象、民俗、風習のうちにしばしば具体的にあらわれている。教典の教義自体はっきりと差別的であることも少なくない。世界中のすべての宗教は女性差別的である。生活文化のうちにあまりにも深く根をおろし空気のようにあたりまえのように通用していることがらを、冷静に観察すると差別的であることがわかってくる。

いったいなぜ、すべての宗教は女性差別的なのであろうか。

私が宗教学に期待したいのは、民俗風習のうちに個々の差別的現象を探していくことではなく、いやそういう地道な調査を最初の手がかりとしつつだろうが、世界のすべての宗教が差別という悪徳を必然として成立しているのはなぜなのかを解明してくれることだ。キリスト教、仏教などの世界宗教は、人類の歴史のほぼ同時期に、はなれた場所で誕生した。それは歴史全体を人類の成長史とみなしたとき、何を物語っているのか？　邪悪を内包して初めて成立し得た思想とは何だったのか。未来において、人類は邪悪を卒業して新たな思想を手にすることができるのか？

ジラールの『世の初めから隠されていること』などの著作は、そういう問題に宗教人類学的立場からせまったものであった。クリステヴァの『恐怖の権力』は人類史の始源にあった恐るべき暴力を女性観点を入れて論じていた。女性宗教学者には、かれらの仕事を引き継いでさらに展開させていくことを望みたい。

6　市民としての責任

韓国から来日された尹貞玉氏のお話を聴きに行った（東京神田、三月六日）。尹さんは韓国挺身隊問題対策協議会の代表をつとめる、内外で著名な方である。会場は椅子の足りないほどの熱気であった。従軍慰安婦のことはしかし「最近流行《はや》りの」話題でもなければ、「今ごろになって急に蒸し返された」問題でもない。日本国内においても市民運動、女性運動の人々や個々の現代史研究家がこれまで粘り強く取り組んでいたことなのである。梨花女子大学を昨年定年退職し現在はこの活動に専念されている尹貞玉女史（本来のご専門は英文学）は、韓国での現状況について英語の単語を交えながら淡々と日本語で報告された。

昨年一二月、もと慰安婦であった金学順さんが東京地方裁判所に日本政府を告訴したのをきっかけとして、各地からわれもわれもと女性たちが対策協議会まで名乗り出、とくに宮沢首相訪韓後に続出し現在までに一九四名に達したという。この数字には工場などで働いた勤労挺身隊がふくまれるため、性的サービスを強制された日本語のいわゆる従軍慰安婦に当たるのは六八名とのことである。すでに年齢六〇歳から七〇歳になるこれら六八名からの聴取調査によるデータをもとに、具体的な報告があった。

女性たちが日本軍に連行されたときの年齢は満一四歳、一五歳、一六歳など。慰安所のあった場所は満州、サイパン、シンガポール、日本各地など。二畳ほどの小部屋に終日監禁されトイレの際にも見張りがつくという生活を何年も強いられた例。軍人を拒んだり逃げようとしたときにどのような刑罰が加えられたか。ある程度勉強をし覚悟を決めて会場に出かけた私でも、聴くに耐えずしばしば耳をおおう無残さであった。したがって最も凄惨な部分は聞きもらしていると思うが、少女たちにとってまさにこの世の生き地獄というべき日々であったろう。

実態は組織的、国家的になされた大規模な強姦いや輪姦にほかならないが、半島が日本の植民地となり天皇の勅令と朝鮮総督の政令とに服従するだけという法的地位に置かれ、さらに国家総動員法のしかれた時代においては、このような徴用は合法的であり当然のことだったのだ。パプア・ニューギニアなどへ調査旅行を繰り返してきた尹貞玉さんの情熱を支えているのは、ご自分が梨花女子大生のころ同世代の娘たちが国家総動員法にしたがって慰安婦として連れて行かれた痛みだという。

忘却のかなたにあったこの問題がなぜ今の時期に噴出したのかについても、複数の理由を挙げてわかりやすく説明された。まず、終戦時に日本軍が慰安婦の存在をかくすために彼女たちを殺害したり関連書類を破棄したりしたため事実がなかなか判明しなかった。軍人が見聞や体験を語ろうとしなかった。また生き残って帰国できた女性自身、儒教の貞操観念の強いお国柄ゆえ身を恥じて沈黙した。家族や周囲の人も本人のためと思って沈黙を守った。韓国歴史学界は長く男性中心で、このようなテーマを取り上げることをあまり上品でないと考えがちだった。女性の受難をつい軽視しがちで、韓国人男性の原爆被爆者などのことは取り上げても、この問題は看過された。日本の敗戦がすぐ解放につながらず、朝鮮戦争と南北分割に事態が移り新たな困難と対さざるを得なかった。朴正熙の軍事クーデターと政権獲得があり、長い間自由な歴史研究とくに現代史研究ができる雰囲気ではなかった、などが複合原因となっていたという。そして今日、冷戦の終結と韓国の民主化、そして多少は女性が率直に口がきけるようになった時代の流れにより、ようやく表に顕在化してきたのである。

いちいち納得の行く理由が揃っているのであれば、いったん重い口を開いた彼女たちが再び沈黙することはありえず、事態がマスコミ的な一時の流行りの騒動として揉み消される可能性はないであろう。ことは「人類に対する犯罪」、道義の問題である。元慰安婦の七割はすでに亡くなったと推定されるようだが、日本政府は、存命の個々人に対する補償を前提とした衷心からの謝罪をもって早く過去を清算しなければならないと考える。

戦後生まれの一人である私自身は、じつは金学順さんによる告発前後までこのことについてほとんど何も知らなかった。関心の中心はつねに芸術と文学と哲学にあり、批評と研究と創作にあった。それは今後とも変わらないだろう。だが事実を知った以上は、私にも一市民としての責任が生じた。だからといって直接に市民団体等にかかわる意思はこれからもなく、現代史研究に入る予定は当面ない。ただ一見迂遠に見える世界、たとえば最も抽象的な絵画の研究をつづけていく場合にも、研究者そのものの立つ政治の現実を捨象することができないことを、遅まきながら痛切に思い知ったのである。

自国の過去を直視していく態度を「自虐的」などと貶める一部マスコミは論外としても、つごうの悪い事実に触れたがらずそれを過小評価ないし無視してしまう傾向が、繁栄する九〇年代の日本に蔓延しているのは恥ずかしいことである。大学人のあいだでもその風潮は大差ない。経済復興ぶりで共通しながら戦後責任のとりかたの相違でよく日本と比較されるドイツでは、補償政策や歴史教育における非ナチ化の努力とは別に、思想界や学界で過去への徹底した反省が行われたことを私たちは知っている。アドルノやハーバーマスの言動しかり、ハイデッガー批判しかり。翻ってわれわれはどうなのか。昭和天皇指揮下の一五年戦争に対する深刻な自己批判ぬきに、知的な世界の人間といえるのか。いよいよ二〇世紀の総決算をしなければならない時期に来ているのである。

尹貞玉氏の補足によると、挺身隊問題対策協議会は先頃ジュネーブで閉会した国連人権委員会に代表を送った。あわせて婦人地位委員会に提訴した。審議の結果この件はさらに八月の本会議の日程に上っているそうである。日韓間だけでなくまもなく欧米に、世界に広がっていきます、と嬉しそうであった。この歳月を経た課題はもちろん日本人がみずから明らかにし解決していくべき事柄ではあるが、現代の国際世論がどのように反応するか、注目される。

また、一般に被害者が沈黙してしまいやすいのが婦女暴行の特殊性だが、たんに個人の災難ではなく民族の歴史の犠牲だという社会的面におそらくは支えられて自らの体験を公にし得た元従軍慰安婦たちの勇気が、未来に向けて性犯罪の被害者すべてにとって励ましとなるなら、苦難も少しは甲斐があったといえるだろう。

7　家庭という暗闇　クマラスワミ報告書から

ＤＶと戦時性暴力

クマラスワミ報告と言えば、一般に日本軍慰安婦問題にかんする勧告書と受け取られることが多い。数年前国連人権委員会に提出され、日本政府に対して慰安婦問題の解決をいくつかの項目にわたって求め、採択されたが、日本政府が無視をきめこんだ文書である。だがそれは実はクマラスワミ報告のごく一部分でしかない。

報告書の全体は「女性に対する暴力――その原因と結果――」と題し、九五年の予備報告に次いで、「家庭内暴力」「共同体内暴力」「国家による暴力」の三つのどれかを年次テーマにして続けられ、現在なお精力的に継続中の一連の調査報告なのである。数年間にわたる彼女の研究は、部分だけを見るのではなく一連のものとして理解しなければならない。なお四月に出たばかりの今年度の報告書のテーマは「国家による暴力」で、九八年に次いで二回目となる。

日本軍慰安婦問題への勧告は、初年度の「家庭内暴力」をテーマにした報告（一九九六年）に付属文書として付けられていた。だからこそ日本政府は、国内向けに「クマラスワミ報告の本題は家庭内暴力で、慰安婦のことは付随的にすぎない」などと偽って説明しようとしたのだ。家庭内暴力という言葉が、そのころ日本ではまだ思春期の子供などが反抗的に親を金属バットで殴ったりすることというイメージが濃く、せいぜい教育問題にかかわる程度の問題にすぎず、家庭内は私的な領域であり、そこで起きる暴力事件は個人的であって政治性はない、という通念が強いことにもたれかかり、慰安婦問題を矮小化しようと図ったと考えられる。

しかしクマラスワミ報告書にいう家庭内暴力は、そういう意味ではまったくない。

そもそも二〇世紀末、武力紛争時における女性に対する暴力や、日常的な暴力（ドメスティック・バイオレンス、セクシュアル・ハラスメントなど）が国際的に注目を浴びるようになり、関心が高まるなか、九三年に国連総会で「女性に対する暴力撤廃宣言」が採択されたのを受けて、法律家クマラスワミ氏が特別報告者として任命され、調査活動に入ったのである。家庭、共同体（コミュニティ）、国家という三つのレベルを設定する構成自体、「女性に対する暴力撤廃宣言」を反映したものであり、つまり三つのレベルは相互に関連しているという認識が基本にあった。家庭内で日常的に女性に対してふるわれる暴力と、戦時性暴力の極限的なかたちである慰安婦制度は、疎遠に見えながら深いところで結びついているという認識がなければ、付属文書として付けるということも起きなかったであろう。

広いDV概念

　ではクマラスワミは、家庭内暴力として具体的にどのような事柄を考えているのだろうか。「ドメスティック・バイオレンスの諸現象」と題した章を見ると、女性殴打、夫婦間強姦、父親による娘への性的虐待など、近年日本でも大きく取り上げられるようになった項目が並んでいる。彼女はまず「家庭は静穏と調和の聖域であるという神話にもかかわらず、親密な人間関係のあいだの暴力は普遍的にあり、しかもそれはジェンダーに特殊な犯罪である」と明確に述べることから始める。実態がなかなか把握されにくいのは「私に対する公というレトリックと、その結果、公的領域に与えられた優先性とが、女性の権利の認識に影響してきたからだ」と、日本政府が抱いているような家庭概念を逆転する視点を出しているのも胸がすくが、さらに進んで、家庭内のそれは暴力の小さな形態であるどころか「家庭は伝統的にジェンダーに基づく空間であり、まさにジェンダー・ステレオタイプから暴力が由来するだけに、女性を抑圧する社会の本質的要素の役割を果たす」と、家庭内暴力をむしろあらゆる種類の暴力のいまわしい中心に位置づけていることが注目される。家庭内暴力が一連の報告の最初のテーマとして選ばれたのは、理由のあることだった。

　夫婦間強姦などと並んで、「夫や親類による強制売春」「家事労働者に対する暴力」のように、日本ではあまり視野にはいらない項目が挙がっていることは印象に残る。例えばパキスタンのある女性は、夫によって四年間売春婦を強いられたという。夫婦や親密な関係の男女間だけではなく、家庭内の仕事に従事する女性に対する暴力も深刻である。それは近年増大しており、ようやく国際的な問題として取り上げられるようになったが、外国からの移住労働と結びついて経済的利益を得ている送出国と受入国の双方が責任を回避する上、女性が母国をはなれて無権利状態にあるために、なかなか表に出ないという。アジアと中東地域の貧困は、多数の女性を家事のような非熟練労働分野での雇用を求めて外国に移住させるが、移住先での彼女たちの孤立は、住居であると同時に職場ともなっている家の壁の内側で、雇用主手ずからの虐待をたやすくもたらすことになる。雇用主がしばしばパスポートを没収するので、女性は暴力的な状況から逃れることができない。そのほか、息子優先選択、すなわち女の子に対して男児より貧しい栄養や医療しか与えないという広範にいきわたる習慣も、ドメスティック・バイオレンスの形態に数えられる。息子優先選択は、つきつめれば少女の高い死亡率や女の嬰児殺し、さらには「性差別選択による妊娠中絶」のように出産前にさかのぼっての女性に対する殺人にいたる。インドのある病院の調査では、中絶された九千件の胎児のうち七九九九件が女児であった。少女を社会的、経済的負担とみなすインドの慣習にその原因がある。中国では一人っ子政策の結果、少女一〇〇人に対して少年一一七人が生まれた。これは世界の平均より著しく高い比率である。

また「女子の健康に害をおよぼす伝統的慣行」も項目に挙がっている。クマラスワミは、外科手術として必要でもないのに、他人の身体の一部を故意に損なうことは、歴とした犯罪であるという見地に立って、暴力の一形態に加えているが、その有害な慣行の実行者はしばしば少女の母親や年長の女性であることは、残念なかぎりだ。

家庭とは何なのか

このように、ざっと見ただけでもクマラスワミ報告書においてはドメスティック・バイオレンスの概念は、日本人が通常考えているよりかなり広い。私たちは、夫婦間や父親の娘に対する暴行などに限定してとらえがちだが、それは単に日本の現代社会が核家族単位で成立していることを反映しているにすぎないようだ。住み込みで家事に従事する外国人女性労働者や誕生前の胎児までを視野に入れるクマラスワミ報告書を読むと、家庭という観念の多様性に目を開かされる。それは家庭外の力とも関係がないわけがなく、現代世界の経済的、政治的動きに直接さらされており、弱い立場の女性たちを直撃していることがわかる。

同時に、一応は親密な関係の人間たちが共に住まう場であるはずなのに、実際はこれほどまでに世界中でたえず抑圧や殺人や暴力が起きている場だとすれば、家庭とはいったい何なのか？ 外部に対しては沈黙しながら壁の内側に暗闇が満ちているこの箱は、何なのか？ という疑問がふつふつと沸いてくる。クマラスワミ報告書は、法の光がもっとも届きにくいこの領域で呻吟する暴力被害者たちをどうしたら救済できるのか、各種の保護命令措置の整備や、立法や、社会的救援制度などいろいろな方向から提案しているが、私たちも、世界のきびしい現状に目を向けながら、希望を捨てずにいたいものだ。

（『女性に対する暴力　国連人権委員会特別報告書』明石書店、二〇〇〇年は、一九九六年から一九九八年までのクマラスワミ報告書の主要な部分を選んで邦訳したもの。筆者も翻訳グループの一人）

8　市民の力に期待する

湾岸戦争から一〇年というお話が出ていますが、一〇年前といえば、アジアからの告発が表面化した時期でもあります。私は従軍慰安婦問題が表面化したとき非常に衝撃を受け、ずっと関心をもち続けてきた一人ですが、長く歴史の下に隠されていた事実がその時期に噴き出した背景には、冷戦の終焉という状況がありました。

戦後、日本は平和な国であり戦争には直接関係がない、と皆錯覚してきたけれども、実はそういうことではまったくなかったらしいことが、アジア諸国からの告発によって、明らかになりました。日本はかつて慰安婦制度の考案と利用という「人道に反する罪」（人類に対する犯罪）を犯し、なお今日にいたるまで解決していないのです。

もう一つ、戦後数十年間、日本がはっきりと言って来なかったことに、原爆の問題があると思います。一般の市街地に至近距離から原爆を投下するというような、これも明らかな「人道に反する罪」を犯したアメリカに対して、日本は明確に批判することができませんでした。

みずからの犯した罪とアメリカの罪と、どちらに対しても事をはっきりさせないで今日まで来てしまった、冷戦構造のなかの日本とは、いったい何だったのだろうか。それを、私たちはいま本当に考えなければいけないのだと思います。

米軍はいまアフガニスタンで、核兵器の使用こそまださし控えても、クラスター爆弾という明らかな残虐兵器を使っています。被爆国でありながらアメリカの過去の蛮行に対して曖昧な態度のまま来てしまった日本には、非人道的兵器の使用について責任の一端があるのではないでしょうか。

しかし日本の政権担当者は、現在、アメリカの武力行使を批判するどころか、ひたすら追随し海外に自衛隊を派遣することに走っています。このような困難のなかで、私たちに何ができるのか。しっかり考え、言葉を紡ぎだしたい。なんとかして有効な言葉を見つけていきたいと思うのです。

憲法にかんしていえば、平和主義はもちろん貴重ですが、現行憲法は第二次大戦直後の日米関係のなかで形となった、つまりまさに冷戦構造が作ったものでもあるわけで、そのために、欠点ももっています。第一章の天皇条項の残存、天皇制の温存がそれです。しかし欠点はあっても、こと第九条にかんしては私も絶対に護憲の立場でいきたいと考えています。

では、どういうふうに、第九条を保持しつつ日本国憲法の平和主義、人権尊重の理念をこれから実現していけるのか。探求しなければならない論点は多いのですが、私は憲法をとりまく現在の危険な状況にもかかわらず、あまり絶望的になっていません。なぜなら市民の力にかなり期待ができると思っているからです。

先ほど歴史教科書の件で、「つくる会」編の教科書の採択率が非常に低かったことに一定の達成をみるというお話がありました。そのことが一つありますし、最初に言った旧日本軍の慰安婦問題にかんしても、まもなく、二〇〇一年十二月初めにオランダのハーグで、「女性国際戦犯法廷」の最終判決が出ることになっていて、これは日本と諸外国の市民団体が協力して開いたいわば国際市民社会の力による民衆法廷なのですが、たぶん私たちにとって期待できる最終判決が出るのではないかと予想されます。市民は決して無力ではないのです。

9　モナ・オズーフ他『フランス革命事典』について

従来のフランス革命像をぬりかえた書物としてよく知られているのは、ハンナ・アーレントの『革命について』である。アーレントは、マルクス主義的ないわゆる「革命」イメージを一変させ、革命を「自由の創設」をめざす純粋に政治的な出来事として再定義した。具体的には、アメリカ独立革命とフランス革命を対比的に論じ、前者が共和主義的な政治的自由の制度化へと向かう動機を最後まで維持し得たのに対し、後者は経済的関心に左右されるあまり新しい政治体の樹立に失敗したと見て、後者を強く批判したのである。

またフェミニズムの立場からは、近代デモクラシーの先駆と見えたフランス革命が、「人権宣言」で高らかに理想をうち立てながら実際には男性中心的に推移したものであったことがきびしく指摘された。フランス革命の性差別的性格は、同時代の女性啓蒙思想家メアリー・ウルストンクラフトの著書『女性の権利の擁護』や、政治活動家オランプ・ド・グージェのパロディ的な文書「女性市民の人権宣言」などが、つとに証拠立てている。

理想に始まり恐怖政治へと急旋回したフランス革命の歴史を、多様かつ批判的な観点から認識していくことが、二〇世紀末、いよいよ求められるようになってきている。それは「近代の見直し」の具体的な一課題なのである。

モナ・オズーフ（一九三一年生まれ）は、アーレントのように政治哲学の角度からではなく、フェミニズムの立場からでもなく、地道な歴史家として研究に臨み、その結果、革命二百周年を前に、従来のフランス革命の見かたをすっかり変えてしまった女性である。

フランス革命史研究は、とほうもない広さと深さをもち、外国人などにはとても太刀打ちできないレベルで推移している学問分野だが、オズーフが頭角をあらわしたのは、まずは革命祭に注目することによってだった。革命祭というのは、バスチーユ占領の記念日に毎年シャン・ド・マルスで開催された「連盟祭」を始めとして、革命進行中に全国各地でたえまなく開催され、ロベスピエール主催の「最高存在の祭典」（一七九四）で頂点に達したおびただしい祝祭のことである。それの研究が、サンキュロット派による革命という、大御所ソブールの学説に代表される見方が支配的だった従来のフランス革命観をきりくずす一歩となるのである。

革命祭をテーマに催されたコロキアム（ロベスピエール学会、クレルモン・フェランにて、一九七四）における発表や討論会発言から、彼女の果敢な姿勢はじゅうぶん窺われるが、単行本『革命祭典』を読むと、オズーフがどんなふうに革命史における祭典の意味を広げようとしたかがよくわかる。たとえば彼女は、革命祭はきわめて複雑な複数の動機が重なりあっているもので、単純化しにくいが、祝祭の開催を公的に進めていく背後には、高揚よりも沈静化と革命の終結を企図するような傾向が見られるという。祝祭のもつ一筋縄では把握できない性格を指摘しているのである。

しかしオズーフの名を不動のものにしたのは、一九八八年にフランソワ・フュレと共編で刊行した本書『フランス革命事典』だろう。フュレはマルクス主義的なフランス革命観に批判的な歴史家で、スターリニズムがどんなに二〇世紀知識人に幻想をばらまき害悪をもたらしたかをつねづね考えてきた男性である。「事件」「人物」「制度」「思想」「歴史家」の五部から成り、これまで見逃されてきた多くのテーマをとりあげて複数の人が分担執筆している。編纂の基本姿勢は、「革命を一つのものとして考える以前に、その不調和、不一致、さらにその諸矛盾さえも測定すること」という序文の言葉に如実にあらわれている。

モナ・オズーフ自身が書いた項目としては、当然ながら、「事件」の部の「連盟祭」などがあるほか、「思想」の部で、フランス革命の三理念「自由」「平等」「友愛」の項目をすべて担当しているのが目に止まる。ためしに「友愛」のところを読んでみよう。

オズーフは、友愛の概念が自由や平等の概念と同等の資格をもたず、「啓蒙思想のなかに根をおろすことがもっとも少なく、もっとも遅れて登場した末娘」だったことに注目しつつ、その用例を革命史のなかに数え上げ、具体的状況のなかで友愛概念の歴史を書こうとする。渉猟の結果、友愛がいろいろな点で二重の意味をふくんだものだったことが示される。たとえばそこには最初からキリスト教的な含意と、フリーメイソン的な含意が混在していたこと。矛盾を抱えればこそ、ミシュレのように連盟祭典における友愛をフランス革命の主要な原理として称揚する人もいれば、逆に解釈する人もいる。革命の主役であると同時に共和主義の恵まれぬ端役でもある、等々。友愛は、両義性がつきまとう概念だからこそ、不調和と不一致と対立に満ちたフランス革命史を測る最良のものさしたり得る、と主張しているかのようだ。歴史家オズーフの本領が発揮された項目といえよう。邦訳書は上下二巻の分冊で刊行され、その後、みすずライブラリー版（全七巻）というよりコンパクトな形となった。

なお最近のオズーフの仕事として、スタール夫人、シャリエール夫人、ロラン夫人、シモーヌ・ヴェイユら十人の女性の言説を束ねた資料集『女たちの言葉』（ファイヤール書店、一九九五、未訳）がある。フランス革命を同時代や後世の女性たちの視点から見直すという意味で、重要な文献である。

（河野健二他監訳、みすず書房、一九九五年）

10　シモーヌ・ヴェイユ　Simone Adolphine Weil 1909-1943

フランスの思想家、詩人。パリの高等師範学校《エコール・ノルマル・シュペリウール》で哲学を学び、高校教師となるが、工場労働に身を投じる。スペイン内乱が勃発すると政府軍側義勇兵として参戦。ユダヤ人であったため晩年アメリカに亡命するも、ナチス占領下のパリを憂えて帰国の途上、英国で病死した。古典文学に託して戦場の暴力を論じた『イーリアス、力の詩』や、現地文化を〈根こぎ〉にしてしまう欧州の植民地主義政策を批判した『植民地問題』など、人間と社会に対する洞察にみちた著作は、時代の危機を身をもって訴えた真摯な生き方と相俟って、広く感銘を呼んだ。政治思想としての先駆性が近年注目されている。

↓労働、戦争

〔文献〕『シモーヌ・ヴェーユ著作集』（全五巻）春秋社、一九六七〜六八。フィオーリ『シモーヌ・ヴェイユ』平凡社、一九九四。

11　全体主義　英 totalitarianism　独 Totalitarismus　仏 totalitarisme

全体主義は、二〇世紀の政治的歴史のなかで特筆すべき経験のひとつである。それがもたらしたホロコースト、強制収容所、戦争、数々の残虐行為などの厄災は、人類に癒しがたい傷を残した。全体主義の究明は現代史の課題であり、その克服は哲学にとっても避けて通れない課題である。

ドイツのナチズム、イタリアのファシズム、日本の天皇制、ロシアのスターリニズムが全体主義として一括されるが、全体主義の概念は固定したものではない。ファシズムという言葉がしばしば全体主義と混用されるのは、おそらくムッソリーニの登場がナチスよりも早かったせいであろう。

二〇世紀のはじめ、技術の進歩と工業化による近代化の急激な展開がかつての共同体的統合を失わせると感じられ、その喪失が政治と社会の双方にとって危機的なことだという感情と認識が広まった時期、ヒトラー、ムッソリーニらの覇権の確立が生じたのである。

全体主義をめぐる議論には歴史的な変遷がある。日独伊が枢軸国をなしていた時代とそれらが壊滅した第二次世界大戦以降で大きく異なり、共産主義体制を含んだ意味で用いるか否かが論争点となって、概念が変遷した。

全体主義という言葉そのものはすでに一九二〇年代から使われている。イタリアでファシズムが成立した当時、非マルクス主義的思想家たちは、ファシズムを民主主義に対する敵とみなし、コミュニズムと同列に置いて全体主義と呼んだ。一方、自由諸国内のマルクス主義的思想家や共産主義（コミンテルン）側は、ファシズムは資本主義の危機から生じた政治体制であり、支配階層のヘゲモニー復興のために現れるものと考えた。コミンテルン側はナチズムに対しても全体主義とは呼ばず、ファシズムの別形態と定義していた。

しかしスターリンのソ連が一九三九年ドイツと不可侵条約を結ぶと、西側では共産主義とナチズムは同じコインの裏表にすぎないという認識が支配的になった。戦後、冷戦下の国際政治状況において、全体主義はその意味で盛んに用いられ、修辞性が強い言葉となる。戦後早い時期に書かれたハンナ・アーレントの歴史書『全体主義の起原』（一九五一）は、全体主義を左右両陣営に共通する出来事として、また国民国家から必然的に生来する結果と考えて、賛否両論を巻き起こした。

全体主義で問題になっているのは対外的政策ではなく国内体制で、政治形態と社会形態の間の不一致を一気に国家によって解消しようとする意図が特徴である。カール・シュミットは、全体主義を「国家と社会の完全な同一性」と定義した。同一性を維持しようとすれば、言論の自由等は抑圧されざるをえない。そこに生ずるのは、政治学者カール・フリードリヒが「六つの兆候」として指摘する通り、公式のイデオロギー、大衆を基盤とする唯一の政党、恐怖政治、コミュニケーションの独占、暴力の独占、経済の中央統制という事態である。

いちじるしい全体主義国家は過去のものとなったかに見えるが、資本主義が進行する大衆社会において、それはいつでも再発する可能性がある。二一世紀に入っても、日本やロシアにおいて、その復活の兆しがなくはない。「全体主義政権がその隠れもない犯罪性にもかかわらず大衆の支持によって成り立っていたという事実は、われわれに非常な不安を与える」というアーレントの指摘は、今日の不安でもある。

→大衆社会、ナチズム、天皇制

〔文献〕アーレント『全体主義の起原』（全三巻）みすず書房、一九七二～七四年。丸山眞男『現代政治の思想と行動』未来社、二〇〇六年。シュミット『政治神学』未来社、一九七一年。シュミット『独裁』未来社、一九九一年。Carl J. Friedrich 'The unique character of totalitarian society', "Totalitarianism" Harvard University Press, 1954. アドルノ『否定弁証法』作品社、一九九六年。トドロフ『極限に面して――強制収容所考』法政大学出版局、一九九二年。

第五章　英語・フランス語論文

（解題・梗概：大内和子）

1 **Kagaku MURAKAMI** (1888-1939) — de la Figuration à l'Abstraction

Au Japon moderne après la Restauration de Meiji (1868), à mesure que les échanges culturels avec l'Europe se sont développés, nombreux sont les artistes qui ont commencé à peindre à l'huile. D'autre part il y en avait certains qui continuaient à peindre de manière traditionnelle. Kagaku, qui a fait partie du côté traditionnel, a travaillé pour le rouleau vertical destiné à décorer la niche et le paravent etc. (on dit que les japonais excellent dans l'art décoratif et appliqué). Les couleurs, les supports et tous les matériaux dont il s'est servi sont issus de la peinture traditionnelle.

Ce qui est frappant c'est que ses œuvres nous donnent l'impression qu'il y a quelque chose de commun avec l'art moderne occidental du 20ème siècle. C'est-à-dire, alors que les artistes influencés par l'art occidental se sont souvent limités aux épigones (adapteurs, imitateurs) des mouvements modernistes européens en fin de compte, Kagaku a paradoxalement réussi à réaliser un art prèsque abstrait.

Pourquoi lui est-il possible d'arriver à un art aussi original? A mon avis, c'est parce que Kagaku a considéré la ligne comme l'élément essentiel de la peinture. On se souvient que pour Pollock, Klee et Monet, la ligne est également l'élément important de la peinture.

Dans mon exposé, je voudrais montrer comment il a cheminé de l'épanouissement tout en étant un artiste traditionnel.

1◆ C'est une des œuvres les plus connues de Kagaku. Elle représente un réseau de lignes complexes qui ressemble à des vaisseaux capillaires. Parmi vous il y en aura certains qui le trouveront sinistre. En fait il l'a dessiné sur le motif des saules pleureurs. Ce réseau de lignes rappelle les courbes aléatoires de Jackson Pollock. Mais ce n'est pas de la peinture abstraite proprement dit. En effet, il dessine adroitement les branches élastiques et les brindilles des saules pleureurs.

2◆ Ce tableau fait partie de la série montagnarde. Je vous montrerais toute la série plus tard. Il s'agit ici du sommet d'une montagne à travers les branches de pin dans l'air glacé d'hiver. La combinaison de l'arbre et la montagne est son motif favori. Tout est représenté graphiquement par des lignes à tel point que l'on ne peut plus distinguer nettement les arbres des plis de la montagne rocheuse. Par rapport à la peinture juste avant 1◆ qui est relativement plane et décorative, celle-ci a une l'expression plus réaliste. On a l'impression que la montagne est en train de naître.

3◆ Ce tableau est un autre de la même série. Regardez la ligne vague, grosse et sombre comme des mousses qui poussent sur les rochers.

Pour Kagaku ce qui est important dans la peinture, c'est la ligne. Bien sûr il y a d'autres éléments que la ligne: les couleurs, les ombres, la composition, la perspective, l'allégorie, l'iconographie, etc. Il a toujours exploité la possibilité de lignes jusuqu'au bout. Dans son journal, on peut lire partout des remarques sur les lignes, par exemple, je cite: "La ligne est le cœur de l'univers", "Le peintre doit faire l'apprentissage de la ligne".

Effectivement, comme des enfants qui commencent à dessiner en barbouillant, la ligne semble être l'origine de peinture. J'ai déjà mentionné à Jackson Pollock. Paul Klee aussi a réfléchi sur la théorie de l'activité des lignes dans son cours à Bauhaus. Est-ce que la ligne est le langage fondamental de la peiture? C'est ce que je me propose de constater dans cet exposé.

Ses paysages montagnards en 1939 sont l'aboutissement de sa recherche. Mais c'est seulement au dernier moment qu'il est arrivé à cette étape. Comment a-t-il abouti à cet étape? Pour répondre à cette question, nous allons voir les premières œuvres de sa carrière. Dans sa jeunesse, il a fait des essais très variés.

4◆ est un paysage rural au bord de Kyoto. C'est son travail de diplôme d'étudiant. Ici la façon de dessiner est très réaliste. Au lieu de respecter la convention de la peinture japonaise, Kagaku a préféré observer la nature. Comme vous voyez, ce paysage offre une perspective occidentale. Le regard des spectateurs se concentre naturellement au pied de montagnes à l'agglomération. On peut trouver plusieurs sortes de lignes. Le canal d'irrigation droit, le chemin sinueux, les sillons (dans les sens variés), le sentier en courbe créent des lignes en mouvement dans une composition naturelle ou des traits verticaux dans les feuilles, et les troncs d'arbres

viennent s'ajouter à l'ensemble.

Apparemment c'est un paysage ordinaire, mais en fait Kagaku fixe ses yeux sur les lignes inhérentes à la nature. La composition des lignes suscite une sorte de musicalité agréable d'où vient l'ambiance fraîche et le plaisir de cette œuvre. Dans son journal il écrit, je cite: "La musique et la peinture ont la même racine."

5◆ Voilà un paravent qu'il a fait 2 ans après son diplôme. Etrange peinture, bondée d'hommes et de femmes qui s'habillent en kimono tous très ressemblant. Leurs visages blancs aux contours précis nous font rappeler les figures d'ukiyo-e (les estampes japonaises d'époque d'Edo). "L'admiration des cerisiers" est un des thèmes conventionnels au Japon. Ici Kagaku respecte la manière ainsi que le thème.

Malgré cela, cette œuvre montre la particularité de Kagaku. Son but est ailleurs. Ce qu'il a recherché ici, c'est de créer un monde par la répétition et la variation d'un même élément. Par exemple, on retrouve toujours 5 ou 6 personnes assises sur chaque tapis. Il a divisé l'espace en lignes droites faites par les tapis rouges, les bois équarris qui cloisonnent les divisions ou les séries de lanternes hexagonales qui contrastent avec la courbe élégante de kimono. (Les lanternes longues au primier plan, plus courtes au milieu, et au fond les visages ronds des passants se dissimulent aux lanternes rondes.)

Dans cette peinture, Kagaku recherche une musicalité à travers la répétition et gradation. L'ambiance de volupté (presque décadent) de ce paravent vient non seulement du sujet (la scène de l'homme et la femme), mais aussi du plaisir des yeux.

Ces deux premières œuvres de jeunesse 4◆ 5◆ montrent déjà son grand intérêt pour les lignes. Indépendamment des motifs choisis, il crée avec elles une émotion artistique.

6◆ 7◆ Kagaku dans sa jeunesse s'est aussi intéressé aux corps humains en mouvement, c'est-à-dire les danseuses de kabuki, les poupées de Bunraku (marionette traditionnelle) ou les maiko (jeune fille pratiquant la danse traditionnelle japonaise). Regardez les lignes des manches et les bas de kimono. On peut constater les yeux perçants du peintre qui veut saisir l'objet en mouvement.

Ainsi, pour Kagaku rien n'est statique dans le monde. Tout les êtres sont dans le mouvement. Et ce que le peintre doit faire, c'est de trouver une ligne qui puisse saisir l'objet en question le mieux. Il doit fixer ce mouvement à travers les lignes.

8◆ Les saules pleureurs étaient son motif préféré. C'est sûrement parce que les

branches de saules pleureurs sont déjà elles-même des lignes qui existent dans la nature. Mais dans celle-ci, le rôle des saules pleureurs n'est que secondaire. Au point de vue du thème, cette peinture appartient au thème de "L'agriculture": un des genres de peinture japonaise traditionnelle.

Ses lignes légères expriment le mouvement lent du bœuf. En même temps, des lignes aussi légères expriment les tremblements des branches. Comme le paravent de l'admiration des cerisiers, Kagaku joue encore avec des lignes tout en étant très figuratif.

9◆ Les saules au-dessus de l'étang sont son motif favori, mais avec le temps, les éléments figuratifs vont disparaître et il s'approche de l'art abstrait. 1◆ Finalement, on ne voit plus rien que le réseau de lignes. On pourrait dire que c'est «le langage poétique à l'état pur». Dans ses premiers peintures 9 ◆ 10◆, Kagaku a dessiné l'arbre de saule pleureur en le corps entier, mais dans sa dernière étape il ne regarde que les branches tremblantes: la partie la plus impressionante.

On se souvient que Claude Monet a souvent peint des saules au-dessus de l'étang. Les dernières œuvres de Monet se composent de lignes dynamiques représentées par des touches de pinceau violentes.

11◆ En 1923 Kagaku a quitté Kyoto pour retourner à Kobe, sa région natale, qu'il connaît très bien. Dès l'enfance il s'est promené ça et là dans les montagnes aux alentours de Kobe, mais c'est seulement à partir de cette époque qu'il a commencé à dessiner les paysages montagnards. Il y vivait retiré comme un ermite sans plus fréquenter le monde de l'art.

Voici son premier chef-d'œuvre de la série. Les arêtes, les ravins. Vous voyez les traits courts et délicats, comme sculptés par le peintre. Il n'y a plus de ligne précise du type d'ukiyo-e. Plus du tout conventionnel mais très réaliste. Il a quitté définitivement la maniérisme de la peinture traditionnelle japonaise. Pour lui, l'important, c'est de bien observer la nature et travailler directement d'après elle.

12◆ En 1933, dans son journal il écrit: "Pour peindre, j'ai loué une cabane dans la montagne. J'ai habité cette demeure temporaire pendant un mois".

En un sens, Kagaku ressemble à Cézanne. Cézanne aussi a quitté Paris pour retourner à Aix-en-Provence et s'est appliqué à dessiner la Montagne Sainte-Victoire, séparé du monde de l'art. Tous les deux respectent l'observation attentive de la nature avant tout. Kagaku n'est ni symboliste, ni mystique, ni fantaisiste, mais l'essen-

tiel pour lui c'est de saisir tous les êtres devant lui dans la nature et les réaliser sur les papiers par les lignes.

13◆ Un paysage glacé où souffle le vent froid. Ici les branches du pin se tordent à cause du vent. Et derrière, la masse de la montagne est dessinée par des lignes de même nature. Les deux éléments se rejoignent dans un même mouvement. Comme s'ils s'enclenchent, la montagne se meut là où le pin s'arrête. La tranquillité et le mouvement coexistent.

14◆ L'intéressant c'est toujours la combinaison de l'arbre et de la montagne. Ici, la ligne est plus simple et puissante que l'autre 13◆. Les branches et la montagne sont représentées toujours par le même trait. Il n'y a rien d'autre que le croissant qui ne bouge pas. Comme Kagaku a écrit dans son journal que je cite: "La synthèse de l'arrêt et du mouvement, voilà l'art."

15◆ Ici, de même, par des traits courts et arrondis, le réseau des branches couvertes de neige et la montagne derrière lui se mélangent. Pour Kagaku, le rocher, malgré son apparence dure et immobile, est aussi en mouvement ainsi que les danseuses.

On comprend maintenant pourquoi Kagaku tient tellement aux lignes. Parce que la ligne a une relation étroite avec le temps. Rien n'est stable ni fixe dans le temps. Tout est en changement, développement, tremblement, augmentation et formation dans le temps. Kagaku s'intéresse à ce monde terrestre ici-bas. Le monde de l'au-delà qui se repose dans l'éternité était totalement étranger pour lui. Comme j'ai dit tout à l'heure, il n'est ni symboliste, ni mystique, ni fantaisiste.

16◆ Nous voilà maintenant dans la série de paysages montagnards de 1939 (l'an où il est décédé) qui nous étale la profusion des lignes. Avec des lignes vagues bavées au papier, il représente l'escarpement qui se dresse verticalement devant le peintre. Des arbres se fondent dans la montagne dans la lumière sombre du soir.

17◆ Ce qui est remarquable dans la série de 1939, c'est que Kagaku utilise le papier dans sa longueur. Ainsi, par rapport à d'autre peinture telle la 11◆ pour laquelle il a utilisé le papier en largeur, la perspective de l'ensemble des montagnes est perdue. En revanche, ici il n'y a que la partie du sommet. Le regard du peintre ne tient qu'à la partie la plus impressionante de la montagne. On peut mesurer difficilement la distance entre le peintre et l'objet. Autrement dit, le peintre qui observait calmement son objet à distance est perdu. Il s'intègre maintenant presque à son

objet tout en le dessinant.

18◆ (un diptyque) La montagne surgit brusquement derrière les lignes ondulées comme les toisons qui recouvrent le tableau.

19◆ J'ai remarqué que l'étendue découpée par le cadre est plus réduite dans cette série. Ici le regard se concentre sur un bloc du rocher. Les plis du rocher sont exprimés par lignes grosses et puissantes qui répètent le tronc du pin. On discerne difficilement les figures qu'il dessine. Il n'y a pas de perspective mais uniquement des fragments (morceaux) de la nature. Le peintre n'est plus privilégié du sujet envers son objet mais la montagne touffue avale le peintre.

20◆ A travers les branches noires du pin, le sommet de la montagne se présente comme les nuages cumulus qui s'amoncellent dans le ciel. Ses tableaux indistincts nous montrent que tous les êtres dans ce monde sont en train de se former avec le temps.

Kagaku a écrit dans son journal, je cite: "A vrai dire, je m'en fiche de la peinture. Si je ne peux plus peindre, peu importe. Que je puisse seulement saisir la substance de l'univers! Voilà la chose la plus importante pour moi." Tout de même, comment la saisir? Pour Kagaku, la ligne en était le moyen possible. C'est là son unique langage poétique.

2◆ Le réseau de lignes comme des fibres de coton recouvre le tableau qui s'approche de l'art abstrait. La surface froissée du papier que le peintre a mouillé à plusieurs reprises intentionnellement représente d'emblée les plis du rocher. Les lignes peintes et le textile du support se correspondent mutuellement. A la recherche de ce qui est essentiel dans la peinture, Kagaku est finalement arrivé au point de découvrir le support matériel de la peinture: le papier carré. Dans l'espace qui perd de sa profondeur, un fragment de l'univers se présente. Et à la fin, le tableau est réduit en papier carré lui-même de sorte que l'œuvre d'art n'est qu'un fragment. C'est une des problématiques importantes de l'art contemporain.

Kagaku a fini par arriver à ce problème universel, en regardant tout seul les montagnes comme un ermite, séparé du monde de l'art. C'est une histoire miraculeuse.

解題

二〇〇三年度、大妻女子大学の国外研修支援制度によりフランスに滞在中、パリ社会科学高等研究所アニー教授ゼミにおいて行った口頭発表用原稿。『絵画の思考』の「震動するエクリチュール――村上華岳」を新に展開。

梗概

明治以降多くの画家が油彩画を描くようになったのに対し、村上華岳は伝統的な日本画の技法と画材による制作を固持した画家である。にも拘らず、その作品には二〇世紀西洋芸術との共通性を見出し得る。華岳は抽象芸術に近いものを作りあげたのである。彼が独自の芸術を達成できたのは、線を絵画の本質と捉えたからであろう。

初期にあって華岳は、田園風景、観桜、農耕とさまざまなモチーフを作品化するが、それぞれの対象を構成する線、それが醸し出す音楽的リズムを探求し、同時にその対象の動きにも注目した。対象を対象たらしめている線を見出し、その線を通して対象の動きまで捉えることを目指したのである。線描を重ねるにつれ、華岳の絵は抽象画に近づくことになる。晩年の「秋柳図」(図1)にあるのは線の錯綜のみである。

華岳は神戸に転居後、山岳画を描き始める。山中に仮住いするなど自然観察を何よりも尊重した華岳にとって最も重要だったのは、目の前にある自然を全存在として摑むことであり、線によってそれを表現し尽くすことであった。松の幹や枝と背後の山は同質の線で描かれ、混ざり合ってひとつの同じ動きをつくる。堅い岩壁も揺れ動く。華岳が線に執着するのは、線は時間との関係が深いからだ。木も山も、時間のなかの存在として捉えられるからこそ、変化し、発展し、震動する。

最晩年の作品では線が複雑多様な発展を遂げ、対象も奥行も画家の位置も判然とせず、世界の一断片しか見えなくなる。「巌山松樹之図」(図2)ではさらに、下地の和紙をけば立たせてそこに岩のひだを描き、絵とその支持体という現代芸術の重要な問題提起までおこなっている。絵画の本質を探求して独り山を見つめることで、華岳はこのような普遍的問題に辿り着いたと言える。

Œuvres

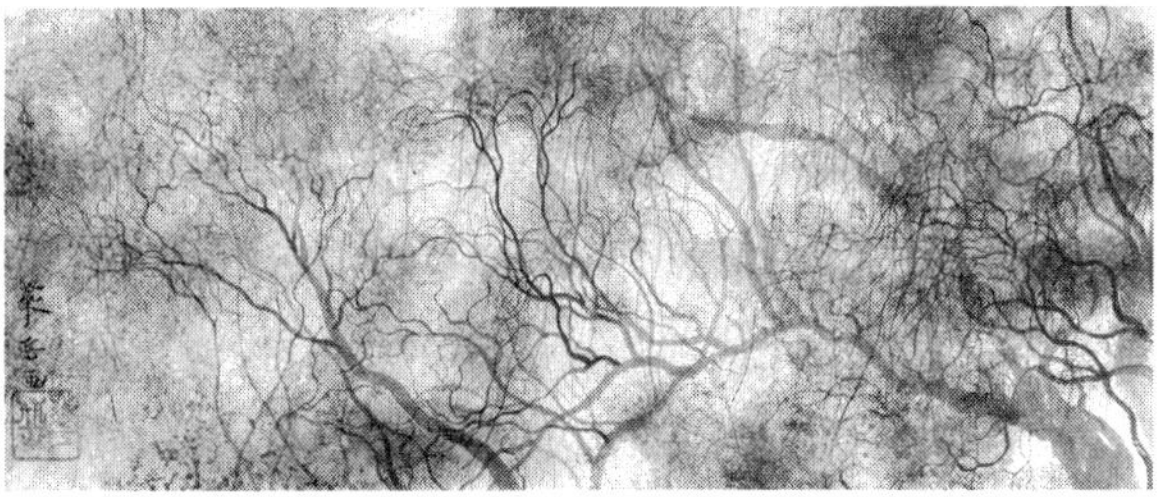

1◆ 秋柳図
Les saules pleureurs en automne, 1938, papier, le rouleau vertical, 21.9x53.4cm

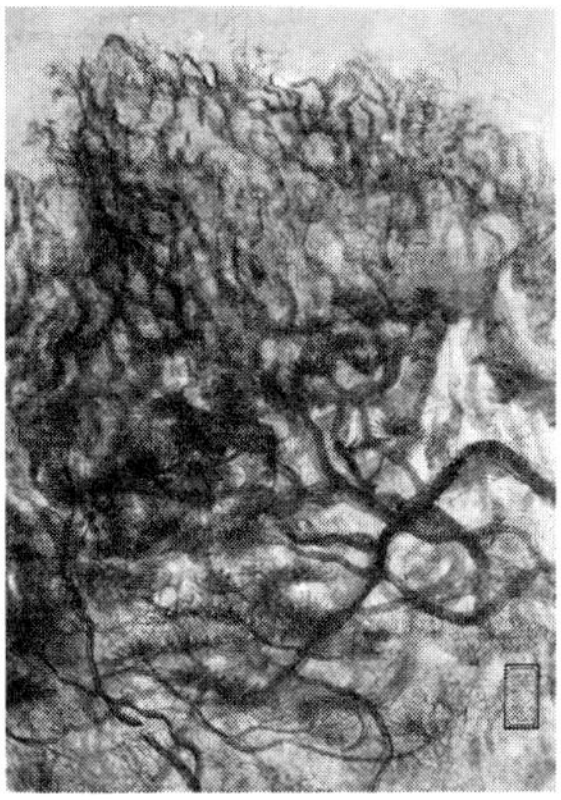

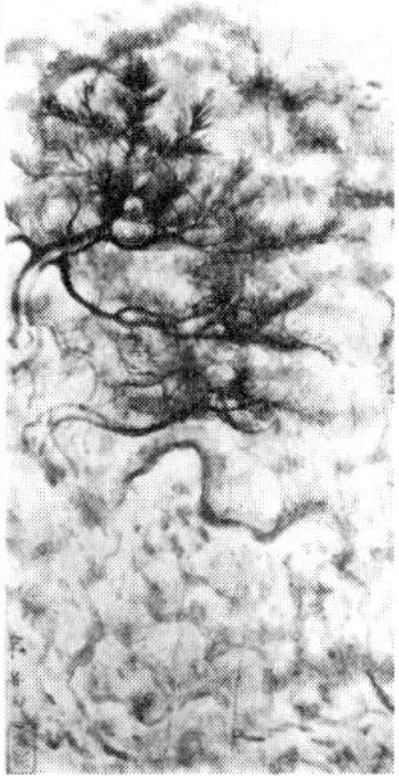

2◆ 巌山松樹之図（左）
Les pins sur la montagne rocheuse, 1939, papier, le rouleau vertical, 56.5x39.4cm

3◆ 松岳（右）
L'escarpement avec les pins, 1939, papier, le rouleau vertical, 62.3x33.6cm

4◆ 二月之頃
Le paysage en février, 1911, soie, le rouleau vertical, 114.0x132.5cm

5◆ 夜桜之図
Admiration des fleurs de cerisiers la nuit, 1913, soie, le paravent, 142.6x160cm

6◆ 二人舞妓(左)
Deux danseuses, 1918, papier, le rouleau vertical, 113.5x40.5cm

7◆ 日高河清姫図(右)
Princesse Kiyohime traversant la rivière Hidaka, 1919, soie, le rouleau vertical, 143.7x55.7cm

8◆ 柳汀放牛之図(左下)
Le bœuf marchant dans la rizière sous les saules pleureurs, 1924, papier, le rouleau vertical, 38.7x47.3cm

9◆ 春泥(右下)
Le bourbier au printemps, 1936, papier, tableau en cadre, 24.1x27cm

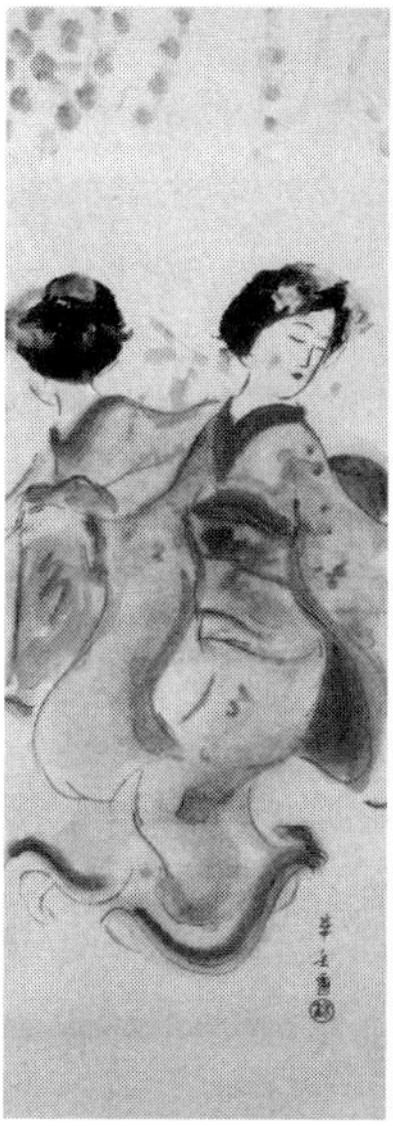

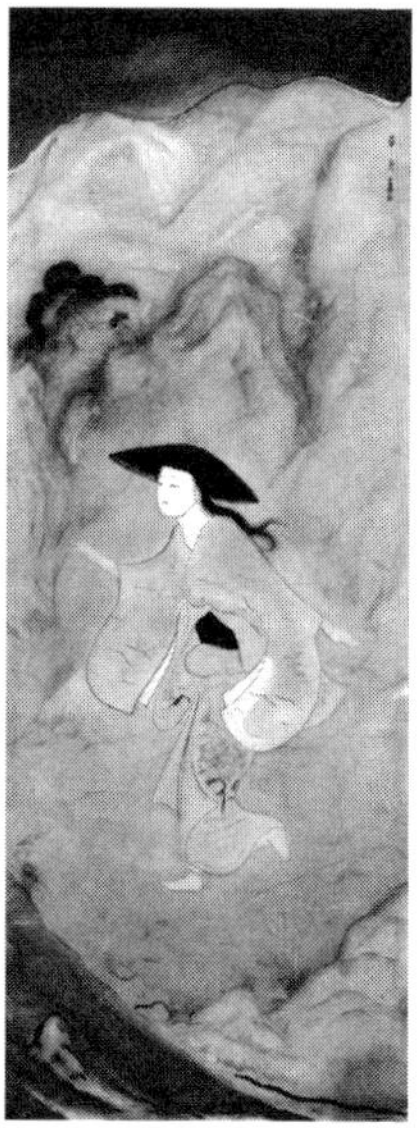

10◆ 梅柳の山
La montagne aux pruniers et saules, 1935, papier, le rouleau vertical, 22.6x38.4cm

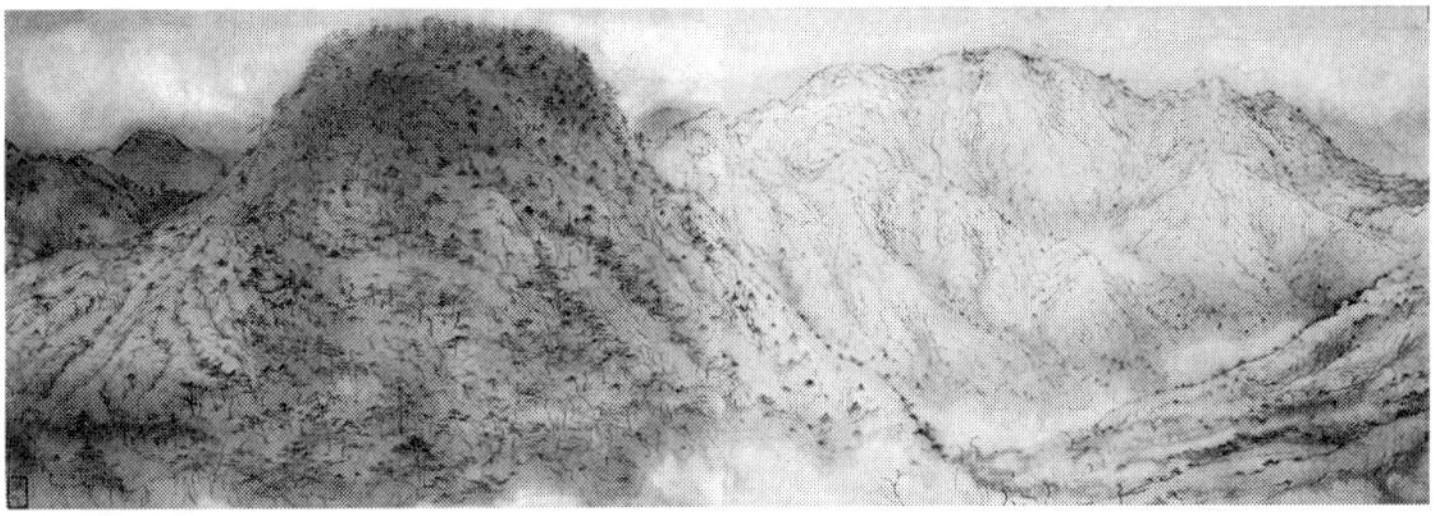

11◆ 松山雲煙
Les montagnes couvertes de pins dans le brouillard, 1925, soie, tableau en cadre, 46.4x140cm

12◆ 連峰春雪之図
Les montagnes couvertes de neige au printemps, 1933, papier, le rouleau vertical, 31.9x48cm

13◆ 寒山松籟図
Le son des pins dans la montagne en hiver, 1933, papier, le rouleau vertical, 32.3x61.9cm

15◆ 寒巌枯樹之図(下)
Les rochers et les arbres morts en hiver, 1933, papier, le rouleau vertical, 36.9x24.8cm

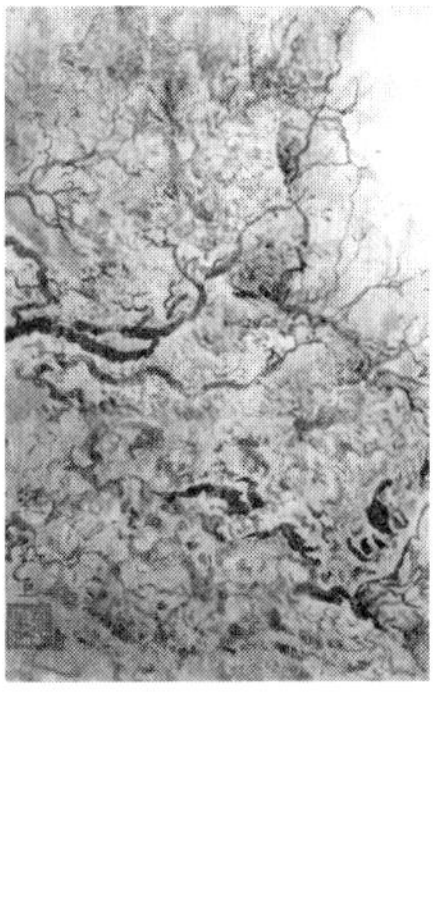

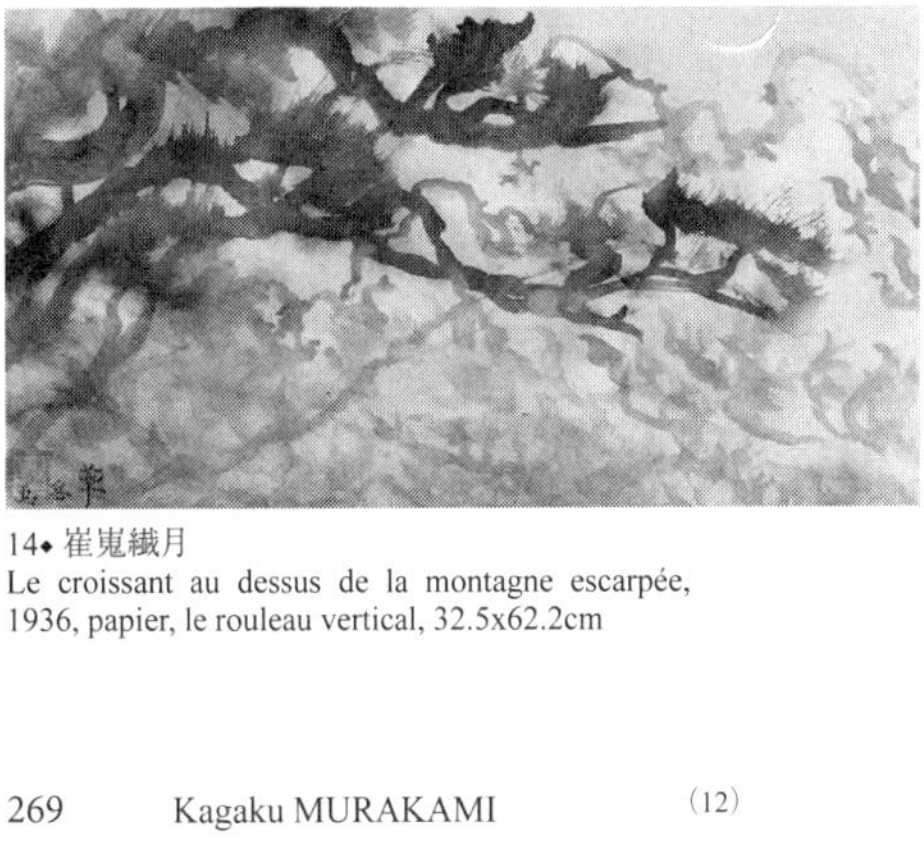

14◆ 崔嵬繊月
Le croissant au dessus de la montagne escarpée, 1936, papier, le rouleau vertical, 32.5x62.2cm

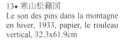

16◆ 巌頭黄昏
Le rocher au crépuscule, 1939, papier, le rouleau vertical, 57.2x33.2cm

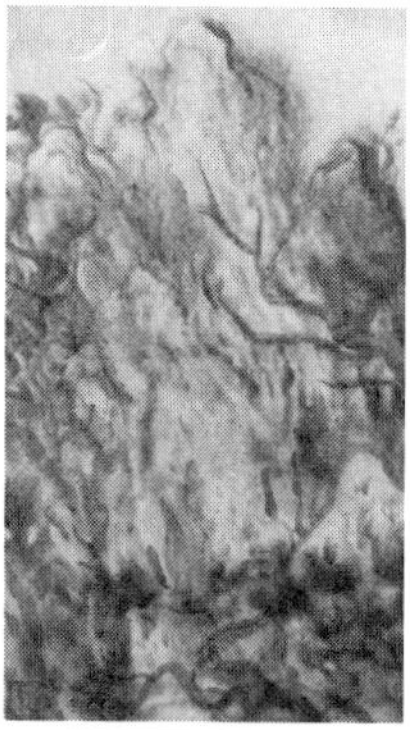

17◆ 杉の山
La montagne en cyprès, 1939, papier, le rouleau vertical, 62.1x33.1cm

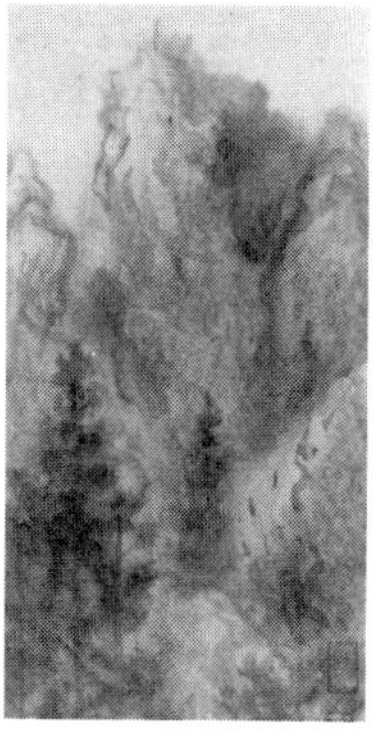

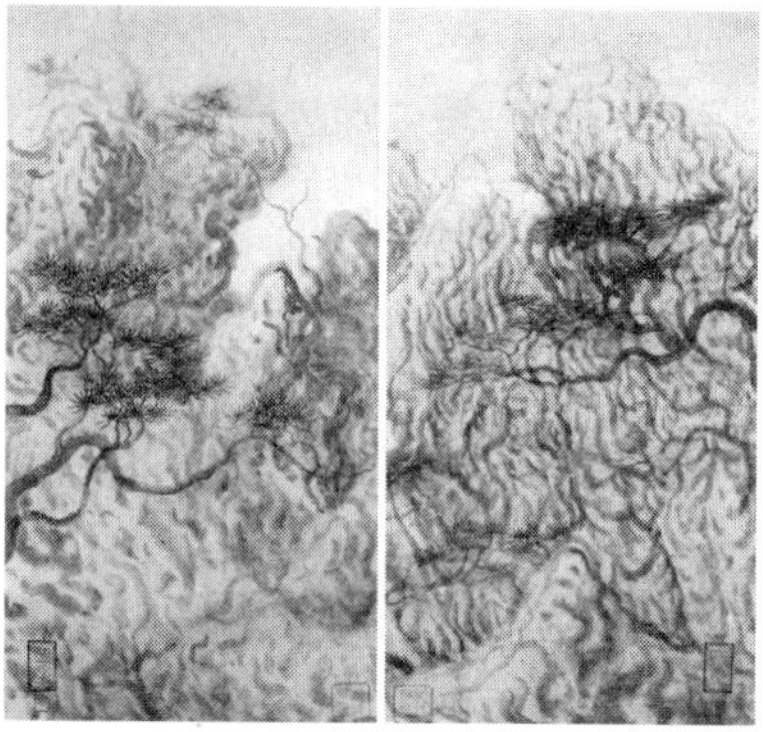

18◆ 山二題
（双幅）
Deux vues d'une montagne (une paire), 1939, papier, le rouleau vertical, 62.0x33.4cm

19◆ 松関石門図
La porte en rocher à travers de pins, 1939, papier, le rouleau vertical, 52.7x33.2cm

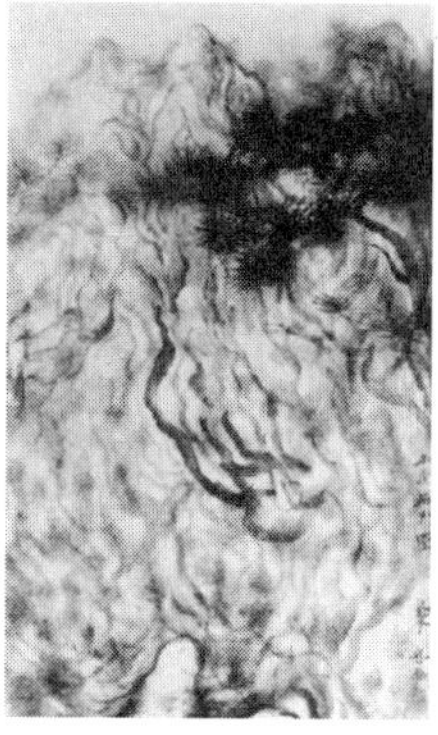

20◆ 連峰茂松
Les pins touffus et les sommets,1939, papier, le rouleau vertical, 62.2x34.1cm

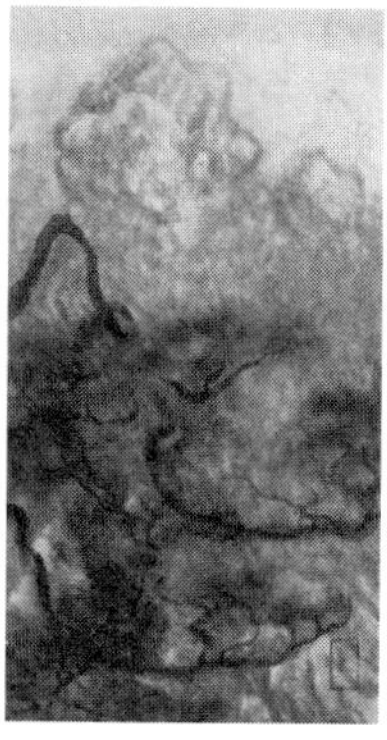

2 Buddhism in Noh and Japanese Modern Philosophy

The so-called Kyoto School Philosophers of the thirties, such as 西田幾多郎 Nishida Kitaro, 和辻哲郎 Watsuji Tetsuro, and 九鬼周造 Kuki Shuzo studied Western philosophy and incorporated it in their work. Nevertheless , the influence from traditional Japanese thought --Shinto and Buddhism-- can easily be detected in their writings. The theme of this conference is the question of how today we can make use of traditional Eastern philosophy, and in this paper I would like to explore how traditional Japanese thought relates to the Kyoto School Philosophers.

This is a difficult topic because the Kyoto School Philosophers played a dubious role during the last war and Japan's aggression towards China and the rest of Asia. They supported Japanese ultra-nationalism and functioned as the country's ideologues. Even taking into account that they were misinformed about the actual events, they must bear the responsibility for supporting and glorifying Japanese ultra-nationalism.

Today when we consider the changes that have taken place in Japan and other countries, we need to re-examine the part intellectuals played during the war and their responsibility for what happened. But rather than whole-sale condemn their behavior, we need to carefully examine their writings and analyze their thought. What was the influence of Japanese Buddhism on the Kyoto School of Philosophy? Does traditional thought itself bear the seeds of aggression and was it used as the basis or justification for ultra-nationalism? Such questions are important to understand why and what happened at the time.

In this paper I will examine traditional Japanese Buddhism by means of looking at the Japanese 能 Noh play. Noh became popular as a theatrical art in the fifteenth century in Japan. The stories acted out in the Noh drama revolve around a Buddhist

theme and the text of the plays contains a large number of Buddhist words and phrases. The action usually takes place between the Shite and the Waki. Shite is main character, doer, the hero or the heroine, who tells his or her story. Waki is the side person, usually a priest who listens to it. Shite, a restless spirit haunted by the evil deeds of a previous life, appears in his or her earthly form and tells his or her life story. The priest, by chanting Buddhist sutras, absolves the Shite from sins, and the spirit finally comes to rest.

The themes of Noh plays cover all aspects of human life from the suffering of the simple fisherman to that of highborn noble woman. They are deeply steeped in traditional Japanese thought and beliefs, and reflect the mentality of the Japanese people. Today there are roughly 200 plays which are popular and frequently performed all over the country. Many lay persons study for their personal pleasure the particular way Noh texts are chanted and the dance-like movements. One may say that even though the tradition of Noh is an old one, it in some aspects reflects modern Japanese culture. I have chosen to examine the texts of Noh plays rather than the writings of Buddhist monks and Shinto scholars, because I believe they are more representative of traditional Japanese thought.

In this process I will follow the example of the German philosophers Adorno and Horkheimer, who in their remarkable work *The Dialectic of the Enlightenment* (1947) examined Homer's *Odyssey* in order to analyze the concept of violence in European thought. Even though their purpose was to suggest a way to overcome violence in the twentieth century, I think the process of going back to ancient literature to trace the origins of violence is one which can also be usefully employed in our case. And just as European culture was deeply influenced by the ancient Greek epic, I would like to contend that the Noh play greatly influenced Japanese mentality and in that capacity also the Kyoto School Philosophers.

First I want to examine the so-called Demon Plays. In these plays the Shite is not human, but an ogre, monster, or the restless spirit of a person that committed terrible crimes. The Shite is evil personified, and looking at the text of these plays I want to examine how the concept of evil and punishment is treated in Japanese culture.

I begin with a play called《山姥》Yamamba, translated as "Granny Mountains" or "Hag Mountains" by Royall Tyler. Yamamba is an old ogress 鬼女 who lives

deep in the mountains and devours people who come her way. Murdering and eating people, she is the incarnation of evil.

In this Noh play, she suddenly appears before a group of pilgrims on the way to visit the Temple. She speaks all night to the pilgrims about herself, performs a dance to declare her essence and finally vanishes.

The first words she utters before the pilgrims are the following:

Doer (Yamamba): Ah, awesome the plunging chasms! ah, awesome the plunging chasms! ... No, good and evil are not twain 善悪不二; why then be bitter, why rejoice?

Yamamba is very ugly. For a description, you find the dialogue between the doer and the pilgrims describing her.

Second: And now aghast I see the jet black whirl of darkness yield one human in form
Doer: but whose hair sprouts as snowy weeds,
Second: whose pupils shine like stars,
Doer: whose visage
Second: seems a crimson-daubed
Doer: gargoyle at the eaves.
Second: Before this night had I never seen ...

Also at the ending of the play you can find the chorus describing the ogress.

Chorus: round and round I turn and turn, nor ever leave the wheel of birth, for clouds of wrongful clinging 妄執雲 pile dust high, turn Granny Mountains, ogress in form. Do you see now? Do you see?

The phrase "Good and evil are not twain" that she utters first before the pilgrims sounds quite philosophic and strange coming from such a wicked ogress practicing cannibalism. Yet it summarizes the very content of the play and is representative of the underlying thought of the Noh drama.

The idea that good and evil are the same contradicts common sense, yet in the light of the Buddhist law the distinction between right and wrong does not exist. The greater the sins committed by Yamamba, the closer she comes to Perfect Knowledge. She sometimes helps simple woodcutters.

> Chorus: And when I tarry among men, sometimes as mountain folk tread lumber trails and rest in blossom's shade, I lend a shoulder to their heavy load, then moon and I quit the hills and see them home.

She personifies both the supreme Buddhist Law as well as extreme vice. The play continues to make this point by pairing opposites and asserting their oneness.

> Chorus: I turn ogress, loom before your eyes. Yet when you see that true and false are one semblence 邪正一如, then "Form is nothingness" 色即是空 is simply true. For once there is a Buddha's Law, there is a World's Law 仏法世法; once suffering, perfect knowledge 煩悩菩提; once Buddha, then all beings 仏衆生; and once all beings, Granny Mountains. Willows are green, flowers red 柳緑花紅, you know...

In the 1930-40's Nishida came up with the concept of "absolute contradiction is itself oneness 絶対矛盾自己同一". The similarity with Yamamba is obvious.

The second play I would like to discuss is Nightbird: 《鵺》Nue. The Shite, Nue, is the dead soul of a monstrous bird, who was put to death for his crime of plotting to kill the emperor. When alive, the bird flew around the palace every night, causing anguish to the emperor, until the famous warrior Yorimasa shot the flying monster. His dead body was rammed into a hollow boat and floated down the river.

Unlike Yamamba, who has also a venerable aspect to her, the bird is described as horrid and a very foolish spectacle.

> Doer (Nue): they made light and peered at the monster: head a monkey's; tail, a snake's; arms and legs like a tiger's; and a cry like the nightbird's... fearsome enough, no doubt, but a very foolish spectacle.
>
> ...

Doer: now is the time, this very night
Chorus: dead to the world you and I cross bamboo
Doer: the pole I grasp now the right way, this hollow craft
Chorus: I ride you've seen
Doer: night as night waves
Chorus: lift me, I sink I show I'm gone I falter, vague rippling out where you hear a nightbird's cry ah, fearsome and horrid ah, fearsome and horrid!

The spirit of this criminal should not be considered eligible for salvation, yet the monk chant sutra phrases.

Sideman: "The One Buddha ripens to the Way, he looks down upon the Dharma-realm and plants, trees, regions, and lands all grow to highest knowledge 草木国土悉皆成仏.
Doer: Sense-endowed beings, insensate beings, all together ripen to the Buddha-way" 有情非情皆共成仏.
Sideman: This you can trust! This you can trust!

The sutra phrase such as "everything whether sentient or non-sentient, may equally attain Buddhahood" appears frequently in Noh plays. The source is named Chuin Sutra but it's existence is not identified. Anyway these phrases are made in Japan. As I will discuss when examining the play Basho《芭蕉》later on, the thought comes originally from Lotus Sutra《法華経》but has undergone certain transformations in Japan.

At the end of the play, the bird again enters the hollow craft and drifts down the river in the moonlight. The play does not make it clear whether the bird attains salvation or not.

I think one of the characteristics of Japanese Buddhist ethics portrayed in this play is that the distinction between the political order and the religious order does not exist. In the Shite's words, the Buddha's Teaching and the Law of Kings are the same.

Doer: Ha! A were-being is what I am now, bent on evil, out of the Way. I'll block

the Buddha's Teaching, I'll block the Law of Kings 仏法王法, yes, I fill all space about the Souvereign's stronghold;

In Yamamba we had a similar phrase, namely that the Buddhist Law is the Law of the World 仏法世法. No distinction between the sacred and secular exists. As the nightbird is to be punished for the attempted assassination of the emperor 大逆罪, he should be treated as a political criminal. Yet the pilgrim attempts to save the nightbird by means of religion. There is no distinction between the political and religious sinner.

In addition, what is interesting is that in this Noh play the nightbird and the warrior Yorimasa are usually played by the same actor. The intended assassin and the protector of the emperor are united in the same person.

In the world of the nightbird, there is no differentiation between ethical standards and the world of politics. In other words, "evil" is immediately seen as an offence against the body politic. Good and evil in ethical terms are not differentiated in terms of politics, custom or culture. Ethics are not viewed independently.

The book that comes to mind here is Watsuji's work Ethics《倫理学》(1937). The topic of the book is the relationship between people and the nation state, but there are similarities with the world of Noh described previously where the concept of land and political territory overlap.

For Watsuji the state is not simply the body politic, but also a common moral entity. The state signifies a geographical space, as well as an area with a particular natural climate, and harmoniously blends with the concept of the political territory. For Watsuji it is also the embodiment of ethics.

Watsuji studied in Germany and occasionally refers to Kant. But Kant clearly separated the state and morals and thus provided the basis for the modern concept of law. Watsuji opposes Kant in as much as he asserts that the "fundamental principle of ethics" is for individuals to negate themselves in favor of the state. For him the state is the "highest form of community". This stands in strong contrast to Kant who asserts that the individual has the right to protest against the state in his work *What is enlightenment*? (1784).

Watsuji did not blindly advocate ultra-nationalism. Nevertheless, his view of morals and the state as a harmonious whole, is considered to have led to the Japa-

nese state suppressing the freedom of thought of the individual.

The same problem can be found in the Noh play Ukai《鵜飼》: Cormorant-Fisher (translated by Arthur Waley). In this play the main character, the Shite is again the dead soul of an executed criminal. He had violated the public law and also the Buddhist law.

I believe the traditional way of fishing with cormorant birds also exists in certain Chinese provinces, but it goes against the Buddhist law of killing living beings 殺生 and therefore has traditionally been considered a particularly sinful trade in Japan.

One night the fisherman fell into an ambush set for him, was bound hand and foot and drowned. Now he is in hell, being tortured, and in the play his ghost appears to ask a passing priest for forgiveness. He repents his former evil ways and admits his guilt.

> Ghost of fisher: You must know that on this river of Isawa, for a stretch of three leagues up stream and down, the killing of any living creature is forbidden. Now at that Rock-tumble you spoke of there were many cormorant-fishers who every night went secretly to their fishing. And the people of the place, hating the vile trade, made plans to catch them at their task.

Thus, in certain area, the worldly law prohibits fishing and he had violated it 密漁.

Finally, taking into account that he once lodged and cared for a travelling priest, the king of hell, Emma forgives him.

> Emma: And he was like to have been thrown down into the Deepest Pit; but now, because he once gave lodging to a priest, I am commanded to carry him quickly to Buddha's Place.
> Chorus: The Demon's rage is stilled, the fisher's boat is changed to the ship of Buddha's vow, Lifeboat 弘誓舟 of the Lotus Law.

The play ends with the fisherman drifting off in his boat, which is now the ship of Buddha. Though the salvation of the nightbird is not certain, that of the fisher-

man seems to have been accomplished. Here again, as in the previous play, the Buddha's law is equated with the worldly law. Sinning in the religious sense is at the same time sinning in a worldly sense. The Buddha's Pure Land is the same as that ruled by the emperor. Salvation seems to equal the political concept of "pardon" 恩赦. The play has a harmonious ending; evil has been weaker than good, and their opposition has been resolved.

I would now like to speak about plays that deal with the salvation of plants 草木成仏. The main characters of these Noh plays are the spirits of plants, for example that of the iris, pine tree, cherry blossom, and banana plant.

The spirits of plants appear before a traveling priest, usually in the form of a young beautiful woman. Then the priest recites for them the words that grasses, trees, soil and lands all can reach salvation 草木国土悉皆成仏 as I mentioned. Because plants are considered inferior to human beings, they are particularly grateful to the priest and dance to thank him.

The typical Noh play dealing with the salvation of plants has virtually no plot. Apart from illustrating the doctrine of the universal Buddha nature, the chief interest in these kinds of plays lies in the graceful dance of the heroines.

The theme of the salvation of plants is in the same category as the salvation of women 女人成仏 and the salvation of grave sinners 悪人成仏. In Buddhism to be a woman is already a sin, and unlike men, women have to face five obstacles 女人五障 before obtaining Buddhahood. In brief the three types of plays have in common that they deal with the salvation of those who normally have no chance to be saved.

In the play Basho《芭蕉》, the Waki is a hermit renowned for his saintliness. He lives alone in a cell among the deserted hills. One night in autumn chanting the Lotus Sutra as usual, he hears someone outside his cell. In the moonlight he sees a middle-aged woman (the heroine) zealously listening to his recitation. She is really the spirit of a banana tree in the priest's garden, disguised as a woman.

Hermit: I see a woman standing in the moonlight. Who is out there?

Woman: I am an inhabitant of the neighbourhood.

...

Hermit: Indeed, it is meet and proper to partake of Truth, but as you are a woman and of such rare beauty, how can I let you in my cell?

Normally women are not permitted in the hermit's cell because of the demands of purity. But on account of her zeal he makes an exception and allows her in and explains to her the doctrine of the salvation of plants.

Hermit: As your zeal is so great, you may enter and listen while I recite the sutra.
Woman: Then I shall enter. How grateful I am! I listen, the words of the sutra bring hope not only to a woman such as I but also to insentient things like herbs and trees女人非情草木類.
...
Woman: Indeed, a most blessed truth! Now, concerning the reason why trees and herbs can be saved, Sir, I pray you, tell me more.
Hermit: *The Parable of Medicinal Plants*《薬草喩品》teaches us that all created things, be they possessed or not sense, are all Reality 諸法実相.

Important thing is that in the "Parable of the medicinal plants" in Lotus Sutra the plants are nothing more than metaphor of human being 三草二木比喩. While according to this hermit, the plants really can attain Buddhahood. Transformed, in fifteenth century in Japan, Buddhism asserts the salvation of everything in the universe. This Buddhism is called Hongaku thought 本覚思想.

The woman is very humble like the nightbird and the cormorant-fisher. Women and nature are often equated, and so is evil. Similarly, the ogress in Homer's *Odyssey* symbolizes the nature and the power of evil trying to corrupt and drag down the perfect human being: man.

However, in the West the evil woman is defeated by the wisdom of the hero, and is undeniably vanquished, while in the Noh play the woman and nature are saved, and humbly give thanks. The women of the Noh play, akin to the nightbird and cormorant-fisher, are weak, they are not the confident and strong opponents as Homer's ogress. The spirit of banana plant repeats the humble words. For exemple:

Woman: That you should think me human
Chorus: makes me ashamed 恥...
If you should pierce this vain 偽 form of mine unreal as Basho leaves in snow,

how I hide my shame 恥?

...

Spirit of Basho: I am not worthy of the name of woman. In truth I am an insentient being. A Basho tree changed into woman.

...

Hermit: Transformed because of this

Spirit of Basho: Into a foolish 愚 woman

Chorus: A frail thing, at best, while still remaining a Basho tree. The robe I wear is not pale blue which soon does fade; its sleeves are sadly torn.

This might have found the approval of someone like Adorno, who is critical of Western subjugation of nature, I wonder. At any rate, in the world of Noh, good and evil unite, and discrimination and opposites are resolved. And even though women and nature are considered of low standing, they are saved. However, first and foremost they are discriminated as being of low standing.

Concluding, just like Adorno traces Western violence back to the Greek drama, I would like to suggest that ultra-nationalism of Kyoto school philosophers is deeply rooted in the Buddhist-inspired philosophy of the Noh drama. All, even sinner and the lowly can be saved, but there are nevertheless, important distinction between the high and the lowly.

解題

二〇〇三年、北京で開催された第12回国際中国哲学大会における口頭発表用原稿。『希望の倫理学』の第1章「日本文化にあらわれた悪」、第2章「自然観批判」、第3章「思想の青春」を新に展開。

梗概

京都学派には日本仏教からの影響が見出せる。それがどのような影響であるか、あるいは彼らの超国家主義にいかなる根拠を与えたのかといった点を、能に顕現する中世日本の仏教思想の検討を通して明らかにしたい。

世阿弥の能「山姥」は、山姥の発する「善悪不二」という仏典由来の語に集約される。邪悪な鬼女だが善行も積んでいる山姥は、仏法に照らせば善悪の区別はない、という思想を体現している。作中には対立する二項を一体視する日本仏教の用語が頻出するが、それらと西田哲学の「絶対矛盾の自己同一」との類似は明らかである。

また「鵜」では、大逆罪の犯罪者を僧が宗教により救済しようとする。鵜の亡霊の「仏法王法」が示すように政治と宗教の次元は区別されず、政治的犯罪と倫理的悪の間にはいかなる差異も見られない。倫理がそれ自体として独立していないのは、和辻倫理学でも同様である。この考え方は、国家と道徳を明確に分離させたカントとは正反対で、国家のために個人が自らを無にすることが「人倫の根本原理」だという考えに直結する。和辻はやみくもに超国家主義を主張したわけではないが、このような発想が日本を個人の思想の自由を抑圧する国に導いたことは否めない。

「鵜飼」でも仏法と世俗の法は同一視される。法華経の功徳による悪人の救済は、恩赦と限りなく近似する。

能では、悪人に加え女人、草木など、通常救済の対象外の者たちが「草木国土悉皆成仏」の経文により救済される。「芭蕉」はその根拠を説く能であり、「諸法実相」故にこの世界のありとあらゆるものがありのままで救済されるという日本仏教独自の本覚思想を展開する。しかし能の世界の女性や自然は、芭蕉の精の女も鵜も鵜飼も、総じて卑屈で弱々しい存在として描かれる。救済される側があらかじめ劣位に位置づけられる被差別者であることは見逃すべきではない。

3 La Politique du Langage — A propos du kakekotoba (mot-pivot, mot à double sens)

(1)

Watsuji Tetsurô (philosophe japonais des années 1930), dans son "Fûdo (Le climat)" (1935), affirme que le jardin japonais est un genre d'art caractéristique du Japon. Comme exemples concrets, il cite le jardin de Shinju-an du Temple Daitoku-ji (une cour de l'époque d'Edo) et Katsura (le vaste jardin d'une villa de l'époque d'Edo).

D'après Watsuji, l'essentiel de la construction du jardin japonais, qu'on admire souvent en marchant, c'est la relation entre les parties qui le constituent; c'est-à-dire, la relation entre des petits pavés éparpillés ça et là sur la terre couverte de mousse, ou encore, la relation entre la terre elle-même et les pierres ornementales disposées sur celle-ci. Il appelle cette relation, si délicate qu'elle est assez difficile à expliquer, Ki-aï ou Ki-ga-au (ce qui signifie s'entendre, sympathiser). Ces expressions sont très personnifiées et mystérieuses, pas du tout rationnelles. Watsuji n'a pas analysé logiquement cette relation. Il se satisfait de l'exprimer par des verbes ambigus. Je cite:

> 「そこに何らか規則があるとしても、それは人間が合理的にはつかみ得ないものにほかならぬ」Même s'il existe une règle quelconque, elle sera telle que nul ne puisse la saisir rationellement. (traduit par Mochida)
>
> 和辻哲郎 Watsuji Tetsurô, 『風土』(Fûdo), 1935,
> 『和辻哲郎全集』第八巻, 岩波書店, p.191.

「非合理的なる契機に充たされている生の統一的展開」Le déroulement rempli

de moments irrationnels et en même temps cohérent de la vie. ibid., p.194.

Il s'arrête ici et il ne tente pas d'aller plus loin.

Pour citer les genres de l'art caractéristiques du Japon autres que l'architecture du jardin, Watsuji énumère les rouleaux peints, les Renga (poèmes enchaînés du Moyen Age) et les kakekotoba (mots-pivots, mots à double sens, une figure qui exploite l'homophonie). Selon Watsuji ces réalisations ont des points communs avec le jardin. Ce qui est commun à tous ces arts c'est que le point essentiel est le changement, le passage, le déroulement. Le temps donc est important dans leur composition. Il n'y a pas de cohérence uniforme du début à la fin. Chaque partie jouit d'une autonomie propre par rapport à l'ensemble. Pour autant les compositions ne manquent pas d'unité, dit-il. Entre chaque partie existe une certaine relation qui est particulièrement difficile à analyser mais qui contribue à l'harmonie générale.

Parmi les arts que Watsuji cite, le kakekotoba est le plus ancien. Il apparaît déjà dans le "Man-yô-shû" ("Le Recueil des mille feuilles" compilé dans la deuxième moitié du 8ème siècle). Cette figure a connu son épanouissement dans le "Kokin-shû" ("Le Recueil de poèmes anciens et modernes", la première anthologie de waka compilée sur ordre impérial, achevée vers 912). Ensuite, au Moyen Age, elle intervient non seulement fréquemment dans le domaine du waka mais aussi dans le théâtre, la littérature en prose ainsi que dans l'art visuel (les rouleaux peints comme l'indique Watsuji).

Ce qui me frappe, c'est que les exemples multiples de kakekotoba que cite Watsuji sont tous des écrits en prose bien que l'origine du kakekotoba soit sans doute poétique, issu du waka. Ainsi, il cite le "Taihei-ki" (Chronique de grande paix, une œuvre historique du Moyen Age), le Michiyuki-bun de Chikamatsu (un texte de théâtre de marionnettes de l'époque d'Edo recité par le narrateur), les romans de Saikaku (à l'époque d'Edo). Le kakekotoba imprègne vraiment la littérature japonaise. C'est pour cela que je voudrais observer cette figure par excellence.

On peut regretter que Watsuji ne cherche pas à expliquer cette figure par des termes logiques. C'est ce que je me propose de faire dans cet exposé.

(2)

Pour être précis, nous relevons deux types de kakekotoba. D'une part, les homo-

phonies complètes comme 待つ Matsu (attendre) et 松 Matsu (le pin). La forme des deux mots en question est exactement la même. D'autre part il existe aussi des homophonies partielles ou plutôt des paronymes comme 憂し Ushi (mélancolique) et 浮世 Uki-yo (ce monde terrestre, d'ici-bas). Il est clair que dans la langue japonaise, où les voyelles sont peu nombreuses et où toutes les syllabes sont ouvertes, la collision de mots semblables se produit inévitablement assez souvent. Autrement dit, le kakekotoba n'est pas autre chose que la conscience expresse de ces phénomènes. Les Japonais l'ont élevé d'un fait dû au hasard à une construction digne de la littérature.

Attention, les Japonais ne sont pas les seuls à travailler cette donnée linguistique. Tous les peuples savent s'amuser à construire des jeux de mots. Etant donné que toutes les langues présentent des homophonies, il sera toujours possible de trouver des figures équivalentes au kakekotoba à travers le monde.

De fait, le dictionnaire de Fontanier, au 19ème siècle, contient des articles sur la paronomase et l'antanaclase. Il définit la paronomase comme suit, je cite:

> "La Paronomase réunit dans la même phrase des mots dont le son est à-peu-près le même, mais le sens tout-à-fait différent."
>
> Pierre Fontanier, "Les figures du discours" (1830), Flammarion, 1977, p.347.

Elle correspond par conséquent à notre type de kakekotoba 'Ushi et Uki-yo', les paronymes, dont j'ai parlé tout à l'heure. Pour définir l'antanaclase le même auteur écrit:

> "L'Antanaclase ne diffère de la Paronomase, qu'en ce que la forme et les sons se trouvent exactement les mêmes dans les mots de significations différentes rapprochés l'un de l'autre." ibid., p.347-348.

Elle est de ce fait similaire à notre "Matsu et Matsu".

Toutefois, Fontanier ne se prive pas d'ajouter que ces figures fondées sur des jeux de mots ne sont ni distinguées ni importantes. Je cite toujours:

> "Notre langue semble même les (ces combinaisons verbales, ces jeux de mots)

repousser comme à-peu-près indignes. ... Aussi n'en trouve-t-on presque point d'exemples dans nos bons écrivains." ibid., p.347.

Il est vrai qu'à côté de la métaphore, par exemple, les jeux de mots ne revêtent qu'une importance secondaire, il vaut même mieux les proscrire. La métaphore est, depuis qu'Aristote l'avait traitée dans "La Poétique", la véritable Reine de toutes les figures en Europe. Pour les critiques littéraires du 20ème siècle, par exemple Roman Jakobson ou Gérard Genette, ce sont les tropes (c'est-à-dire métaphore, métonymie, synecdoque, etc.) qui sont manifestement des figures dominantes.

En revanche, au Japon, c'est le kakekotoba qui constitue la figure dominante de la rhétorique. Je voudrais que vous prêtiez attention à l'"Etsumoku-shô", un traité de poétique paru au 15ème siècle. Il s'agit d'une sorte de manuel pratique ou d'aide-mémoire. Il a rendu de grands services aux poètes pour la composition de leurs waka, et souligné l'importance du kakekotoba à plusieurs reprises. Je cite:

「歌をよまんには歌を先だつる事あるべからず。先づ題につきて縁の字をもとめよ」Quand vous composez un waka, il ne faut pas donner la priorité au contenu mais il vous faut aller chercher l'en-no-ji approprié au sujet en question. (traduit par Mochida)

『悦目抄』(Etsumoku-shô)，『日本歌学大系』第4巻, 風間書房, 1985, p.148.

En-no-ji est un autre nom du kakekotoba.

「縁の字詞を求めずして、歌を先だつる事は、材木なくして家をつくらんがごとしと云へり」Donner la priorité au contenu avant d'aller chercher l'en-no-ji, c'est exactement la même chose que construire une maison sans vous procurer de bois. ibid., p.153.

Ce qui est capital, c'est de trouver le kakekotoba approprié au sujet.

Ainsi, pourrons-nous analyser la culture japonaise, avec efficacité à l'aide de cette figure.

(3)

Je voudrais vous présenter des textes de théâtre Noh comme exemple pour éviter que notre discussion soit trop abstraite. Ces textes constituent de véritables trésors qui regorgent de figures de rhétorique variées comme 歌枕 les Uta-makura (les tournures idiomatiques, les toponymes), 名所 Meisho (les noms de sites célèbres dissimulés dans les textes), 本歌取 les Honka-dori (les variations allusives) et 掛詞 les kakekotoba, etc., qui viennent originairement du waka. Je choisis ici le texte de『善知鳥 (Utou)』pour observer le fonctionnement de notre figure.

Peut-être faut-il que je raconte tout d'abord, à grands traits, l'histoire de cet écrit du milieu de 15ème siècle. Nous ignorons qui en est l'auteur précisément, mais il s'agit sûrement d'un contemporain de 禅竹 Zenchiku. Le titre est le nom d'un oiseau migrateur qui vient hiverner dans les régions du Nord de l'archipel japonais. Il est un peu plus grand que le pigeon. Utou est également la transposition onomatopéique du chant de cet oiseau. Le héro (シテ shite) de ce théâtre est le fantôme d'un chasseur d'Utou tourmenté par un sentiment de culpabilité après sa propre mort. La chasse est très facile parce que les Utou construisent leurs nids sur la plage pour y pondre un seul œuf. Le chasseur n'a qu'à chuchoter "Utou" en imitant leur chant pour attirer les oisillons. Par cette ruse méchante, les petits oisillons, prenant l'homme pour leur mère, et gazouillant "Yasukata", sortent volontairement du nid. Le chasseur les attrape alors et les vend à bon prix dans les grandes villes.

"Yasukata" est la transposition onomatopéique du chant de l'oisillon, comme Utou figure celui de l'oiseau adulte. Maintenant que notre chasseur est mort, condamné à l'enfer au sommet du mont Tate-yama, il est sévèrement accusé pour ses péchés: à savoir de tuer inutilement des animaux innocents. Criminel selon le point de vue bouddhiste, il est à son tour pourchassé par des faucons cruels. Il lui est interdit à jamais de s'approcher des fantômes de sa femme et de son fils. Une évocation vraiment infernale.

En fait les chants onomatopéiques Utou et Yasukata répétés à plusieurs reprises mélodieusement dans cette pièce causent une vive impression, étant la source de la douleur et du regret du vieux fantôme. En même temps, ils opèrent comme des kakekotoba efficaces. Je cite les parties qui constituent de véritables nœuds (les passages les plus impressionnants) de cette pièce.

「あはれやげにいにしへは　さしも契りし妻や子も　今はうとう(utou　うとう, le chant d'oiseau + utoi 疎い éloignement) の音に泣きて」Ah, ma femme, mon fils! Avec vous j'ai eu la vie si heureuse autrefois, hélas! maintenant je suis condamné à vivre séparé de vous. En écoutant le chant d'utou, je ne peux plus rien sinon pleurer dans l'éloignement... (traduit par Mochida)

「善知鳥」(Utou)『日本古典文学大系・謡曲集』岩波書店.

Dans le texte ci-dessus, l'expression onomatopéique des oiseaux et l'adjectif utoi (l'amertume causée par la séparation, l'éloignement) composent un kakekotoba basé sur le son Ut. Ici, en plus du son commun, il existe aussi une certaine affinité de signification entre les deux mots. C'est-à-dire qu'ils évoquent tous les deux l'amertume, la tristesse. Dans ce cas, le kakekotoba fonctionne comme un lien qui relie deux contextes semblables. Autrement dit, il joue ici le rôle d'un mot de jonction: «et, de plus, comme, donc, en même temps, etc».

A l'opposé, dans l'autre extrait que je vais citer ci-dessous, le kakekotoba relie deux mots dont les sens sont tout à fait contraires;

「さりながらこの身は重き罪咎の　心はいつかやすかた (yasukata　やすかた, gazouillement d'oisillon + yasui 安い soulagement, paix, tranquillité) の鳥獣を殺しし」Cependant moi, coupable de crimes graves, tueur d'oiseaux et d'animaux, j'ignore quand mon cœur pourra goûter une paix tranquille.

「うとうと呼ばれて 子はやすかたと答へけり　さてぞ取られやすかた (Yasukata + torareyasui 取られやすい facile à attraper, réussir aisément)」Quand je les ai appelés utou, en contrefaisant la voix de leur mère, les petits ont répondu yasukata immédiatement, de sorte qu'ils étaient si faciles à attraper.

Ici, l'onomatopée de l'oisillon Yasukata à l'origine du sentiment déchirant du châtiment, se superpose sur des mots avec lesquels il n'entretient aucun rapport sémantique. Dans " 心はいつかやすかた (kokoro wa itsuka yasukata)", le mot yasu signifie le repos, le soulagement, la paix, la tranquillité. Aussi, dans " 取られやすかた (torare yasukata), yasu signifie facilité, aisance, une situation plutôt agréable. Il n'y a aucun point commun sauf la ressemblance sonore. Ils sont en fait plutôt opposés

l'un à l'autre. Ici le kakekotoba joint deux éléments dépourvus de relation. En français, on appelerait cela un oxymoron de type homophonique. Enfin, à la différence de l'autre exemple que nous avons vu tout à l'heure, dans ce cas précis le kakekotoba peut ressembler aux conjonctions: «mais, ou, pourtant» qui joignent deux contextes opposés.

Ainsi, tantôt le kakekotoba amplifie le sens d'un premier mot, tantôt il nous permet de sauter d'un aspect à un autre. Par ailleurs, sommes-nous toujours conscients de la typologie du kakekotoba? En fait, nous n'y prêtons pas trop attention, n'est-ce pas? En outre, il est difficile de classer les kakekotoba selon le lien logique qu'ils représentent.

> 「犬鷹に責められて あら心うとう (onomatopée + Usi 憂し la mélancolie, l'angoisse) やすかた　安き (yasuki, paisible) 隙なき身の苦しみを 助けて賜べやおん僧 助けて賜べやおん僧と 言ふかと思へば失せにけり」Quel ennui! Maintenant, chassé par des chiens, déchiré par le bec des faucons, je suis au dernier supplice dans l'enfer du champ de chasse! Au secours mon bonze, au secours mon bonze! Sitôt qu'il se fut ainsi écrié, le fantôme du vieux chasseur disparut devant le moine itinérant.

Ici, tout de suite après l'onomatopée, Ushi et Yasuki, deux mots dont les sens sont très éloignés, sont juxtaposés. Compatibilité ou contradiction? Succession ou opposition? Personne ne prend conscience de cette question. Avant même que nous n'apercevions la différence, la phrase est déjà passée devant nous, rapidement. A la différence de la conjonction proprement dite, deux contextes sont liés sans annonce explicite du sens de la relation établie entre eux. En d'autres termes, l'auditeur ne distingue plus ce qui est similaire de ce qui est contradictoire.

Définissons alors le kakekotoba. Il s'agit d'une relation entre deux contextes sans désigner distinctement quelle est la nature de ce lien. La relation en question reste toujours dans l'ambiguïté, voire l'imprécision. La distinction entre la succession et l'opposition semble disparaître. Si nous attribuons au kakekotoba un rôle de conjonction, du type mot grammatical, cette figure manque de logique. Watsuji a tout à fait raison de dire que c'est un lieu rempli de moments irrationnels.

Tant qu'il s'agit de poèmes, l'absence de logique en prose ne pose aucun pro-

blème, car le poème ne s'occupe pas de logique. Il faut donc admettre comme valeur positive ce caractère de «non-sens» propre au kakekotoba.

Cependant, puisque le kakekotoba n'est pas réservé aux poètes, on peut se demander si, dans le domaine de la prose, cette absence de logique n'entraîne pas de problème. La poésie n'a pas l'apanage de l'exclusivité quant à cette figure. Son aspect ambigu et peu logique ne génère-t-il pas des incidences négatives? Le «non-sens» propre au kakekotoba n'est-il pas problématique? Oui, à mon avis, il faut affirmer que l'absence de logique du kakekotoba dans les textes en prose est dangereuse.

(4)

Pour illustrer l'ambiguïté du kakekotoba, je vous propose de regarder la propagande politique. Dans ce terrain d'écrit, nous pouvons observer ce que notre figure peut être au pire. Prenons comme exemple le manuel scolaire distribué par l'Education Nationale à tous les écoliers dans les années 1930. Cet ouvrage à la rédaction duquel Watsuji a contribué, en tant que membre du comité de rédaction, contient beaucoup de waka. Néanmoins, loin de servir à enseigner la littérature aux écoliers japonais, ce livre a eu pour but d'inculquer la valeur nationaliste: «Superiorité de la culture japonaise» et de justifier la guerre contre la Chine.

「真言 (makoto, la parole sincère) はよく真行 (makoto, la conduite sincère) となる」La parole sincère donne la conduite sincère. 「まこと (makoto, la sincérité) に満ちた言葉 (kotoba) は即ち言霊 (kotodama, l'esprit de la parole) である」 La parole pleine de la sincérité est l'esprit même de la parole.
「日本の国は言霊 (kotodama) の幸はふ国である。而して又一方には、言挙せぬ (kotoage-senu, l'obéissance totale à l'Empereur sans discuter) 国という言葉がある。これは、一見矛盾するが如く見えて、実は矛盾ではない」D'une part le Japon est le pays favorisé par l'esprit de la parole. D'autre part il est le pays où on obéit à l'Empereur sans discuter. Contre l'apparence, il n'y a pas de contradiction. (traduit par Mochida)

『国体の本義』(L'importance de l'Etat impérial),
文部省 (Ministère de l'Education nationale), 1937, p.62.

Vous voyez ici les kakekotoba basés sur les sons ma et koto. En effet, cette série de mots énoncés successivement constitue la force motrice de ce discours moral. Il est vrai que certains de ces mots se réfèrent à la littérature classique. Ainsi, le mot 真言 (makoto, la parole sincère) est adopté à partir de "Makoto-no-ben" ("Discours sur makoto", 1810) de Fujitani-Mitsue (un savant shintoïste de l'époque d'Edo), et le mot 言挙せぬ (kotoage-senu) vient du "Man-yô-shû". Cependant, le mot 真行 (makoto, la conduite sincère), inventé pour ce manuel, n'a pas du tout de source. Par ailleurs, il faut remarquer que, entre 言霊 (kotodama) et 言挙せぬ (kotoage-senu), il n'y a aucune relation ni concordance. Même si l'auteur le prétend, il n'y a en fait que contradiction.

De sorte que, même si chaque mot représente de véritables valeurs littéraires, l'ensemble du texte nous donne une impression simpliste sinon de non-sens. L'auteur mélange des mots sans relation les uns avec les autres. Son argument prétendument logique n'est que vraisemblable. Ici le caractère «irrationnel» du kakekotoba est pleinement exploité pour amadouer les lecteurs. Malgré son manque complet de logique, et du fait de son ambiguïté, ce type de texte peut être convaincant. Fait curieux.

Les Japonais des années 30 ont pu être persuadés à leur insu par cette logique fallacieuse. Ce n'est pas parce que nous pouvons comprendre facilement la tromperie inhérente à ce texte, en 2004, que les Japonais, en pleine guerre, ont également pu la détecter.

Qu'est-ce que la logique rhétorique essentiellement? Pour la comprendre, il convient de se référer à "La Rhétorique" d'Aristote. Nous sommes enclins à penser que la rhétorique signifie la figure du style; c'est-à-dire l'ensemble des expressions littéraires plus ou moins ornementales. Comme Gérard Genette l'a montré dans les années 1960, la rhétorique était devenue au 19ème siècle un catalogue de figures de style. Mais dans l'Antiquité, le champ de la rhétorique était beaucoup plus étendu. En fait, Aristote n'a attribué qu'une petite place à la figure. Il s'intéresse à la vie sociale de ses contemporains, soit dans des discours politiques prononcés devant l'assemblée des citoyens, soit dans des plaidoiries adressées aux juges devant les tribunaux.

Toutefois, il serait présomptueux de prétendre synthétiser un tel ouvrage, je vais donc me borner à en citer la première ligne.

"La Rhétorique est l'analogue de la Dialectique."

Aristote, "La Rhétorique" 1354 a, traduit par M. Dufour.

La rhétorique d'Aristote porte sur la technique de persuasion des interlocuteurs. Il s'agit avant tout de l'art du raisonnement. Roland Barthes a bien fait de l'avoir formulé clairement dans son superbe article l' 'Ancienne rhétorique'. Je cite:

"La Rhétorique d'Aristote est surtout une rhétorique de la preuve, du raisonnement, du syllogisme approximatif (enthymème)."

Roland Barthes, 'Ancienne rhétorique, aide-mémoire', A.4.3, "Communications", No.16, 1970.

Le processus du raisonnement de la rhétorique est différent de celui de la philosophie. De même que la syllogisme, la rhétorique cherche à persuader, à justifier un avis, mais la différence importante entre ces deux systèmes est que, tandis que le syllogisme veut démontrer la vérité de manière rigide, la rhétorique aristotelicienne cherche à convaincre les autres. Comment faire accueillir son idée par les interlocuteurs et obtenir le consentement des auditeurs? Voilà l'unique préoccupation. La vérité universelle est étrangère à la pensée d'Aristote. L'important, c'est d'influencer. Pour atteindre cet objectif, tous les moyens possibles seront mis en œuvre. Eventuellement, il est permis d'en appeler aux sentiments. Aristote accorde son attention aux figures, y compris la métaphore, simplement parce qu'elles sont aussi utiles à servir son but, avec tous les autres moyens.

Les premiers écrits de Roland Barthes restituent pour nous la rhétorique exactement telle qu'elle était dans l'Antiquité. Dans sa "Mythologies" et dans "La rhétorique des images", en analysant les photos de publicité des aliments, Barthes a démontré combien les photos de publicité regorgent de métaphores, métonymies, citations et jeux de mots. Effectivement, le but de la publicité n'est pas autre chose que celui de persuader le public. Il faut avant tout attirer le regard des consommateurs et les pousser à acheter des marchandises. Pour atteindre cet objectif, la publicité emploie tous les moyens possibles. Roland Barthes a bien fait de choisir la publicité comme champ exemplaire pour pratiquer ses propres recherches en rhéto-

rique: c'est une sorte d'actualisation des pensées d'Aristote. La publicité est un lieu d'application par excellence des figures.

Je voudrais remarquer que la propagande politique est une sorte de publicité. Ce n'est pas par hasard que le manuel distribué aux écoliers japonais pour les persuader la supériorité du Japon, que nous avons regardé tout à l'heure, était rempli de kake-kotoba. C'est «la vraisemblance», au lieu du vrai, qui règne sur le terrain de la logique rhétorique. Méfions-nous des dangers de la persuasion rhétorique.

(5)

Pourquoi les discours sont-ils si persuasifs malgré qu'il n'y ait que de la vraisemblance? Parce que le champ de la rhétorique partage toutes les sortes de figures avec le champ de la poétique. Les figures utilisées à plusieurs reprises dans la littérature et devenues clichés (stéréotypes, par exemple Matsu ou Ushi) offrent de multiples ressources à une communauté donnée. Par exemple, tous les Japonais, qui ne sont pas du tout poètes, comprennent la relation entre Matsu (松) et Matsu (待つ). En ce sens, l'ensemble des figures d'origine poétique constitue un véritable trésor, dont les membres de la communauté peuvent profiter pour les discours sociaux et quotidiens, que ce soit dans le slogan publicitaire, ou dans la propagande politique. Autrement dit, il constitue le lieu commun où demeure la mémoire de la communauté des hommes.

On confond souvent la persuasion rhétorique avec les émotions poétiques. Mais c'est justement pour cela que les discours rhétoriques sont efficaces pour influencer les masses. Roland Barthes a clairement reconnu le danger quand il écrit ironiquement dans "Mythologies" que, je cite: "La publicité est la poésie des masses."

Avant de terminer mon exposé je voudrais regarder un texte un peu particulier de Kuki Shûzô, philosophe et poète des années 30. Je cite:

「『みこと』(mikoto, l'Empereur) とは御言 (mikoto, la parole impériale) であり、命 (mikoto, la vie, la divinité) である」L'Empereur est la parole. En même temps il est la vie.

「『すめらみこと』(Sumera-mikoto, l'Empereur Hirohito) の『すめら』(sumera) は二重の意味を有つている。『統ぶ』(subu, gouverner, unifier) を意味すると共に『澄む』(sumu, devenir limpide, se clarifier) を意味している。『統ぶ』

ことは意気 (Iki, le bon moral, la vie) を予想し、『澄む』ことは諦念 (tei-nen, la résignation) の前提である。『すめらみこと』は自然と意気と諦念との融合相即としての現御神 (あらひとがみ、Arahito-gami, Sa majesté l'Empereur Hirohito) である」Sumera-mikoto, autre nom de l'Empereur, possède un double sens: gouverner et se clarifier. Gouverner est un préambule de la vie et se clarifier précède la résignation. Sumera-mikoto est un «dieu vivant» en tant que synthèse de la nature, de la vie et de la résignation, c'est-à-dire Arahito-gami. (traduit par Mochida)

九鬼周造 Kuki Shûzô「日本的性格」('Le caractère japonais'), 1937,
『九鬼周造全集』第3巻, 岩波書店, pp.288-289.

Je cite ce texte non pas pour le condamner d'un point de vue politique comme collaborateur idéologique de l'impérialisme totalitaire japonais. Non, je voudrais simplement constater combien la logique rhétorique basée sur les figures surgit facilement pour convaincre les lecteurs, et l'auteur lui-même. Il est étonnant de constater que Kuki a écrit ce texte seulement 7 ans après la publication de "いきの構造 (La structure d'Iki)": un essai esthétique remarquable.

Il est temps de conclure. Si la métaphore est considérée comme la reine des figures du style en Europe, c'est le kakekotoba qui est la figure dominante dans la littérature japonaise. Il est un moyen efficace pour approcher de la culture japonaise d'analyser le kakekotoba. D'autre part, toutes les figures: la métaphore, la métonymie, le kakekotoba, les variations allusives etc. recouvrent également le champ du langage quotidien. Dans leur rapport étroit avec le langage poétique, elles recèlent des aspects négatifs. Le kakekotoba, étant ambigu du point de vue logique, pose des problèmes surtout quand il est utilisé dans la prose. Il nous faut être conscient des glissements qui peuvent susciter cette figure. Tout en admettant sa richesse poétique, il faut savoir l'éliminer du discours des idées. Voilà mon opinion. Je vous remercie.

解題

二〇〇三年度、大妻女子大学の国外研修支援制度によりフランスに滞在中、パリ・ディドロ大学東アジア言語文化学部のセミナー「メタファーとジャンルの東西」において行った口頭発表用原稿。『希望の倫理学』第4章「言語のポリティックス」を新に展開。

梗概

掛詞は日本文学に広く浸透する文彩である。ヨーロッパでは隠喩が文彩の女王であるのに対し、日本では掛詞がレトリックの中心的文彩となった経緯がある。掛詞を分析することが日本文化の探究に有効である所以である。

謡曲「善知鳥」に見るように、掛詞は音の共通する二つの語によって二つのコンテクストを繋ぐ、一種の接続詞のような機能をもつが、いわゆる接続詞とは異なり、前後二つのコンテクストを継起や対立といった関係の性質を明示せずに繋ぐため、関係は曖昧にされたまま違いが無化されてしまう。掛詞には論理性が欠けるのである。詩の場合はそれで全くかまわないが、散文の領域においてはこの論理性の欠如が頻繁に問題を引き起こすことになる。

『国体の本義』を例に政治的プロパガンダを検討してみよう。この文書は、掛詞をたよりに、互いに無関係で矛盾し合う語を混在させることで、読者を巧妙に操る。そもそもレトリックとは説得の技術であった。相手をどうやって説得するかがその唯一の関心事であろう。バルトは広告写真がいかに文彩に溢れているかを明らかにしたが、政治的プロパガンダもまた一種の広告である。『国体の本義』が掛詞に満ちているのは偶然ではない。

修辞学的論理を支配するのは「真実」ではなく、「真実らしさ」である。修辞学的言説が説得力をもつのは、レトリックがあらゆる文彩を詩と共有するからであろう。レトリックによる説得と詩的感動はしばしば混同される。だからこそ修辞学的言説は、大衆に大きな影響を及ぼすのである。詩人でもあった九鬼周造の一文からは、相手や自分自身を説得するべく、いかにも「真実らしい」修辞学的論理がいかにやすやすと立ち現れるかが見てとれる。私たちは掛詞の詩的な豊かさを認めたうえで、思考の言説からは掛詞のような論理性を欠く文彩を排除することを学ばなければならない。

初出一覧

第一章　絵画の世界

1　船の夢十選『日本経済新聞』一九九三年二月三日、四日、五日、八日、十一日、十五日、十六日、十七日、十八日、十九日

2　闇の地形図『美術手帖』July 1993、Vol.45 No.672（第六七二号）

3　光の言葉（原題　文学部作品集への言葉）『東京造形大学 BUNGAKUBU's works』Vol.4、一九九五年

4　美とつりあうだけの暴力『八ヶ岳高原音楽祭 '94 祈りと音楽』、一九九四年

5　第二回吉田秀和賞受賞者あいさつ「第二回吉田秀和賞贈呈式」、一九九二年

6　「美術前線北上中」展（原題「美術前線北上中」展をみる）『へるめす』1993 NO.41、一九九三年一月

7　「ジェンダー　記憶の淵から」展『日本海新聞』一九九六年十月一日

8　シンディ・シャーマン展『週刊朝日』一九九六年十二月十三日

ニューヨーク・スクール展　同、一九九七年二月二十八日

椎原治展・「モダニズムの光跡」展　同、一九九七年三月二十八日

ジェイムズ・ギルレイ展　同、一九九七年五月二日

9　ロザリンド・クラウス『オリジナリティと反復』について『國文學 解釈と教材の研究』二〇〇〇年三月号 第45巻4号

10　絵画と哲学『比較文學研究』77、二〇〇一年二月

11　一七世紀の画家サーンレダム研究序説『大妻比較文化』6、Spring 2005

第二章　建築・庭園

1　休日の思想（原題　解説）　ブルーノ・タウト著 森儁郎訳『ニッポン』講談社学術文庫 1005、一九九一年

2　ベンヤミン二題『月刊百科』no.435、一九九九年一月

3　絵のなかに入る旅『大航海』1995 No.4

4　圓明園あるいは宣教師たちの「夢の作業」『大妻比較文化』1、Spring 2000

5　旅先での出会い『ジ・アトレ』（新国立劇場情報誌）vol.60、二〇〇一年十月

6　能の現代化『季刊へるめす』1987 NO.13、一九八七年十二月

7　追悼 多木浩二『美術手帖』2011.07、Vol.63 NO.953

第三章　詩から始まる

1　アルチュール・ランボオ「花々」平川祐弘・亀井俊介・小堀桂一郎編『文章の解釈 本文分析の方法』東京大学出版会、一九七七年

2　新古今への親炙『短歌研究』一九八三年一月

第四章　哲学すること

1　哲学の師『関屋光彦先生記念文集』古典共同研究会、一九九六年

2　読書案内『翻訳（現代哲学の冒険5）』岩波書店、一九九〇年（読書案内は、本書所収の持田季未子「未知なるものの豊饒化」に付したもの）

3　美のジェンダー　大越愛子・志水紀代子編著『ジェンダー化する哲学 フェミニズムからの認識論批判』昭和堂、一九九九年

4　美的判断力の可能性　大越愛子・志水紀代子・持田季未子・井桁碧・藤目ゆき『フェミニズム的転回――ジェンダー・クリティークの可能性（フェミニズム的転回叢書）』白澤社、二〇〇一年

5　ジェンダー観点の有効性を問いながら　同前書

6　市民としての責任　『へるめす』1992 NO.37、一九九二年五月

7　家庭という暗闇　『Fifty:Fifty フェミニストジャーナル』Vol.43、二〇〇一年七月

8　市民の力に期待する　『暴力の連鎖を超えて』岩波ブックレット NO.561、二〇〇二年

9　モナ・オズーフ他『フランス革命事典』について　『國文學 解釈と教材の研究』二〇〇〇年三月号 第45巻4号

10　シモーヌ・ヴェイユ　『哲学中辞典』知泉書館、二〇一六年

11　全体主義　同前書

第五章　英語・フランス語論文

3　La Politique du Langage -- A propos du kakekotoba (mot-pivot, mot à double sens) , Exposé au séminaire 'METAPHORE ET GENRE, ORIENT-OCCIDENT' d'UFR Langues et Civilisations de l'Asie Orientale, Université Paris Diderot, 2004

2　Buddhism in Noh and Japanese Modern Philosophy, 方克立主编『第12届国际中国哲学大会論文集之四 Chinese Philosophy and the Trends of the 21st Century Civilization 中国哲学和21世紀文明走向』商務印書館、2003

1　Kagaku MURAKAMI -- de la Figuration à l'Abstraction, Exposé au séminaire de Professeur Annie, Ecole des Hautes Etudes en Sciences Sociales, 2003

《「美術前線北上中」展》

1. リム・ポーテック：スリリング・シティ No.5、1991、アクリル、カンヴァス、140.0 x 190.5 cm
2. エドソン・アルメンタ：殺戮の爪 No.2、1992、竹、木、95 x 135 x 95 cm
3. ヘリ・ドノ：影絵物語、1988、アクリル、厚紙、竹
4. ダダン・クリスタント：ゴルフ・ボール、1991、油彩、ベニヤ板、カンヴァス、300 x 1250 cm
5. ダダン・クリスタント：官僚主義、1991-2、アクリル、ベニヤ板、木、153 x 524 x 93 cm
6. ウォン・ホイチョン：粛清、1989、油彩、南京袋、213.0 x 336.0 cm
7. サンスーン・ミリンダスート：死の扉は金でできている、1991、アクリル、蠟、ラッカー、本、78 x 72 cm
8. サンスーン・ミリンダスート：あらゆる人のあらゆる嘆きのなかに、1991、アクリル、油彩、蠟、石、60 x 32 cm
9. ズルキフリー・ユソフ：権力 1、1991、布、木、鉄、360 x 360 x 360 cm
10. タン・ダウ：アンダー・ザ・テーブル、みんな同じ方へ行く、1992、紙、竹、木、鉄、布
11. モハマッド・ファウジン・ムスタファ：失われた地平線 I、1991、アクリル、紙、バティック、カンヴァス、メゾナイト、243.5 x 356.5 cm、マレーシア国立美術館蔵

《絵画と哲学》

ヨハネス・フェルメール：デルフトの小路、54.3 x 44 cm、油彩、カンヴァス、アムステルダム国立美術館蔵

《一七世紀の画家サーンレダム研究序説》

1. ヤコブ・ファン・カンペン：ピーテル・サーンレダムの肖像、1628、黒チョーク、紙、26 x 18.2 cm、ロンドン、ブリティッシュ・ミューゼアム
2. サーンレダム：アッセンデルフトの聖オデュルフス教会内部、1649、パネル、50 x 76 cm、アムステルダム国立美術館（アムステルダム市より貸与）
3. サーンレダム：南の側廊から見たハールレムの聖バヴォ教会内部、1636、パネル、95.5 x 57 cm、アムステルダム国立美術館蔵

図版一覧

（口絵を除き、本文中にデータ・出典等を記したものは省略）

《カラー口絵》

1. カナレット：ヴェネチアの大運河の入り口、1730、油彩、カンヴァス、49.6 x 73.6 cm、ヒューストン美術館蔵
2. クレー：マルクの庭の南風、1915、水彩、厚紙の上に紙、20 x 15 cm、ミュンヘン市立レンバッハハウス美術館蔵
3. クレー：花ひらいた木に関する抽象、1925、油彩、厚紙、39.3 x 39.1 cm、個人蔵、ベルン
4. クレー：パルナッソスへ、1932、油彩、麻布、100 x 126 cm、ベルン美術館蔵
5. クレー：居住者のいる部屋の透視図、1921、水彩・油彩転写素描、厚紙の上に紙、48.5 x 31.7 cm、ベルン美術館蔵
6. クレー：玄関先の階段に立つ少年、1923、油彩・墨、厚紙の上に紙、24.5 x 18.2 cm、個人蔵、ベルン
7. サンスーン・ミリンダスート：中世の龍、1991、アクリル、油彩、蠟、紙、115 x 223 cm
8. スパチャイ・サートサーラ：大きな危険 No.1、1991、亜鉛板、197.0 x 184.4 cm、シンラパコン大学蔵
9. サーンレダム：ユトレヒトの聖ピーテル教会の身廊と聖歌隊席、1654、パネル、50 x 72.5 cm、ハールレム、フランス・ハルス美術館（国立絵画芸術庁から貸与）
10. サーンレダム：東方向に見たユトレヒトの聖ピーテル教会の身廊と聖歌隊席、1636、ペン、チョーク、水彩、青い紙、28 x 38.2 cm、ユトレヒト市立資料館
11. バーネット・ニューマン：ヴィル・エロイクス・サブリミス（英雄的、崇高なる人間）、1950-51、油彩、カンヴァス、242.3 x 541.7cm、ニューヨーク近代美術館蔵
12. ジャクソン・ポーロック：秋のリズム、1950、油彩、カンヴァス、272.5 x 538.4cm、ニューヨーク、メトロポリタン美術館蔵

《闇の地形図》

1. クレー：疑いをもつ天使、1940、パステル、厚紙の上に紙、29.7 x 20.9 cm、ベルン美術館蔵
2. クレー：赤・紫・黄緑の階層、1922、水彩、厚紙の上に紙、23.5 x 30.8 cm、個人蔵、スイス
3. クレー：高められた地平線、1932、カゼイン、黄麻布、80 x 60 cm、個人蔵、スイス
4. クレー：分岐と渦巻、1937、パステル・木炭、厚紙の上に紙、48.5 x 32 cm、個人蔵、スイス
5. クレー：無題（静物）、1940、油彩、麻布、100 x 80.5 cm、個人蔵、スイス

もちだ きみこ

1947 年 東京都生まれ
1980 年 東京大学大学院比較文学比較文化博士課程修了
東京造形大学教授、大妻女子大学教授を経て、大妻女子大学名誉教授
2018 年 本書を構想中に死去
著書
『生成の詩学 かたちと動くもの』新曜社、1987 年
『立原道造と伝統詩』新典社、1991 年
『絵画の思考』岩波書店、1992 年（吉田秀和賞受賞）
『芸術と宗教』岩波書店、1997 年
『希望の倫理学 日本文化と暴力をめぐって』平凡社、1998 年
『一七世紀の光 オランダ建築画の巨匠サーンレダム』岩波書店、2009 年
『明治の精神 持田巽の生涯』彩流社、2012 年
『セザンヌの地質学 サント・ヴィクトワール山への道』青土社、2017 年
訳書
アンリ・マスペロ『道教の養性術』せりか書房、1983 年
E. ルーシー＝スミス『一九三〇年代の美術 不安の時代』（共訳）岩波書店、1987 年
エバーハルト・ロータース『ベルリン 芸術と社会』（共訳）岩波書店、1995 年

美的判断力考《びてきはんだんりょくこう》

2019 年 5 月 20 日初版印刷
2019 年 5 月 31 日初版発行

著者　持田季未子
発行者　飯島徹
発行所　未知谷
東京都千代田区神田猿楽町 2 丁目 5-9　〒 101-0064
Tel. 03-5281-3751 / Fax. 03-5281-3752
［振替］ 00130-4-653627

組版　柏木薫
印刷所　ディグ
製本所　難波製本

Publisher Michitani Co, Ltd., Tokyo
Printed in Japan
ISBN 978-4-89642-580-2　C0095